고백 그리고 고발

초판 1쇄 인쇄 2015년 5월 26일
초판 1쇄 발행 2015년 6월 2일

지은이 안천식
펴낸이 안천식

펴낸곳 도서출판 옹두리
출판등록 2014년 9월 30일(제2014-000176호)
주소 서울특별시 서초구 반포대로 30길 47, 202호
전화 02-553-3272 팩스 02-553-3567 이메일 www.onch9981@hanmail.net

값 16,000원   ISBN 979-11-954036-9-1 03360

대한민국의 사법현실을
모두 고발하다!

고백
그리고
고발

안천식 지음

도서출판
옹두리

　법관은 헌법과 법률에 의하여 그 양심에 따라 독립하여 심판합니다(헌법 제103조). 그런데 법관이 그 양심에 반하여 판결하면 어떻게 될까요? 이는 헌법을 위반한 위헌적 판결입니다. 그렇다면 법관이 양심에 반하여 판결하였는지는 어떻게 알 수 있을까요? 결국 판결서에 설시된 판결이유의 공정성과 합리성에 의하여 추후에 이를 검증할 수밖에 없을 것입니다.

　즉, 법관은 독립하여 심판할 수 있는 권한을 헌법으로부터 위임받았지만, 판결이 선고되는 순간부터는 그것이 양심에 의한 것이었는지가 검증대상이 되는 것입니다. 따라서 법관은 자신이 한 판결이 법조적 양심에 따른 것이었다는 최소한의 근거를 판결이유를 통하여 밝혀야 합니다. 이는 간접적인 민주적 정당성만을 부여받은 법관이 주권자인 국민의 기본권에 대하여 최종적인 국가의사를 결정하는 데에 따른 최소한의 예의이고 의무일 것입니다.

　2014년 12월에 출간한 '고백 그리고 고발'을 새로운 얼굴로 다시금 출간하게 되었습니다. 여러 시행착오도 있었지만, 지난 10여 년간의 쓰라린 경험을 한 사람의 가슴속에만 묻어두기에는 너무도 서럽고 안타까운 일이었고, 그냥 지나치는 것은 미력한 변호사의 최소한의 양심으로서도 허락을 하지 않기 때문입니다.

우리는 불공정하고 정의가 왜곡되는 사회가 얼마나 위험하고 가혹한 현실이 되어 돌아오는지를 지난 2014년 4월 16일의 세월호를 통하여 눈물이 시리도록 체험하였습니다. 바쁘다는 핑계로, 자기와 상관없다는 핑계로, 혹은 힘과 권력에 억눌려서 어쩔 수 없었다는 핑계로, 우리 사회에 만연되어 있는 불공정과 왜곡된 정의에 눈감고 있을 때, 우리 모두는 서로를 점점 더 힘든 곳으로 밀어 넣으면서, 우리의 삶과 생활은 점점 더 어렵고 위험하게 다가오게 될 것입니다.

2015년 5월 서초동 사무실에서

변호사 안천식

차례

2부 고백, 그리고 고발

증거자료 차례

1부
열여덟 번째 소송

제1장

⚖️

판결의 선고

2012년 9월 7일, 서울고등법원 서관 제306호 법정, 나는 서둘러 법정에 도착했다. 9시 45분, 아직 판결 선고 시간이 조금 남아 있었다. 법정 앞에 게시된 판결 선고 목록을 살펴보았다. 서울고등법원 2012재나235호 재심사건은 선고 목록 맨 마지막에 기재되어 있었다. 2010년 4월 24일에 선고된 2009재나372호 사건 때도 그랬다. 당시에도 목록 맨 마지막에 2009재나372호 사건번호가 기재되어 있었다. 우리는 그날 선고 시작 시간이 1~2분가량 지난 뒤 법정에 도착했다. 당시 담당재판부는 선고 목록 마지막에 기재된 2009재나 372호 사건을 가장 먼저 선고했다. 우리가 법정에 도착하기 직전이었다. 도착했을 때는 이미 다른 사건을 선고하고 있었다. 결국 우리는 선고를 듣지 못했고, 나중에야 결과를 알게 되었다. 패소였다!

이번에도 2012재나235호 재심사건은 선고 목록에는 맨 마지막에 기재되어 있다. 지난번처럼 가장 먼저 선고될지도 모르겠다. 이윽고 기을호가 도착했다. 우리 두 사람은 법정 한가운데에 자리 잡았다. 잠시 후 세 명의 판사가 차례로 입장했다. 재판장을 필두로 두 명의 배석 판사가 자리를 잡았다. 주변을 둘러보는 눈매가 심상찮다. 방청객을 찬찬히 둘러본 뒤 재판장이 판결을 선고하기 시작했다. 이번에는 선고 목록에 기재된 순서대로 판결을 내렸다.

마지막으로 우리 사건 차례였다. 나는 순간 긴장했다.

"2012재나235호 소유권이전 등기 청구 등 재심사건, 피고의 재심청구를 기각한다. 본건 재심에 관한 소송비용은 모두 피고가 부담한다."

순간, 법정의 모든 시간과 공간이 멈춘 듯했다. 아무 생각도 나지 않았다.
'어떻게 된 거지? 잘못 들은 건 분명 아닌데……'
얼마 후 옆에 앉아 있던 기을호가 맥없이 일어나 밖으로 나가는 것이 느껴졌다. 하지만 나는 딱딱한 법정 의자에 엉덩이가 달라붙은 것만 같았다. 미동조차 할 수가 없었다. 숨만 겨우 쉬고 있는 것 같았다. 그렇게 얼마간의 시간이 흘렀다. 어떻게든 움직여봐야 할 것 같았다. 무슨 말이든 해야 할 것 같았다. 다리에 힘을 주고 엉덩이를 들었다. 나는 겨우 일어나서 입술을 열었다.

"재판장님 2012재나235호 판결 기각 이유가 무엇입니까"

재판장은 나를 흘깃 쳐다보았다.
"무슨 사건이요"
"2012재나235호 재심사건입니다."

"아, 그거요. 법리적인 문제가 복잡하기 때문에 말로 설명하기는 곤란하고, 판결문에 있으니까 읽어보세요. 간단히 얘기하자면, 형사사건에서 위증했다는 부분에 대해서는 당해 재심사건에 대해 법정에서 위증한 것이 아니라서 법률상 재심 사유가 안 된다는 입장이에요. 민사사건에 위증한 부분은, 그 부분을 빼더라도 재심 대상 판결을 유지하는 데 문제가 되지 않기 때문에 재심 사유가 안 된다고 보고……."

재판장은 지난 2009재나372호 사건 판결이유와 똑같은 말을 하고 있었다. 나는 다시 물었다.
"그러면 불기소 기각한 부분에 대한 증거는……."

나는 변론 종결 후 〈증인C〉의 또 다른 위증부분에 대하여, 검찰의 '공소권 없음 불기소 처분' 서류를 참고자료로 제출하면서 변론재개 신청을 한 것에 대해 묻고 있었다. 재판장이 내 말을 가로챘다.
"그 부분에 관해서는 판결문에 충분히 쓰여 있으니까 읽어보세요. 말로 다 설명을 하기에는 사안 자체에 법리적인 문제가 복잡하기 때문에…… 판결문을 한번 읽어보세요."

'판결문에 다 쓰여 있다…….'

나는 속으로 중얼거리면서 그대로 서 있었다. 무언가 할 말이 더 있는 것 같은데 떠오르지 않았다. '판결문에 다 쓰여 있다'고 일축하니 더 이상 할 말을 잃어버린 것이다. 언제 왔는지 법정 경위가 나지막한 소리로 속삭였다.

"저, 나가시죠."

나는 얼어붙은 듯 그대로 서 있었다. 꼼짝도 할 수 없었다. 발이 움직이지 않았다. 손끝이 떨려오는 것을 느꼈다. 이어 이가 부딪치는 소리가 들리는 듯했다. 그렇게 계속해서 서 있었다. 잠시 뒤 재판장이 주위를 한번 둘러보더니 말했다.

"흠…… 다음 재판 준비가 될 때까지 잠시 휴정하겠습니다."

재판부는 우르르 법정을 빠져나갔다. 나는 한참 동안 그렇게 서 있었다. 겨우 눈을 들어 법정 안을 둘러보니, 사방이 텅 비어 있었다. 심호흡을 해 보았다. 나는 비틀거리면서 겨우 법정을 빠져나왔다. 법정 밖에는 기을호와 그의 두 아들이 창문턱에 걸터앉아 멍하니 창문 밖을 내다보고 있었다.

"판결문에 다 쓰여 있다……."

나는 다시 중얼거렸다. 도저히 사무실로 들어갈 엄두가 나지 않았다. 기을호도 아무 말이 없었다. 나는 서울중앙지방법원과 검찰청 사이에 있는 야외 휴게실 의자에 앉아 힘없이 하늘을 응시하고 있었다. 아무 생각도 나질 않았다. 이럴 수는 없다고 끝없이 되뇔 뿐이었다.

"변호사님, 그동안 저희 가족을 위해 열심히 일하신 것 잘 알고 있습니다. 정말 수고하셨습니다. 저희 가족들은 모두 변호사님께 감사하게 생각하고 있습니다. 결과가 어처구니없지만……. 너무 상심 마세요."

언제 왔는지 기을호의 큰아들 준영이가 앞에 서 있었다. 2005년 H건설과의 소송을 처음 시작하였을 때, 준영이는 막 군대를 제대한 청년이었다. 그 사이 8년의 세월이 흘렀고 준영이는 서른을 훌쩍 넘긴 어엿한 직장인이 되었다. 그가 말을 이었다.

"그나저나 아버지가 걱정이에요. 병세가 점점 악화되는 것 같아요. 그저께는 새벽에 갑자기 일어나시더니 집에 도둑이 들었다면서 온 집안 사람들을 다 깨우고 한참 동안 난리도 아니었어요. 그나마 소송에서 이기면 좀 좋아지시려나 했는데……."

기을호는 1년 전부터 기면증이라는 희귀병을 앓고 있었다. 스트레스와 노화가 원인이라고 하였다. 기을호는 육군사관학교를 졸업하고 20년이 넘게 군대에서 장교 생활을 했다. 태권도와 검도로 단련되어 건강만은 누구 못지않다고 자신하던 그였다. 그런 그가 8년씩이나 계속된 송사를 견뎌내지 못하는 듯하였다. 8년 동안 민사소송만 무려 열일곱 번이나 했다. 이해할 수 없는 판결이 계속되었다. 모두 패소하였다. 형사고소 사건까지 합하면 그보다 훨씬 더 많다. 단 한 건도 패소하지 말아야 할 사건들이었다. 기을호의 건강한 몸도 이해할 수 없는 오랜 송사 앞에서 무너져 내리고 있었다.

며칠 뒤 사무실로 판결문이 도착했다. 나는 서둘러 판결이유를 살펴보았다. 복잡한 수수께끼 같은 문장들을 이리저리 흩어 놓은 듯하였다. 그러나 판결이유 어디에도 사건의 변론종결 후 검찰의 공소권 없음 불기소결정 서류와 함께 변론재개신청을 한 점에 대해서는 어떠한 언급도 없었다. 판결문에 충분히 써 있다고 했는데…… 아무리 찾아봐도 단 한 줄도 보이지 않았다.

"이럴 수는 없다. 이건 아니다. 도저히 이건 아니다……."

나는 혼잣말을 되뇌이며 힘없이 주저앉고 말았다. 잠시 후 길거리로 나선 나는 어딘지 기억조차 나지 않는 거리를 하염없이 걷고 있었다. 머릿속에서는 열일곱 번의 소송 과정이 바람처럼 지나가고 있었다.

제2장

⚖️

들꽃풍경 이야기

기을호와의 만남

2005년 5월, 나는 올림픽대로를 지나서 김포시 고촌면 향산리를 향하는 좁은 길을 달리고 있었다. 며칠 전 주택건설업을 하고 있는 고등학교 선배가 방문을 청했기 때문이었다. 그는 고등학교 후배 변호사인 나에게 몇 가지 법률 상담을 하고 싶다고 했다. 나는 지도책을 운전석 옆에 펼쳐 놓고 보면서 낡은 중고 자동차를 몰아 시골길을 찾아가고 있었다. 초행길이라 낯설어 내일이라도 당장 내비게이션을 달아야겠다고 다짐하며, 겨우 선배가 있는 사무실 부근에 도착했다.

마음이 놓이자 잠시 바깥 풍경에 눈길이 갔다. 겉으로 보기에는 전형적인 시골마을이었다. 논밭 사이로 드문드문 농가가 있고, 페인트칠이 벗겨져 볼품없지만 4, 5층짜리 연립주택도 몇 채 보였다. 그런데 아차, 한눈파는 사이에 차가 논바닥으로 내달았다. 자동차를 후진하며 몇 차례 애쓴 끝에 겨우 논바닥에서 끌어낼 수 있었다.

최 선배는 낡은 연립주택을 사무실로 사용하고 있었다. 직접 얼굴을 대하는 건 처음이었지만 아주 반갑게 맞아주었다. 선배는 몇 가지 법률 상담을 했고 토지와 관련한 소송도 한 건이 있었다. 나는 무조건 열심히 하겠다고 하였다. 최 선배는 실업계 공업고등학교를 졸업하고 사법시험에 합격한 나에게 대단한 인내력이라며 칭찬해 주었다. 최 선배도 그동안 꽤나 고생을 했다고 하였다. 공업고등학교 졸업 후 어렵게 대학에 진학해 학사장교 생활을 하다가 예편하여 지금은 건설업 쪽에 오래 몸담아 왔다고 했다.

우리는 차를 한잔 하면서 이런저런 살아온 이야기를 나누었다. 그러다 최 선배는 문득 골치 아픈 문제가 하나 있다고 하면서 나를 어디론가 데리고 갔다. 자동차로 5분 거리에 있는 '들꽃풍경'이라는 야생화 농장이었다. 마당 한가운데에서 깨진 기와를 정돈하면서 그 위에 야생화를 옮겨 심느라 정신이 없는 기을호를 그때 처음 만났다. 50대 초반의 기을호는 굵은 목소리에 손바닥에 굳은살이 팍팍하게 박여 있었고, 악수를 하는 손에는 유난히 힘이 들어가 있었다.

기을호는 예정에 없던 낯선 방문객인 나를 살갑게 맞아주었다. 앞뜰에 놓인 커다란 항아리에 담긴 연꽃이며, 온갖 야생화들을 일일이 자상하게 안내하면서 설명을 곁들이기도 하였다. 그는 앞으로 김포시를 야생화 정원의 본고장으로 키워볼 생각이라는 포부도 밝혔다.

옆에서 따라다니던 최 선배는 못 말린다는 표정으로 손을 내저으며 나를 고등학교 후배 변호사라고 소개하였다. 그러더니 뜬금없이 나한테 한번 상담을 받아보라고 한 뒤, 회사에 처리할 일이 있다면서 먼저 자리를 떴다.

향산리 지주 24명의 부동산 매매계약 전개 과정 요약

서울에서 88고속도로를 지나 김포 시내를 들어가는 초입에 위치한 김포시 고촌면 향산리 마을에는 약 200여 가구의 주민이 옹기종기 모여 살고 있었다. 그곳은 서울외곽순환고속도로 김포IC에서 5분 거리에 위치하면서, 북서쪽에는 한강을, 동쪽으로는 경인운하를 끼고 있어 아파트 주거지로서는 여러 지리적 장점이 있는 마을이었다. 이런 여러 가지 연유로 1997년경부터 D건설주식회사에서는 이곳에 아파트 등 주택건설 사업을 준비하고 있었다고 했다.

D건설은 주택건설 사업을 위하여, 향산리 주민 24가구의 지주들과 약 1만 4,550평의 토지에 대해 매매계약을 이미 체결하고, 계약금과 중도금 합계 약 72억 원을 지급하였으나, 나머지 잔금을 주지 못하고 있었다. 기노걸(기을호의 부친)도 1997년경에 자기 소유의 땅 약 980평을 19억 6,000만 원에 매매하는 계약을 체결한 뒤, 그 중 9억 8,300만 원을 계약금과 중도금으로 지급받고, 나머지 잔금은 받지 못한 상태였다.

그런데 D건설은 1998년경 IMF 유동성 위기를 견디지 못하고 워크아웃 대상기업이 되면서 향산리 토지 매매계약의 잔금을 지불할 수 없는 형편이 되었다. 당연히 지주들 사이에서는 매매계약에 대해 설왕설래 말들이 나오기 시작하였다. 이런 가운데 1999년 11월 24일, H건설주식회사는 D건설이 향산리 지주 24명과 체결한 부동산 매매계약을 포함해 이 지역 사업권을 36억 원에 양수하는 계약을 체결하였다. 이때 H건설과 D건설 사이에서 다리를 놓은 것이 Y종합건설주식회사(대표이사 김영환)'라는 시행사였다.

Y종합건설은 위 사업권의 양도·양수 계약을 중간에서 연결하면서, D건설이 종전에 체결한 24건의 부동산매매계약서의 매수인 명의를 D건설에서 H건설로 변경하는 새로운 부동산매매계약서를 작성해 주는 것까지 책임지기로 했다. 그 대가로 약 36억 원의 용역 대금을 미리 지급받았던 것이다. 즉, Y종합건설은 H건설로부터 받은 총 72억 원의 돈 가운데 36억 원을 D건설에게 사업권 양수대

금으로 지급하고, 나머지 36억 원은 향산리 지주 24명과 D건설 사이에 체결된 종전 부동산매매계약서의 매수인을 D건설에서 H건설로 변경하는 새로운 매매계약서를 작성해 주는 용역대가로 지급받은 것이다.

한편, Y종합건설은 1998년경부터 이미 향산리 지주 24명과의 부동산 매매 재계약 작업을 시작하였고, 이미 1999년 11월 24일 이전에 그 중 21명의 지주들과는 H건설을 매수인으로 하는 재계약 체결을 완료한 상태였다. 다만 기노걸, 허일회, 허창 등 세 명은 D건설이 약속한 잔금지급기일 내에 잔금을 지급하지 않았던 점을 지적하며, 대금을 올려주지 않으면 H건설과 재계약을 하지 않겠다며 버티고 있었다. 이에 Y종합건설은 2000년 7월 28일 기노걸, 허창 등에게 "귀하들이 승계계약에 협조해 주지 아니하여 부득이 토지 수용권을 발동하려 한다"는 내용의 통고서를 내용증명 우편으로 발송하기까지 하였다.

그즈음 기을호는 군 장교로 근무하면서 가끔 고향집에 들르곤 했는데, 아버지 기노걸이 H건설과의 재계약을 극력 반대하던 모습을 선명히 기억하고 있었다.

기을호의 이야기

들꽃풍경 정원 안쪽에는 흙집으로 된 농가 한 채가 폐가처럼 서 있다. 기을호는 나를 다 쓰러져가는 흙집 방으로 안내한 뒤 손수 녹차를 내오면서 말을 이어갔다.

"1997년 당시 향산리에는 소위 말하는 부동산 광풍이 불었지요. 제가 군에서 대대장으로 근무할 때인데, 이곳에 아파트를 짓겠다면서 부동산 업자들이 마을 곳곳을 누비며 사람들을 들쑤시기 시작했습니다. 평생 농사나 지으면서 옹기종기 모여 살던 마을 사람들은 하나 둘 이성을 잃고 쑥덕거리기 시작했습니다. 옆집 땅은 평당 얼마에 팔았다더라. 건너 집은 집을 이미 팔아서 김포 시내로 이사 갈 준비를 한다더라. 또 누구 네는 집을 팔고 산 아래에 새로 근사한 이층집을 짓기로 했다 하면서요. 그런데 막상 소문의 주인공을 만나 땅을 얼마에 팔았느냐고 물어보면, 하나같이 받을 만큼 받았을 뿐 얼마인지는 말할 수 없다고 꽁무니를 빼는 바람에 소문만 무성했지요."

녹차 향이 방 안에 그윽하게 피어오르자 기을호는 찻잔을 채우면서 말을 이었다.

"저도 아버지의 부름을 받고 1997년 8월에 고향으로 내려와 친구 이지학을 중간에 끼고 땅 980여 평을 D건설에 팔았습니다. 평당 200만 원씩 계산해 매매대금은 총 19억 6,600만 원이었고, 계약 당일에 계약금 1억 9,660만 원을 아버지 통장으로 지급받았습니다. 계약 내용은 친구 이지학과 제가 꼼꼼하게 검토한 뒤 아버지께 보고하고, 아버지가 직접 계약서에 인적 사항을 적고 인감도장을 찍었습니다. 그런데 당시 염려되는 문제가 하나 있었지요. 저희 땅에는 매년 토지세를 내면서 집을 짓고 사는 세입자 다섯 가구가 있었는데, 그 문제를 어떻게 처리해야 할지가 가장 큰 고민거리였습니다.

궁리 끝에, 세입자 가구의 철거 등 모든 문제는 매수자인 D건설에서 책임지기로 하였고, 다만 이주 보상비로 세대 당 4,000만 원씩 계산해 합계 2억 원을 저희가 받을 잔금에서 공제하는 것으로 정리하였습니다. 이러한 내용은 계약서 말미에 특약사항으로 적어 넣었지요. 그 뒤 중도금이 제 날짜에 지급되지 않아 제가 D건설 총무과장인가 하는 사람에게 직접 전화를 해, 아버지 통장으로 중도금을 받았습니다. 그렇게 해서 받은 총 금액이 매매대금의 절반인 9억 8,300만 원입니다. 그런데 얼마 뒤 IMF가 터졌고, D건설이 워크아웃이 되면서 잔금지급은 요원한 상태가 되었던 것이지요.

그 후 2000년 무렵에 아버지로부터 전화를 받았지요. 내용인즉 나쁜 놈들이 돈도 주지 않으면서 남의 땅을 날로 먹으려 한다는 것이었습니다. 급히 올라와서 자초지종을 여쭤보니, 이지학이 잔금도 주지 않으면서 무슨 계약서를 또 작성하자고 하여 얼씬도 못하게 쫓아버렸다면서 노발대발하셨습니다. 그 해 11월, 아버지는 갑자기 뇌출혈로 쓰러지셨고 그 후로 반신불수가 되어 병석에 누워 계시다가, 2004년 8월경에 그만 돌아가셨지요.

저는 아버지가 돌아가신 뒤 재산상속을 정리하기 위해 집문서와 토지 등기부를 떼어보았는데, 2000년 12월 21일자로 H건설에서 저희가 땅을 팔지 못하도록 가처분을 해놓았다는 사실을 알게 되었습니다. 제가 아는 바로는 아버지는 1997년에 장남인 저와 상의하여 D건설과 토지매매계약을 체결한 뒤로 다른 계약은 전혀 하지 않은 것으로 알고 있습니다. 더구나 아버지는 집안 장남인 저 몰래 다른 계약을 맺을 분이 절대 아닙니다. 그런데 생뚱맞게도 H건설에서 왜 우리 땅에 가처분을 해놓았는지 궁금해, 그 까닭을 설명해줄 것을 요구하는 서면을 H건설에 보냈습니다. 그런데 지금까지도 아무런 답이 없습니다. 그렇지 않아도 D건설과 계약한 토지 문제를 어떻게 해결해야 하나 여러 가지로 궁리하고 있는 중입니다. 게다가 동네의 다른 지주들은 매매대금을 높여 다시 계약한다는 말들이 간간이 들려오고 있는데 이 문제를 어떻게 해결해야 될까요? 현재는 최 사장(M건설 대표이사 최기철)에게 우리 땅을 사라고 해도 사지도 않는 실정입니다."

기을호는 말을 마친 뒤 부동산 등기부등본과 2000년 7월 28일자로 Y종합건설이 기노걸에게 발송했던 내용증명 우편 통고서를 나에게 보여주었다. 부동산 등기부에는 두 개의 처분금지가처분이 되어 있었다. 하나는 D 건설이 한 1998년 8월 22일 인천지방법원 98카합6920호였고, 나머지 하나는 H건설이 2000년 12월 20일 서울지방법원 2000카합3534호로 해 놓은 것이었다. 동일한 법률관계에 대하여 하나의 부동산에 두 개의 가처분이 되어있는 것은 그 자체로도 이상한 일이었다. 특히 기을호의 말대로 기노걸이 H건설과는 어떠한 계약도 체결하지 않았다면 두 번째 가처분은 그 이유가 적절하지 않은 것이다. 나는 기을호에게 자세히 법률 검토를 해 보겠다고 약속하고 사무실로 돌아왔다.

제3장

75세 노인은 서럽다

소송의 시작(서울중앙지방법원 2005가합99041호 사건)

소송의 시작

나는 사무실로 돌아오자마자 부동산 처분금지 가처분에 대한 법률검토에 들어갔다. 법원에 가처분의 원인서류에 대한 열람을 하였으나, 해당 서류들은 이미 폐기되고 없었다. 2000년 12월 20일경에 마친 보전처분(가처분)은 가처분채권자가 5년 이내에 본안 소송을 제기하지 않은 경우에만 사정변경을 이유로 취소할 수 있도록 규정되어 있었다(현재는 그 기간이 3년으로 되어 있다). 즉, H건설의 2000년 12월 20일자 가처분은 내가 법률검토를 마친 당시로는 아직 5년이 경과되지 않은 상태인지라 사정변경을 이유로 한 가처분의 취소를 구할 수 없는 입장이었다.

결국 나는 가처분 이의신청을 통해 다투어보기로 하였다. 나는 2005년 8월 9일 기을호의 동의를 얻어 서울중앙지방법원 2005카합2819호로 H건설 명의의 가처분에 대해 이의신청을 접수하였다.

H건설은 가처분 이의신청에 응했다. 그리고 H건설은 2005년 11월 2일 기을호(기노걸의 장남)를 상대로 서울중앙지방법원 2005가합99041호(제1심)로 '경기도 김포시 고촌면 향산리 65의 2 대 255 m^2 외 6필지 합계 3,251 m^2(약 980평)의 토지(이하, '이 사건 토지'라 함)에 대한 소유권이전등기절차의 이행과 그 지상 건물 6동의 철거를 구하는 소송을 제기하였다. 이로써 H건설과의 본격적인 토지소유권 이전 및 건물철거 청구 소송이 시작된 것이다.

제1심 소송의 공방

H건설의 소장에서의 주장

H건설은 소장과 함께, 1999년 11월 24일자로 된 기노걸-H건설 명의의 이 사건 토지에 대한 부동산매매계약서(이하 '이 사건 계약서'라 함)등을 증거로 제출하면서 다음과 같이 주장했다.

• 기을호의 선친인 기노걸은 1997년 8월경에 D건설과 이 사건 토지에 대한 부동산 매매계약을 체결하고 계약금과 중도금 합

계 9억 8,300만 원을 지급받았다. 그 후 H건설은 1999년 11월 24일 기노걸과 위 계약에 대한 승계 사실을 확인하고 기 수수 대금의 승계 및 잔대금 지급방법을 다시 정했다. 이때 잔금 9억 8,300만 원을 승계 계약 후 6개월 이내에 소유권이전 등기와 동시에 지급하기로 하는 승계계약을 체결하기로 하였다.

- H건설은 기을호에게 2003년 7월 25일 매매잔금 중 500만 원을, 같은 해 8월 22일에 500만 원, 같은 해 12월 15일에 1,000만 원, 2004년 2월 26일에 500만 원, 같은 해 5월 24일에 1,000만 원, 같은 해 7월 5일에 500만 원 등 도합 4,000만 원을 지급하였다.

- 기노걸은 2004년 8월경 사망하였고, 따라서 기노걸의 상속인인 기을호는 H건설에게 나머지 잔금 9억 4,300만 원을 지급받음과 동시에 이 사건 토지의 소유권이전 등기를 이행하고, 그 지상에 있는 각 건물을 철거할 의무가 있다.

기을호의 반박

기을호로서는 이러한 H건설의 주장을 받아들일 수가 없었다. 왜냐하면 H건설이 제출한 1999년 11월 24일자 기노걸-H건설 명의의 부동산매매계약서(이 사건 계약서)는 기을호가 처음 보는 생소한 것이었기 때문이다. 즉, 이 사건 계약서에 기재된 기노걸의 성명, 주소, 주민등록번호와 계좌번호 란에 기재된 통장 계좌번호는 기노걸의 자필이 아닌 다른 사람의 글씨였고, 날인 란에도 기노걸 이름이 새겨진 '한글 막도장'이 날인되어 있었다. 더구나 H건설은 기노걸이 2004년 8월경에 사망하기까지 이 사건 계약서와 관련하여 기노걸에게 단 한 번도 연락을 취해 온 사실이 없었고, 단 한 푼의 잔금도 지급한 사실이 없었던 것이었다.

기을호는 아버지가 매매대금이 20억 원이나 되는 이 사건 계약서를 다른 사람에게 대신 작성하게 하고, 한글 막도장을 날인하였다는 사실을 인정할 수가 없었다. 그동안 부동산 매매계약과 같은 중요한 서류는 모두 장남인 기을호가 직접 상대방과 계약사항을 면밀히 확인한 뒤, 아버지 기노걸이 직접 자필로 인적사항 등을 기재하고 그 인감도장을 날인해왔기 때문이다. 다른 모든 계약서에는 기노걸의 친필이 기재되어 있고 한문 이름이 새겨진 인감도장이 날인되어 있는데, 정작 가장 중요한 이 사건 계약서에는 기노걸의 필적이 전혀 없고, 한문으로 된 인감도장이 아닌 막도장이 찍혀 있다는 일은 있을 수 없는 일이었다. 기을호의 반박 내용을 요약하면 다음과 같다.

- H건설이 제출한 1999년 11월 24일자 H건설-기노걸 명의의 이 사건 계약서는 기노걸의 의사에 의해 작성되었다고 볼 수 없다. 계약서에는 기노걸의 자필도 없고 한글 막도장이 날인되어 있을 뿐이다. 더구나 기노걸은 2004년 8월경 사망할 때까지 단 한 번도 H건설로부터 어떠한 연락을 받은 사실도 없고, 매매대금을 지급받은 사실도 없다.
- 기을호는 주식회사 M건설(대표이사 최기철)로부터 2003년 7월

25일에 500만 원을, 같은 해 8월 22일에 500만 원, 같은 해 12월 15일에 1,000만 원 등 도합 4,000만 원을 지급받은 사실이 있으나, H건설로부터는 어떠한 돈을 받은 사실도 없다. 당시 기을호는 군대 전역을 앞두고 김포에 들꽃풍경이라는 농원을 조성하고자 하였는데, 마침 군대에서 장교로 있었다는 최기철(M건설 대표이사)이 군대 임관동기 운운하면서 기을호를 자주 찾아왔었고, 기을호의 사정을 전해 듣고 얼마간의 돈을 지급하였던 것은 사실이다. 당시는 M건설은 향산리 토지를 매입하던 때였고, 기을호는 장차 이 사건 토지를 M건설에 매각하게 되면 아버지 기노걸에게 말씀을 드리고 그 매각대금에서 정산하면 되겠다는 생각에서 M건설 최기철로부터 급한 대로 얼마간의 돈을 받았던 것이다.

그러나 M건설과의 계약은 성사되지 않았고, 이것은 H건설과는 전혀 무관한 일이다. 더구나 당시는 기노걸이 생존하고 있을 때인데, M건설(최기철)이 개인적인 친분으로 기을호에게 500만 원씩, 1000만 원씩 지급한 돈이, H건설이 이 사건 매매계약과 관련하여 기노걸에게 지급한 잔금으로 둔갑될 수는 없는 것이다.

또한 기노걸은 1997년경 D건설과 부동산 매매계약을 체결하고 잔금 9억 8,300만 원을 일시불로 받기로 하였는데, 500만 원, 1000만 원은 위 잔금의 0.5~1% 밖에 되지 않는 돈으로서 잔금이라고도 할 수 없는 금액이다. 만일 위 돈이 잔금이었다면 마땅히 잔금 영수증이라도 있어야 하는데 계좌이체 기록 외에는 아무것도 없다.

무엇보다도 사건의 쟁점은 1999년 11월 24일자로 작성된 이 사건 계약서가 기노걸의 의사에 의하여 작성되었는지 여부(진정성립 여부)인데, 1999년 내지 2000년경에 기노걸의 의사에 의하여 작성하지 않은 계약서가, 2003년경에 그 아들 기을호가 M건설(최기철)로부터 500만 원, 1000만 원씩 돈을 받았다는 이유로 갑자기 기노걸의 의사에 의하여 작성한 것으로 둔갑할 수는 없는 것이다.

변론진행과정에서의 양 당사자의 주장과 쟁점

〈증인A〉의 진술서 내용과 관련한 공방

기을호가 이 사건 계약서가 기노걸에 의하여 작성되었음을 부인하자, H건설은 당시 H건설의 토지매입 대행업체인 Y종합건설 전무이사였던 〈증인A〉와 H건설 토지매입 담당직원 〈증인B〉의 진술서를 제출하였고, 이어서 이들을 증인으로 신청하였다. 그 중 담당 재판부에 증거자료로 제출된 〈증인A〉의 진술서의 내용은 다음과 같았다.

① 진술인(증인A)은 H건설과 김포 향산리 소재 토지매입 업무 및

인허가 용역관계에 있는 Y종합건설의 전무이사로 근무하면서 토지매입 업무를 담당하였기에 계약관계를 잘 알고 있다.

② H건설과 기노걸의 계약관계는 1999년 10월경부터 약 10여 차례 기노걸의 자택을 방문하여 계약을 협의한 바 있었고, 기노걸은 아들과 상의하고 계약을 하겠다고 하였다.

③ 기노걸과의 계약체결은 1999년 11월 24일 진술인과 망 이지학이 기노걸의 자택을 방문하여 이루어졌고, D건설과의 매매계약 대금을 좀 더 올려줄 수 있느냐는 대화가 있었으나, 설득하여 그대로 체결되었다.

④ 계약서에 날인 시 기노걸은 노환으로 불편하여 서랍에서 도장을 가져와 이지학에게 전달하여 직접 날인하는 것을 옆에서 지켜보았다.

2005. 11. 16.자 〈증인A〉의 진술서

H건설의 주장

〈증인A〉는 Y종합건설 토지매입 담당 전무이사로서, 1999. 11. 24. 경 기노걸과 H건설을 대리한 이지학이 기노걸의 자택을 방문하여 이 사건 매매계약이 이루어지는 현장에 입회하여 이를 목격하였다고 분명하게 진술하고 있고, 그 외 당시의 계약상황을 종합하면 이 사건 계약서는 기노걸의 진정한 의사에 의하여 작성된 것임을 인정할 수 있다.

기을호의 반박 내용

나는 기을호를 대리하여, 2000년 7월 28일자로 Y종합건설이 기노걸에게 발송한 통고서를 증거로 제시하면서, 〈증인A〉의 진술을 반박하였다. 통고서 내용은 다음과 같다.

① 당사(Y종합건설)는 1997년 3월부터……막대한 개발사업비를 부담하며 향산리 개발에 노력하였으나, 당사가 D건설(주)로부터 양도 승계 받은 부동산 양도권리를 인정하지 않음에 따라 개발이 지연되어 이 내용증명을 발송합니다.

② 현 향산리 개발면적의…… 90% 이상의 주민이 이에 동의하고 계약을 완료한 반면, 귀하는 이에 불응하고 개인의 이익만을 추구하고 있으므로 먼저 내용증명으로 당사의 사업경위와 취지를 설명하고, 도시개발법에 의해…… 토지수용권을 부여받아 사업 시행을 하고자 합니다.

③ 지금까지 당사의 개발비 부담으로 향산리 전체의 막대한 개발이익을 가져다준 공로를 인정하지 못하는 귀하에게 섭섭함을 표시하며, 아울러 아무런 물리적 마찰 없이 해결되기를 기대합니다.

2000. 7. 28. Y종합건설의 기노걸에 대한 통고서

위 통고서 내용에 따르면, 기노걸은 2000년 7월 28일까지 D건설과 체결한 계약을 H건설로 승계하는 것에 반대하면서 다른 조건(개인의 이익추구)을 요구하고 있었다는 것이다. 결국 1999년 11월 24일 기노걸의 자택에서 이 사건 계약서를 작성하였다는 〈증인A〉

의 진술은 사실일 수 없다. 더구나 이지학은 2001년 6월에 사망하였고, 기노걸 마저 2004년 8월에 사망한 상태에서, 〈증인A〉의 진술 내용은 더욱 믿기 어렵다.

〈증인A〉의 1차 법정증언에 관한 공방(2006. 7. 25.)

2000년 7월 28일자 통고서가 제시되자, H건설은 〈증인A〉를 증인으로 신청하였다. 〈증인A〉는 세 차례나 출석에 불응하였고, 재판장이 과태료를 부과하자 비로소 2006년 7월 25일 변론기일에 출석하였고, 다음과 같은 내용으로 진술하였다.

① 〈증인A〉는 1999년 Y종합건설의 전무이사로서 당시 공동 대표이사였던 망 정진경, 김영환 등과는 내부적으로 동업관계에 있었다
② Y종합건설은 1999년 11월 24일 H건설로부터 김포시 고촌면 향산리 일대 9만 3,000평의 아파트 신축사업과 관련한 매매계약 및 사업 인허가 등 제반 업무에 대한 용역을 맡았는데, D건설이 1997년경에 매매계약을 체결하였던 토지들에 대하여, H건설과 재계약을 체결하는 용역도 맡았다.
③ 위 D건설이 매수하였던 토지의 지주는 모두 24명이었는데, 그 중 기노걸, 허일회, 허창, 기석창은 재계약을 해 주지 않았으나, 마지막에 기노걸은 승인서에 날인을 해 주었다.
④ 증인은 W공영주식회사의 이지학과 함께 10여 차례 기노걸의

자택을 방문하여 계약체결을 협의하였으나, 기노걸은 아들과 상의하고 계약을 하겠다고 하면서 잘 응하지 않았다.

⑤ 그러다가 증인과 이지학이 기노걸의 자택을 방문하여 매매계약이 성사되었다.

⑥ 당시 노환으로 몸이 불편했던 기노걸은 서랍에서 도장을 가져와 망 이지학에게 주었고, 이지학은 넘겨받은 도장으로 계약서에 날인하였다. 당시 기노걸이 넘겨준 도장은 막도장이었다.

⑦ 기노걸과 계약서를 작성한 시기는 2000년 9~10월경이었다. 늦가을이라 문을 열어놓으면 약간 추울 정도였고 모기가 있어 문을 닫으라고 했다. 종전 진술서에서 1999년 11월 24일경에 계약을 체결하였다고 했는데, 이는 구체적인 날짜를 모르는 상태에서 H건설이 문안을 보내줘 사인한 것이다. 나중에 생각해보니 날짜 관계는 정확하게 기억이 나지 않은 상태에서 서명하였다.

⑧ 증인은 1999년 11년 24일 이후부터 D건설에서 매수하였던 토지에 대한 재계약 작업을 하였다. 따라서 종전 진술서에서 1999년 11월 24일자로 기노걸과 매매계약을 체결하였다는 것은 사실일 수 없다(나는 이 부분에 대하여 기을호 측 대리인으로서 직접 2~3회에 걸쳐 신문하였고 〈증인A〉가 분명 위와 같이 진술하였다. 그러나 〈증인A〉의 증인신문조서에서는 이러한 증언 내용이 모두 삭제되고 없었다. 같은 변론기일의 〈증인B〉의 증인신문 조서에 기재된 〈증인A〉와의 대질신문 내용으로도 그 삭제 사실을 확인할 수 있다).

⑨ 당시 계약서는 이지학이 준비해왔다.

⑩ 계약서 제2조 라의 1항의 계좌번호는 계약서 작성 당시에 기노

걸로 부터 직접 듣고 이지학이 기재한 것으로 기억한다. 계약서

의 이름과 주소, 주민등록번호는 이지학이 미리 적어왔고, 계좌

번호는 기노걸로 부터 듣고 현장에서 적은 것이다.

⑪ 당시 계약서 작성 업무는 미리 협의가 되었는지 그렇지 않은지

에 따라 인적사항을 미리 적어갈 것인지 아닌지 결정했고, 인감

증명 없이 주는 대로 도장을 받아 처리한 예가 많았다.

H건설의 주장

H건설은, 당시 계약체결 현장에 직접 입회하였다는 〈증인A〉가

계약 당시 상황을 구체적으로 증언하고 있고, 계약 일자에 관한 종

전 진술의 착오를 시정하고 있으므로 이 사건 계약서는 기노걸에

의해 작성되었음이 인정된다고 주장하였다.

기을호의 반박

나는 〈증인A〉에 대한 신문 뒤 기을호에게 기노걸이 생전에 사

용하던 통장을 보관하고 있는지 물어보았다. 마침 기을호는 그 통

장들을 모두 보관하고 있었다. 나는 기노걸의 통장을 열람한 후 한

가지 중요한 사실을 발견하였다. 즉, 이사건 계약서의 계좌번호 란

에 기재되어 있는 기노걸의 농협 241084-56-002254 계좌번호는,

기노걸이 D건설로부터 계약금과 1차 중도금을 지급받은 뒤 1997

년 9월 24일자로 예금계약을 해지한 것임을 발견하였다.

〈증인A〉는 이 사건 계약서를 2000년 9~10월경에 작성하면서, 당시 기노걸이 통장을 보고 계좌번호를 불러주어 이지학이 현장에서 계좌번호를 직접 계약서에 기재하여 넣었다고 법정에서 증언하였다. 그런데 계약서에 기재된 농협계좌는 1997년 9월 24일자로 예금계약을 해지되었음이 통장에 표시되어 있었고, 통장 뒷면 표지의 절반은 마그네틱선 제거를 위하여 훼손되어 있었던 것이었다. 결국 〈증인A〉의 증언에 의하면, 기노걸은 2000년 9~10월경에 매매계약을 체결하면서 1997년 9월 24일자로 예금계약을 해지되고 뒷면표지의 절반이 훼손된 통장을 보면서 그 계좌번호를 이지학에게 불러주었고, 이지학은 이를 계약서에 기재하였다는 것인데, 이는 상식적으로 불가능한 일이었다.

나는 1997년 9월 24일자로 예금계약을 해지하여 뒷면표지 절반이 훼손된 기노걸의 농협 241084-56-002254 통장과 그 후 개설하여 사용하고 있는 통장을 증거로 제출하면서, 이와 관련한 〈증인A〉의 증언은 사실일 수가 없다고 반박하였다. 아울러 〈증인A〉는 H건설로부터 토지매매계약 용역을 맡은 Y종합건설 전무이사로서 사실상 H건설과는 그 이해관계를 같이하므로 증인의 중립성도 의심되며, 2005년 11월 5일자 진술서에서는 이 사건 계약서가 1999년 11월 24일자로 작성되었다고 하는 등 그 진술번복의 경위도 의심스럽다고 반박하였다.

〈증인A〉의 2차 증언에 관한 공방(2006. 11. 28)

계약서에 기재된 기노걸의 계좌번호가 1997년 9월 24일자로
예금계약이 해지된 것임이 밝혀지자, 담당재판부는 종결하였던
변론을 재개하여 〈증인A〉를 다시 증인으로 소환하였다. 다시 소
환된 〈증인A〉는 2006년 11월 28일자 변론기일에서의 진술은 다
음과 같다.

① 증인(증인A)으로서는 남의 통장이 해지가 되었는지 전혀 알 수
가 없고 보통 사람이면 남의 통장번호를 알 수가 없다.

② 기노걸이 불러주는 대로 이지학이 적는 것을 봤다는 것은 틀림
이 없다.

③ 증인이나 이지학은 승계 작업을 하면서 승계대상표만을 받아서
이를 토대로 다시 매도인들과 매매대금 등 매매조건을 협상하
였고, 이 표에는 계좌번호가 없다.

④ 이지학이 기노걸의 통장 계좌번호를 임의로 기재한다는 것은
있을 수 없는 일이다. 증인이 참여한 가운데 기노걸이 불러주는
통장번호를 기재했기 때문에 이지학이 임의로 기재했다는 것도
사실일 수 없다.

⑤ 계약서 중간의 계좌번호는 실명제 때문에 직접 불러주어야 하
고, 이사건 계약서 작성 당시 기노걸로부터 직접 듣고 이지학이
기재하였다는 진술은 사실이다.

⑥ 증인은 기자 출신으로서 그것만은 정확하고 잘못 생각한 것이

없다.

⑦ 남의 계좌번호를 현장에서 알 수 있는 방법은 전혀 없다.

⑧ 증인이 틀림없이 증언하는 것은, 기노걸의 집을 이지학과 둘이
서 찾아가서 이 사건 계약서를 기노걸의 앞에서 작성하고 도장
을 찍었다는 것이다.

⑨ 계약서에 적힌 농협 계좌번호는 이지학이 제일 먼저 물어보고
받아 적은 것이 틀림없다.

⑩ 증인으로서는 왜 해지된 계좌번호가 적혀 있는지에 대해서는
알 수 없다. 다만 불러주는 대로 적었으니까 다른 것은 없다.

2006. 11. 28. 자 〈증인A〉의 2차 증인신문조서

이 사건 계약서에 기재된 기노걸의 계좌번호가 1997년 9월 24
일자로 예금계약이 해지된 계좌임이 밝혀졌음에도, 〈증인A〉는 자
신의 진술을 굽히지 않았다. 즉, 당시의 계약 상황에 대하여 무려
10여 차례나 "기노걸이 불러주는 대로 이지학이 적는 것을 봤다는
것은 틀림이 없다", "기자 출신으로서 그것만은 정확하고 잘못 생
각한 것이 없다"라고 하면서 분명한 취지로 증언하였다.

H건설의 주장

〈증인A〉는 기노걸이 불러주는 통장을 이지학이 현장에서 적어
넣었다고 분명하게 증언하고 있으므로 그 진정성립이 인정된다.
계좌번호는 통장의 첫 장을 열면 바로 알 수 있고, 그 해지 여부는
맨 마지막을 보아야 알 수 있으므로, 당시 75세라는 고령의 기노걸

이 예금계약이 해지된 계좌번호를 착오로 잘못 불러줄 수 있는 것이다.

기을호의 반박

기노걸이 1997년 9월 24일자로, 스스로 예금계약을 해지한 통장의 계좌번호를 2000년 9~10월경에 불러주었다는 〈증인A〉의 증언은 도저히 사실일 수가 없다. 〈증인A〉는 H건설과 이해관계를 같이하는 자로서, 의도적으로 허위의 진술을 하고 있는 것이다. 〈증인A〉의 증언은 그 자체로 신빙성이 없다.

〈증인B〉의 진술서와 관련한 공방 (2005. 10. 18)

H건설은 향산리 토지매입 담당자인 〈증인B〉차장의 2005년 10월 18일자 진술서도 증거로 제출하였다. 그 내용은 다음과 같다.

① H건설은 1999년경 향산리 일대의 토지매입을 시작하였고, D건설이 당시 지주로부터 매수한 토지에 대한 매매계약을 인수하였는데, 기노걸 소유의 토지도 거기에 포함되어 있었다.

② D건설로부터 인수한 토지에 대한 매매계약은 Y종합건설이 나서서 성사시켰고, H건설은 위 회사가 인수한 내용을 확인하여 계약을 완성하는 방법으로 진행시켰다.

③ 기노걸과 맺은 1999년 11월 24일자 매매계약서도 Y종합건설을 통하여 이루어졌다. D건설로부터 매수한 토지 중에 계약의

양수 자체를 다투는 사례는 기노걸의 경우밖에 없다.

④ 기노걸 및 기을호가 H건설에게 잔금을 요청한 것은 Y종합건설에서 H건설에 16회차인 2000년 3월 8일 지급 대상분 청구 시 소유권 이전이 협의되었다고 잔금 983,000,000원을 청구하였으나, 기노걸 측의 지상물 철거 등 잔금 지불 전 이행사항이 완료되지 않아 지불되지 않았다.

H건설의 주장

H건설의 토지매입 담당자인 〈증인B〉의 진술에 의하면, 기노걸은 이미 토지 매매계약이 체결되었다고 하면서 2000년 3월 8일경에 잔금지급을 청구하기도 하였다. 따라서 이제 와서 계약의 성립을 부인하는 것은 이해하기 어렵다.

기을호의 반박

H건설 직원 〈증인B〉의 진술은 사실이 아니다. D건설로부터 매수한 토지 중에 계약의 양수 자체를 다투는 사례는 기노걸 밖에 없다고 하고 있으나, 확인한 바로는 허창, 허일회, 기석창 등도 계약 양수 자체를 다투고 있음이 확인되었다. 더구나 기노걸과 기을호가 2000년 3월 8일에 H건설과 소유권이전 협의가 되었다고 하면서 잔금을 청구하였다는 진술은 절대 사실이 아니다. 기을호는 H건설에게 잔금을 청구한 사실이 없다. 이는 Y종합건설이 2000년 7월 28일자로 기노걸에게 보낸 통고서에서, '귀하의 비협조

로 토지 수용을 하려고 한다'라고 되어 있는 점에서도 알 수 있다. 〈증인B〉의 진술은 논리적으로도 맞지 않다.

〈증인B〉의 1차 법정증언과 관련한 공방 (2006. 7. 25)

2006년 7월 25일 H건설은 〈증인A〉와 함께 〈증인B〉에 대해서도 증인신청을 하였다. 〈증인B〉의 증언 내용은 다음과 같다.

① 2005년 10월 18일자 진술서는 사실대로 작성하여 공증해 제출한 것이다.

② H건설과 기노걸의 1999. 11. 24.자 부동산 매매계약은 꼭 그 시기에 승계계약을 했다는 의미는 아니고 이 날짜로 돈이 나왔기 때문에 그 날짜로 회계처리 하기 위해 명시한 것이다.

③ 증인은 H건설과 기노걸의 계약서를 2000년 초가을쯤에 Y종합건설로부터 받은 것으로 기억한다.

④ 위 계약서를 받을 때는 계약 일자가 기재되어 있지 않았고, 나중에 증인이 1999. 11. 24.자로 기재하여 넣은 것이다.

⑤ 진술서에서 '계약양수 자체를 다투는 자는 기노걸밖에 없다'라고 했는데, 허일회와 허창의 경우는 작은아버지와 조카 사이로 한 명으로 봐도 된다.

⑥ Y종합건설이 어떤 방식으로 계약을 체결하였는지 협의 과정은 모른다.

⑦ H건설은 Y종합건설이 작성한 계약서를 확인하여 계약을 완성

시켰을 뿐, 기노걸에게 직접 계약 사실을 확인하거나 동의를 얻지는 않았다.

⑧ H건설은 IMF 유동성 위기로 1999년 말부터 2002년 5월 사이에 어려웠던 것은 사실이다.

⑨ D건설로부터 인수한 향산리 지주와의 대부분의 계약은 1999년 11월 24일 이전에 승계계약이 되었는데, 기노걸의 경우에는 그 이후에 되었던 것이고, 나중에 소급해서 1999년 11월 24일로 한 것이다.

⑩ 재판장 대질신문

• 증인B에게 : 증인A는 1999년 11월 24일 이후에 승계계약 작업을 (시작)했다며 증인과는 다른데 어떤 것인가요

• 증인B : 최초의 계약은 D건설을 인수하고 난 후에 개인별 토지 작업을 했기 때문에 D건설에서 승계계약 한 것을 보고 나서 돈을 풀었습니다.

⑪ • 증인A에게 : 증인B가 이렇게 구체적으로 이야기하는데 어떤가요.

• 증인A : 증인은 그 이후에 한 것으로 알고 있습니다.

2006. 7. 25. 자 〈증인B〉의 증인신문조서

〈증인B〉는 종전 진술서(2005. 10. 18.자)에서 2000년 3월경에 기노걸이 토지 매매계약이 협의되어 잔금까지 청구하였다고 하였다. 그런데 위 변론기일에서는 2000년 초가을쯤에 Y종합건설로부터 이 사건의 계약서를 건네받았다고 하고 있다. 〈증인B〉는 〈증인A〉

의 번복진술에 맞추어 계약 일자에 대한 진술을 번복하고 있는 것으로 보였다.

H건설의 주장

〈증인B〉는 당시의 상황에 대하여, 이 사건 계약서를 2000년 가을쯤에 Y종합건설로부터 건네받아 '1999년 11월 24일'이라고 소급하여 기재한 것이라고 진술하고 있다. 이는 〈증인A〉의 진술과도 일치한다. 따라서 이 사건 계약서의 진정성립은 인정된다.

기을호의 반박

〈증인B〉는 H건설의 토지매입 담당직원으로서, 증인의 중립성을 인정할 수 없다. 또한 〈증인B〉는 〈증인A〉와 말을 맞추기 위하여 이 사건 계약서 수령 일자에 대한 종전 진술을 번복하고 있을 뿐이다. 계약서에 직접 1999년 11월 24일자로 기재하여 넣은 이유도 합리적으로 설명이 되지 않는다.

특히 〈증인A〉는 1999년 11월 24일 이후에야 D건설로부터 승계한 매매계약 작업을 시작하였다고 하고 있는데, 같은 변론기일에서 〈증인B〉는 그 이전에 대부분의 승계계약 체결을 완료하였다고 하는 등, 두 사람의 진술이 정면으로 배치된다. 진술이 일치하는 부분은 상호 간에 말을 맞추었기 때문인 것으로 보인다. 〈증인B〉의 증언은 증거로서의 가치가 없다.

〈증인B〉의 2차 법정증언과 관련한 공방(2006. 11. 28)

이 사건 계약서에 기재된 기노걸의 계좌번호가 1997년 9월 24일자로 예금계약이 해지된 계좌임이 드러나자, 〈증인A〉와 함께 〈증인B〉도 재차 증인으로 소환되었다. 〈증인B〉의 증언 내용은 다음과 같다.

① 전 진술에서 기을호가 수차례 찾아왔다고 하였는데, 여러 번은 아닌 것 같고 1~2번 정도인 것 같다.

② 기을호가 증인을 찾아온 것은 H건설이 M건설에게 매수권을 양도한 전후인 2003년 7월 전후일 것이다.

③ 당시 기을호는 병환 중인 아버지 때문에 대금 지급이 시급하여, M건설에 양도한 사실을 설명하고 연결해 주었다.

④ 그 후 M건설에서 대금의 일부를 지급하였다.

2006. 11. 28.자 〈증인B〉의 2차 증인신문조서

결국 〈증인B〉는 종전 진술서 및 변론기일의 증언 중 "2000년 3월경 기을호와 기노걸이 매매계약이 협의되었다고 하면서 H건설로 찾아와 잔금을 요청하였다"는 부분이 거짓임을 인정하는 듯했다. 즉, 기을호가 찾아온 것은 2000년 3월이 아닌 2003년 7월 전후일 것이라고 진술을 번복하였던 것이다. 그러나 나중에 기을호에게 문의한 결과 2003년경에도 〈증인B〉를 찾아간 사실은 없었다고 하였다. 어쨌든 각 주장을 정리하면 다음과 같다.

〈증인A〉의 증언 및 〈증인B〉의 증언에 의하면 이 사건 계약서의 진정성립은 인정된다. 기노걸이 착오로 이미 1997년경에 예금계약이 해지된 계좌번호를 잘못 불러줄 가능성도 있는 것이다.

〈증인B〉는 종전에는 2000년 3월 8일경 기을호, 기노걸이 소유권이전 협의가 되었다고 하면서 H건설에게 수차례에 걸쳐서 잔금 지급을 청구하였다고 하였다. 그런데 이번 변론기일에는 2003년 7월 전후로 1~2차례 기을호를 만났고, M건설에게 연결해 주었다는 취지로 진술을 번복하고 있다. 이러한 증언 내용을 그대로 믿을 수 없다.

판결의 선고

2006년 12월 12일 판결이 선고되었다.

"피고는 원고에게 별지 토지 목록에 기재된 각 토지에 관하여 2000년 9월 일자 미상 매매를 원인으로 한 소유권이전 등기절차를 이행하고, 위 각 토지를 인도하고, 별지 건물목록 기재 각 건물을 철거하라."

H건설의 전부 승소 판결이었다. 판결이유의 주요 부분을 요약하면 다음과 같다.

① 〈증인A〉는 이지학이 2000년 9월경 기노걸과 부동산 매매에 관한 합의를 하고, 기노걸을 대신하여 이 사건 계약서에 기노걸의 이름, 주소, 주민등록번호를 기재하고, 기노걸로부터 막도장을 건네받아 날인을 하고, 기노걸이 가르쳐준 농협 계좌번호를 적었다고 증언하였고, 〈증인B〉는 이지학 등으로부터 위와 같이 작성된 계약서를 받아 원고가 Y종합건설에 대금을 지급한 날짜에 맞추어 이 사건 계약서의 작성일자 난에 1999년 11월 24일로 기재하였다고 증언하였다. 그 외 갑 제6호증의 1~6(M건설이 2003년 초경 기을호에게 500만 원, 1000만 원씩 계좌이체 한 서류) 및 증인 최기철의 증언에 변론 전체의 취지를 종합하면, 이 사건 계약서는 기노걸의 진정한 의사에 따라 작성된 것으로 인정된다.

② 기을호는, 이 사건 계약서는 기노걸의 이름이 한글로 적혀 있고 막도장이 날인되었다고 주장하지만, 위조되지 않은 다른 계약서 중에도 막도장으로 날인된 것이 있다.

③ 기을호는 이 사건 계약서에 기재된 농협 241084-56-002254 계좌는 1997년 9월 24일 예금계약이 해지되어 폐쇄된 계좌라고 주장하나, 계좌번호는 통장의 첫 장을 넘기면 바로 알 수 있지만 계좌의 폐쇄 여부는 통장의 마지막 면을 보아야 알 수 있는 관계로, 이 사건 계약 당시 75세의 고령으로 병석에 누워 있던 기노걸이 착오로 폐쇄된 계좌번호를 불러줄 가능성도 존재

한다.

④ 만약 H건설, Y종합건설, 혹은 이지학이 D건설로부터 받았거나 매매계약 대행 과정에서 이미 알고 있던 기노걸의 계좌번호를 이용하여 이 사건 계약서를 위조하였다면 위와 같이 폐쇄된 계좌가 아니라 2차 중도금이 지급된 계좌번호를 적었을 것이다. 결국, 위와 같이 제출된 증거만으로는 〈증인A〉의 증언 등을 뒤집고 이 사건 계약서 등이 위조되었다고 인정하기에 부족하다.

서울중앙지방법원 2005가합99041호 판결서

판결의 비판

너무도 뜻밖의 판결이었다. 이 사건 계약서의 진정성립을 인정할 만한 객관적인 증거가 전혀 없었다. 누군가의 필체로 기재되고 막도장이 날인된 계약서가 있을 뿐이었다. 기노걸은 H건설로부터 어떠한 매매대금도 받은 적도 없었다. 사망할 때까지 H건설로부터 단 한 차례의 연락조차도 받은 바가 없었다. 그런데 느닷없이 나타난 〈증인A〉가 목격자라고 하면서, 이미 사망한 기노걸과 사망한 이지학이 이 사건 계약서를 작성하는 것을 보았다고 하였다. 법원은 이러한 〈증인A〉의 증언을 근거로 이 사건의 계약서는 기노걸에 의해 작성되었음을 인정하고, H건설에 승소판결을 선고했다. 나로서는 도저히 승복할 수가 없었다. 그 이유를 살펴보자.

첫째, 이 사건 계약서가 기노걸에 의하여 작성되었음은 H건설이 명확하게 입증해야 한다. 대충 확실할 것이라는 추측 정도의 소명(疏明)으로는 부족하다. 통상적인 실생활에 적용될 수 있을 정도의 정확성, 또는 고도의 개연성의 확신, 즉 십중팔구는 확실하다는 정도까지 입증을 해야 하는 것이다. 그런데 이 사건 계약서에는 기노걸이 작성하였다는 객관적인 흔적이 전혀 없다. 다만, 스스로 유일한 목격자라고 자처하는 〈증인A〉의 증언이 있을 뿐이다.

〈증인A〉는 H건설의 토지매입 용역회사인 Y종합건설의 전무이사로서 필연적으로 H건설에 치우쳐서 증언을 할 수밖에 없는 자이다. 애초에 증인의 중립성을 인정하기 어렵고, 공정하게 진술하지 않을 개연성이 충분히 예상되는 자이다. 다른 객관적인 증거 없이 이러한 사람의 증언에만 의존하여 이 사건 계약서의 진정성립을 인정하는 것은 판결의 위신과 적정성을 크게 해치는 것이다. 이는 옳은 판단 방법이 아니다.

둘째, 〈증인A〉는 소송 과정에서 계약일자에 대한 진술을 번복하였고, 그에 대하여 합리적인 이유를 전혀 제시하지 못하였다. 즉, 〈증인A〉는 2005년 11월 3일자 최초 진술서에서는 "1999년 11월 24일자로 기노걸과 이지학이 이 사건 계약서를 작성하였다"라고 하였다. 그러나 이는 Y종합건설이 기노걸에게 보낸 2000년 7월 28일자 통고서의 객관적인 내용에 반하는 것이었다. 〈증인A〉는 그제야 2006년 7월 25일자 변론기일에서 계약일자가 2000년 9~10월경이었다고 진술을 번복하였다.

〈증인A〉는 진술 번복 이유로, H건설에서 보내준 문안에 그대로 사인을 했는데, 나중에 보니 잘못 생각한 것이라고 하였다. H건설과 같은 대기업은 법원에 제출하는 서류는 그렇게 당사자의 의사도 확인하지 않고 함부로 작성하여 제출하는 것인가? 또한 그런 식으로 한 진술은 언제든지 번복해도 되는 것인가?

〈증인A〉는 D건설로부터 승계한 24명의 승계계약서는 H건설과 D건설 사이의 1999년 11월 24일자 사업권 양도계약 이후에야 비로소 작업을 시작하였다고 했다. 그러나 이러한 진술은 같은 변론기일에서 뒤이은 H건설의 〈증인B〉에 의해 부정되었다. 결국 〈증인A〉가 계약일자에 관하여 진술을 번복한 합리적인 이유를 전혀 제시하지 못하였고 오히려 의문만 증폭되었다. 따라서 이러한 〈증인A〉의 진술을 그대로 믿어서는 안된다. 무엇인가 합리적인 이유를 제시해야 하는 것이다.

셋째, 〈증인A〉는 이 사건 계약체결과 관련하여 증언한 내용은 다음과 같다.

① 2000년 9~10월경 기노걸과 이지학의 계약 체결 현장을 입회하여 지켜보았다.

② 기노걸이 이지학에게 도장을 건네주어 이지학이 계약서에 날인하였다.

③ 기노걸이 통장을 보고 불러주는 계좌번호를 이지학이 현장에서 계약서에 직접 기재하여 넣었다.

그런데 ①, ②번 각 증언이 진실이라는 객관적인 증거는 전혀 없다. 정말로 〈증인A〉가 계약체결 장소에 입회하였는지도 의심스럽고, 기노걸이 그렇게 중요한 계약서에 막도장을 날인하게 하였다는 증언도 매우 의심스럽다. 특히 ③번 증언은 통상의 경험칙과 상식으로는 도저히 믿을 수 없을 만큼 의심스럽다. 기노걸은 1997년 9월 24일자로 그동안 사용하던 예금계약을 해지하였고, 당시 담당 은행직원은 해지한 통장의 마그네틱선 제거를 위하여 통장표지 뒷면의 절반을 훼손하여 놓았다. 그런데 2000년 9~10월에 작성하였다는 이 사건 계약서에는 기노걸이 1997년 9월 24일자로 예금계약이 해지된 계좌번호가 기재되어 있다. 결국, 기노걸이 뒷면표지 절반이 훼손된 통장을 보고 그 계좌번호를 이지학에게 불러 주었다는 것인데, 이는 도저히 있을 수 없는 일이다. 매매대금이 20억 원이나 되는 중요한 계약서를 작성하면서, 이미 예금계약이 해지되어 표지뒷면이 절반이나 훼손된 통장의 계좌번호를 불러주었을 리는 없다. 이건 어린아이도 웃을 일이다.

"계좌번호는 통장의 첫 장을 넘기면 바로 알 수 있지만 계좌의 폐쇄 여부는 통장의 마지막 면을 보아야 알 수 있는 관계로 기노걸이 착오를 일으켰을 수도 있다"는 판결이유는 너무도 자의적이고 빈약한 논리다. 논리가 아닌 억지일 뿐이다.

"이 사건 계약 당시 75세의 고령으로 병석에 누워 있던 기노걸이 착오로 폐쇄된 계좌번호를 불러줄 가능성도 존재한다"는 판결이유 역시 억지일 뿐 현실적으로 불가능한 일이다. 어떻게 매매대금이 20억 원이나 되는 계약서를, 통장 뒷면표지의 절반이 훼손된 것도 구별하지 못하는 사람과 체결할 수 있다는 말인가? H건설과 같은 대기업은 그런 식으로 계약을 체결한단 말인가? 그렇게 계약을 체결하고도 유효하다고 할 수 있다는 말인가? 그보다는 〈증인A〉가 거짓진술을 하였을 가능성이 100배는 더 높다.

아마도 기노걸이 사망하였다는 점을 기화로 〈증인A〉는 계약서에 기재된 계좌번호가 예금계약이 해지된 것인지도 모르고 거짓증언은 하였을 개연성이 훨씬 농후하다. 법관의 자유 심증도 경험칙과 논리칙에 제한을 받는 것이고, 지극히 예외적이고 현실적으로 불가능한 가정을 제시하면서 사문서의 진정성립을 인정하는 것은 자유심증의 범위를 한참 지나친 것이다.

넷째, 무엇보다도 재판 과정에서 증인신문조서 내용의 일부가 임의로 삭제되었다는 의혹을 떨쳐버릴 수가 없다. 〈증인A〉가 2006년 7월 25일 변론기일에서 증언한 내용 중, 계약체결 일자에 관한 진술을 번복한 경위에 대한 내용이 의도적으로 삭제되었다는 의혹을 지울 수가 없다.

당시 〈증인A〉는 "1999년 11월 24일 D건설과 H건설 사이의 향산리 사업권 양도계약 이후에야, D건설로부터 승계한 24명 명의의 승계계약 작업을 시작하였기 때문에, 1999년 11월 24일자로 계약이 체결되었다고 한 종전 진술서 내용은 사실일 수 없다"고 하였다. 나는 이 부분에 대하여 두세 차례씩이나 집중하여 질문을 하였었고, 이에 관한 〈증인A〉의 의사를 분명하게 확인하였었다. 그런데 〈증인A〉의 증인신문조서에는 이러한 진술이 모두 삭제되고 없었다. 단지 증인신문조서의 정리 차원에서 삭제하였다고 하기에는 너무도 의혹이 많다. 다시 말해 누군가 판결 결론을 염두에 두고 증인신문조서를 조작했다는 의혹을 떨쳐버릴 수가 없다. 이는 뒤이어 증언한 〈증인B〉의 증인신문조서 마지막 부분 대질신문 내용에서도 확인된다.

재판장 대질신문

• 〈증인B〉에게 : 〈증인A〉는 1999년 11월 24일 이후에 승계계약 작업을 했다며 증인과는 다른데 어떤 것인가요?

• 〈증인B〉 : 최초의 계약은 D건설을 인수하고 난 후에 개인별 토지 작업을 했기 때문에 D건설에서 승계 계약한 것을 보고 나서 돈을 풀었습니다.

• 〈증인A〉에게 : 증인B가 이렇게 구체적으로 이야기하는데 어떤가요?

• 〈증인A〉 : 증인은 그 이후에 한 것으로 알고 있습니다.

〈증인B〉의 2006년 7월 25일 변론기일 증인신문조서

위 대질신문에서 재판장은 "〈증인A〉는 1999년 11월 24일 이후

에 승계계약 작업을 했다며 증인과는 다른데 어떤가요?"라고 〈증인B〉에게 물었고, 〈증인A〉는 "증인은 그 이후에 한 것으로 알고 있습니다"라고 하였다. 그런데 정작 "1999년 11월 24일 이후에 승계 작업을 하였다"라는 〈증인A〉의 증언 내용을 그의 증인신문조서에서는 찾아볼 수가 없다. 〈증인B〉의 증인신문조서에 기록되어 있으니, 단순히 증인신문조서 정리 차원에서 삭제한 것이라고 생각할 수 있다. 나도 처음에는 그렇게 생각하였었다. 그러나 그게 아니었다. 〈증인B〉의 증인신문조서에는 단지 승계 작업을 개시한 시점에 대하여 〈증인A〉와 〈증인B〉의 인식이 다르다는 내용만이 기재되었을 뿐이다. '1999년 11월 24일 이후부터 모든 계약서 승계작업을 하였기 때문에, 종전에 1999년 11월 24일자로 계약을 체결하였다는 진술은 사실일 수 없다'는 〈증인A〉의 진술번복 경위에 관한 내용은 전혀 나타나지 않다. 결국 〈증인A〉의 증언을 증거로 채택하기 위하여 진술번복 경위에 관한 〈증인A〉의 증언을 삭제했다고 볼 수밖에 없다. 당시 조서기재 이의신청을 통하여 이를 바로잡지 못한 것은 나의 잘못이라고도 할 수 있다. 그러나 설마 증인신문 당시 그렇게도 강조했던 증인신문사항이 조서에서 삭제될 것이라고는 상상조차 하지 못했던 것이다.

나는 제1심 법원의 잘못된 판단은 곧 상급심에서 바로잡힐 것이라고 생각했다. 증인의 증언에 의하여 문서의 진정성립을 인정하기 위한 대법원 판례의 법리를 좀 더 세심하게 연구하고, 나아가 관련 증거를 철저히 조사해 제출하면 상급심에서 충분히 바로잡힐 것이라 믿었다. 이러한 마음으로 더욱 열심히 증거를 찾아다녔고, 대법원 판례 등 법리를 정리하였다. 나는 기을호에게 관련 대법원 판례까지 찾아 안내하면서, 제1심 판결서의 문제점을 조목조목 설명해 주었다. 기을호도 내 말에 수긍하면서 항소에 동의하였다.

不動産 賣買契約書

※不動産의 表示

소재지	지번	지목	면적(㎡)	소유권자	비고
경기도 김포시 고촌면 향산리	65-2	대	255	기노걸	지상물일체 포함
	65-5	대	36		
	65-8	대	539		
	65-12	전	284		
	65-20	대	322		
	67-1	대	1,815		
계			3,251(983.4평)		

　　상기 표시 부동산의 매도인인 상기 소유권자(이하 '갑')와 매수인 ○○건설 주식회사 대표이사 김○유(이하 '을')는 아파트 신축 사업용 토지매매를 위하여 상호간에 신의와 성실을 원칙으로 아래와 같이 부동산 매매계약을 체결한다.

- 아　　래 -

第 1 條 (契約의 主內容)

　　가. '갑'은 위 표시부동산의 정당한 소유권자임을 확인하여 본 계약서에 명시된 '갑' 의 제반의무를 책임진다.

　　나. '갑'이 1997. 9. 1.동아건설산업(주)와 체결한 부동산 매매계약을 '을'이 1999. 11. 5.승계 인수함에 따라 이를 재확인하고, 기수수대금 승계 및 잔대금 지불방법을 정한다. (11ゟ.)

　　다. '갑'과 '을'은 '갑' 소유 표시 부동산에 '을'이 아파트를 신축할수 있도록 매매 하고저 제2조 이하의 내용으로 표시 부동산의 매매계약을 체결한다.

　　라. 이 승계계약 체결후 '갑'은 '을'의 동의 없이 표시부동산을 제3자에게 양도하 거나 제한물권 설정 등의 행위를 할 수 없다.

第 2 條 (賣買代金 支給條件)

　　가. 대금총액 : 一金일십구억육천육백만원整(₩1,966,000,000)

　　나. 매매대금의 지급 일정

구　분	지급기일	금　액	비　고
계 약 금	1997. 9. 1	₩196,600,000	1조 나항 참조
1차 중도금	1997. 9. 1	₩98,300,000	1조 나항 참조
2차 중도금	1997.11. 5	₩688,100,000	소유권이전시 어음지급,지급보증
잔　금	승계계약후 6개월	₩983,000,000	
합　계		₩1,966,000,000	

1999. 11.24

계약서 제1조에는 1999년 11월 5일 인수승계를 확인한다고 되어 있고, 제2조에서는 승계계약 후 6개월 이내에 H건설이 기노걸에게 잔금 983,000,000원을 지급하기로 약정하고 있다.

다. 확정 측량 결과 매매면적이 변경될 시 상기 '가'항 금액을 매매면적으로
나눈 금액으로 정산키로 한다.

라. 매매대금 지불관련 특약

1) 매매대금중 계약금(10%) 및 1차중도금(5%)은 계약일로부터 5일 이내
에 '갑'이 지정하는 은행계좌로 '을'이 입금하기로 한다.

(농협 은행 : 241084 - 56 - 002254)

2) 계약금 지급후 '을'은 동 금액에 대한 채권확보를 위하여 가처분을 할
수 있으며, '을'의 요청시 총 지급액의 130% 범위내에서 근저당권 설정
또는 소유권 이전 가등기 신청을 위한 서류를 '을'에게 교부하기로 한다.

第 3 條 (契約擔保 및 土地使用承諾 等)

본 계약 체결과 동시에 '갑'은 '을'의 인허가에 필요한 제반서류(토지사용
승락서, 인감증명서 등)를 〔교부〕로 한다.

第 4 條 (所有權 移轉 및 명도 時期)

가. '갑'은 '을'로부터 제2조 토지잔대금을 수령하거나, '을'의 서면통보에 의하
여 잔대금 지불기일에 지불할 것을 명시한 약속어음 또는 금융기관의 지불
보증서로 지불할 경우 소유권 이전에 필요한 일체의 서류를 '을'에게 교부
하고 부동산을 명도하기로 한다.

나. 명도시 부동산 등기상에 기재되지 않은 하자는 명도후에도 '갑'의 책임과
비용으로 처리하기로 한다.

第 5 條 (設定權利의 抹消)

가. 본 계약 체결 당시의 '갑'의 등기상에 설정된 소유권 이외의 모든 권리는
'갑'의 책임하에 제4조의 잔대금 지급일전까지 말소하여야 한다.

나. 본 계약 체결일 이후 '갑'은 위 표시부동산에 '갑'의 소유권 이외의 어떠한
권리도 설정할 수 없으며, '갑'의 의지와 관련없이 행하여진 소유권을 제한
하는 권리(임차권, 가처분, 가압류, 지상권 등 일체의 권리)는 '갑'의 책임하
에 제4조 잔대금 지불기일 전까지 말소하여야 한다.

다. 상기 '가'항 및 '나'항의 설정권리 말소가 기한내에 완료되지 못할시 '을'은
중도금 또는 잔금의 지급을 연기하거나 권리의 말소를 직접 행할 수 있으며
이에 투입된 비용은 '갑'의 부담으로 하며 토지대금에서 상계 처리한다.

증거자료 1-2 : 이 사건 계약서 제2면

계약서 제2조 라항에서는, 기노걸의 계좌번호 "농협 241084-56-002254"가 기노걸의 자필이 아닌 다른 누군가의 필체로
작성되어 있었다. 〈증인A〉는 기노걸이 불러주는 것을 이지학이 직접 현장에서 기재하였다고 증언하였으나, 이는 후에 명백
한 거짓임이 드러난다.

第 6 條 (農作物 等 支障物에 관한 事項)

　가. '갑'은 표시 부동산상의 지장물 일쳬(미등기 건축물 및 기타 농작물과 지하구
　　　조물을 포함한다.)를 제4조 잔대금 지불기일전까지 '갑'의 책임과 비용으로 철
　　　거, 거주자의 퇴거 및 건물의 멸실등을 완료하여 토지 명도에 하등의 지장이
　　　없도록 조치하여야 하며, '을'은 일반구조물 철거를 책임지고 철거한다.

第 7 條 (行爲 制限)

　　이 계약 체결후 계약자중 일방이 다음과 같은 행위를 할 경우 사전에 상대방
　의 서면 승낙을 얻어야 하며 승락없이 행한 행위의 모든 책임은 행위자가 부
　담한다.

　　1) '을'의 동의없는 표시부동산의 대금청구권 양도 및 소유권 이전
　　2) 이 계약서에 대한 질권등 제한물권의 설정 및 담보 제공
　　3) 상대방의 승인없이 계약서를 제3자에게 공개
　　4) '을'의 동의없는 매매,증여,전세권,저당권,임차권의 설정 기타 일체의 처분
　　　행위

第 8 條 (諸稅 公課金)

　　표시부동산에 대한 제세금 및 공과금은 과세기준일을 기준하여 제4조의 소유
　권 이전일 이전까지 발생된 부과분은 명의에 관계없이 '갑'이 부담하고 그 이
　후에는 '을'이 부담한다.

第 9 條 (違約에 따른 賠償)

　가. '갑'과 '을'이 본 계약을 위반하였을 경우, 상대방은 상당한 기간을 정하여
　　　상대방에게 그 이행을 최고한 후 본 계약을 해지할 수 있다.
　나. 본 계약을 '갑'이 위약시는 계약금의 2배액을 변상하며 '을'이 위약시는 계
　　　약금은 '갑'에게 귀속되고 반환을 청구할 수 없으며, 계약 해지 및 해제로
　　　입은 상대방의 피해는 별도 보상 및 배상키로 한다.
　다. '을'이 아파트 사업을 위한 사업승인을 접수한 후 '갑'의 책임있는 사유로
　　　본계약의 이행이 불가능하거나 이행이 지체될 경우 '갑'은 상기 '가' 항
　　　내지 '나' 항의 배상과 별도로 '을'의 기투입비용 및 예상 사업수익을
　　　배상한다.

第 10 條 (特約事項)

　가. 본 계약의 내용은 '갑'과 '을'의 상속인 또는 포괄승계인에게 자동 승계된다.
　나. 본 계약과 관련된 부동산의 소유권이전 및 지장물의 철거 등의 '갑'의 모든
　　　책임은 계약 당사자인 '갑' 과 상속인 또는 포괄승계인 모두가 연대
　　　하여 부담한다.

증거자료 1-3: 이 사건 계약서 제3면

계약서 제6조 후단 문장에서, '을(H건설)'이 일반구조물(교량 및 등기된 건물)의 철거를 책임지기로 하고 있다.

第 11 條 (契約의 解釋 및 管轄地)

　　가. 본 계약서상에 명시되어 있지 아니한 사항은 일반 상거래 관행에
　　　　의하여 해석한다.

　　나. 본 계약에 따른 분쟁에 관하여 법률적 사안이 발생할 경우 소송
　　　　관할법원은 서울지방법원 본원으로 한다.

　　　　위와 같은 계약을 체결함에 있어 '갑'과 '을'은 위 계약조건을
충실히 이행할 것을 입증하기 위하여 이 계약서에 날인하여 각1부
씩 보관키로 한다.

1999. 11/24

2000.

~~1999.~~

賣渡人 (갑) : 경기도 김포시 고촌면 향산리 67
　　　　　　　　261123 - 1253615
　　　　　　　기 노 걸 [印]

買受人 (을) : 서울시 종로구 ○○ 140-2
　　　　　　　(110111-0007909)
　　　　　　　○○건설 주식회사
　　　　　　　대표이사 김 ○ 규 [印]

立會人 : 안양시 동안구 관양동 1508
　　　　　　○○종합건설주식회사
　　　　　　대표이사 김○환, 정○경

매도인 란에는 기노걸의 주소, 주민등록번호, 성명, 계약일자 등이 기노걸의 자필이 아닌 다른 누군가의 필체로 기재되어 있고, 기노걸의 한글 막도장이 찍혀 있다. 후에 위 필체의 주인공은 W공영의 직원인 〈증인C〉의 필체임이 밝혀진다.

No.____

領 收 證

一金구억팔천삼백 만원 정整 (₩983,000,000)

但, 김포시 고촌면 향산리 토지매매대금(계약금 및 중도금)

上記 金額을 政히 領收함

1999
2000年 11月 24日 99. 11/24

領受印 : 기 노 걸 [印]
(261123 - 1253615)

○○건설주식회사 貴重

H건설은 기노걸의 자필이 아닌 다른 누군가의 필체로서 기노걸의 성명, 주민등록번호를 기재하고, 기노걸의 막도장을 찍은 영수증을 증거로 제출하였다. 이는 뒤에 〈증인C〉의 필체임이 밝혀진다.

"갑"　　주　　소：全南市 高村里 香山里 67番地

(賣渡人)　성　　명：奇老杰　㊞　주민등록번호：261123-1253615

입금계좌：　　　　은행,　예금주：

계좌번호：

"을"　　주　　소：서울시 중구 서소문동 120-23

(買收人)　상　　호：○○건설산업주식회사

대표이사：우　성　용

"중개입회인"　주　　소：

상　　호：

대　　표：

증거자료 3: 다른 계약서에서 기재된 기노걸의 자필, 인감도장

기노걸은 다른 부동산매매계약서를 작성하면서는 직접 한문 자필로 성명, 주소, 주민등록번호를 각 기재하고, 한문 성명으로 된 인감도장을 날인하였었다.

통 고 서

수신인 : 경기도 김포시 고촌면 향산리 67번지
　　　　 기 노 걸 귀하

발신인 : 김포시 사우동 256-7 경동빌딩3층
　　　　 ○○종합건설(주) 대표이사 김○○

　당사는 1997년 3월 향산취락지구 저밀도 변경승인이 완료된 시점에서부터 개발계획을 다시 수립하여 현재까지 사업을 진행해 온 바 막대한 개발사업비를 부담하면서 향산리 개발에 노력하였으나 당사가 동아건설(주)로부터 양도 승계받은 부동산 양도권리를 <u>인정하지 않음</u>에 따라 개발이 지연되어 이 내용증명을 발송합니다.　　　　　　<u>누가?</u>

　현 향산리의 개발면적은 93,000평으로 도시계획도로 및 학교, 공원 등 33,000평은 <u>기부체납</u>하여야 하며 공동주택용지로 60,000평을 사용하게 됩니다. 또한 현부지는 윗상리 일부와 아랫상리 반이상이 군사시설보호지역으로 되어 있어 군시설에 대한 대체시설물 이전비 등 개발자의 사업비 부담이 가중되어 있고 104번 군도로로 사용하게 될 도로개설비, 사우지구 우회도로와 연결되는 향산IC 공사비(약 50억) 등 순수 토지비로 산정시 <u>귀하의 토지평수</u>의 절반이 기부체납 또는 개발비 부담으로 되어 있습니다. 따라서 귀하 토지가의 2배에 상당한 사업비가 지출되는 셈입니다. 지금까지 도로를 70만원, <u>전답을 80만원,</u> 대지는 <u>100만원</u>(건물비 별도 보상) 선에서 협의 매입을 해온 바 <u>90%</u> 이상의 주민이 이에 동의하고 계약을 완료한 반면, 귀하는 이에 불응하고 <u>개인의 이익만을 추구</u>하고 있음으로 먼저 내용증명으로 당사의 사업 경위와 취지를 설명하고 <u>도시개발법</u> 21조의 2/3이상 토지매입 및 토지소유자 총수의 2/3 이상 동의한 근거에 따라 동법 <u>제13조</u>에 의거 <u>토지수용권</u>을 부여받아 사업시행을 하고자 합니다. 이러한 사태는 귀하의 비협조와 터무니 없이 높은 토지가격을 <u>요구함</u>으로 당사로 하여금 불가피한 선택을 하도록 한 것입니다.　　　　　　<u>? 기재오5</u>

　지금까지 당사의 개발비 부담으로 향산리 전체의 막대한 개발이익을 가져다 준 공로를 <u>인정하지 못하는</u> 귀하에게 섭섭함을 표하며 아무런 물리적 마찰없이 해결되기를 기대합니다. 안녕히 계십시오.

붙임 : 사업추진경위서 1부. 끝.

이 우편물은 2000/07/28 제 181150
호에 의하여 내용증명우편물로
발송하였음을 증명함
　　　김포우체국장

2000년　　월　　일

증거자료 4 : Y종합건설이 기노걸에게 보낸 통고서

Y종합건설은 2000년 7월 28일자로 기노걸에게 '승계계약에 협조해 주지 않아 토지수용권을 발동하겠다'는 내용의 통고서를 발송하였다. H건설은 뒤에 재심소송에서, Y종합건설이 2000년 7월 28일자로 기노걸에게 위 통고서를 발송하였으므로, 2000년 1월경에 이지학이 이 사건 계약서를 위조하였다는 〈증인C〉의 진술은 사실일 수 없다고 주장하기도 하였다.

증거자료 5-1: 기노걸이 1997년 9월 24일자로 예금계약을 해지한 통장 표지

기노걸은 1997년 9월 24일자로 농협241084-56-002254 계좌의 예금계약을 해지하고, 통장의 마그네틱 선을 제거하기 위하여 뒷면표지 절반 정도를 훼손하였다. 그런데 H건설의 증인으로 출석한 〈증인A〉는 기노걸이 2000년 9∼10월 경에 위 통장을 보고 계좌번호를 불러주어 이지학이 계약서에 직접 기재하여 넣는 것을 입회하여 보았다고 증언한다.

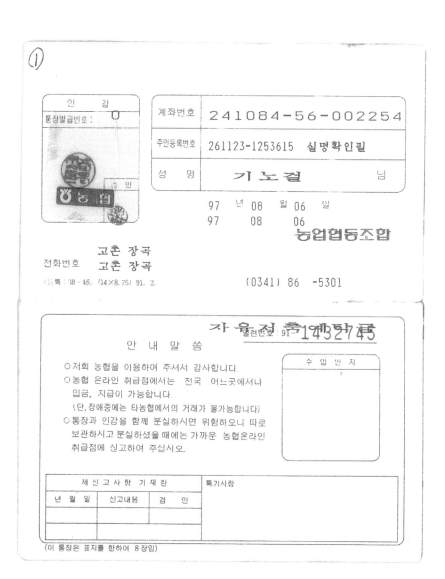

①

인　감	계좌번호	2 4 1 0 8 4 - 5 6 - 0 0 2 2 5 4
통장발급번호 :	주민등록번호	261123-1253615　실명확인필
	성　　명	기 노 걸　　　님

97 년 08 월 06 일
97　　08　　06　　농업협동조합

고촌 장곡
전화번호　고촌 장곡

(등록 : 38 - 46)　(14×8.75) 91. 2.　　　　　(0341) 86　-5301

자율저축예탁금
(일련번호 : 9) 1432745

안 내 말 씀

○ 저희 농협을 이용하여 주셔서 감사합니다.
○ 농협 온라인 취급점에서는 전국 어느곳에서나
　입금, 지급이 가능합니다.
　(단, 장애중에는 타농협에서의 거래가 불가능합니다)
○ 통장과 인감을 함께 분실하시면 위험하오니 따로
　보관하시고 분실하셨을 때에는 가까운 농협온라인
　취급점에 신고하여 주십시오.

수입인지

제 신 고 사 항 기 재 란			특기사항
년 월 일	신고내용	검　인	

(이 통장은 표지를 합하여 8장임)

기노걸은 농협 241084-56-002254 계좌를 1997년 8월 6일자로 개설하여 같은 해 9월 24일까지 약 1개월 20일 가량만 사용하다가 예금계약을 해지하였다. 통장의 첫째 장 속표지이다.

	년 월 일	찾으신금액	예입하신금액	잔 액	적 요	취급점
1	계좌번호 : 241084-56-002254 신규 첫거래 감사합니다 !!					
2	97·08·06		₩10,000	₩10,000	현금	241084
3	97·09·01 김정철		₩94,900,000	₩94,910,000	자기앞41	241083
4	97·09·01 김정철		₩100,000,000	₩194,910,000	자기앞41	241083
5	97·09·01 김정철		₩100,000,000	₩294,910,000	자기앞41	241083
6	97·09·24	₩70,000,000	26722761-10	₩224,910,000	대체	241084
7	97·09·24	₩224,910,000		₩0	해지	241084
8						
9						
10						
11						
12						

13	원 금	₩224,910,000	
14	예금이자	₩557,522	
15	소득세	₩83,620	
16	법인세	₩0	
17	주민세	₩8,360	
18	농특세	₩0	
19	세금합계	₩91,980	
20	환경기금	₩0	
21	차감이자	₩465,542	
22	현금지급	₩465,542	
23	기노걸 님 농협을 이용해주셔서 감사합니다		
24			

적요란 설명
K : 기 장   J : 정 정   B : 부도지급
X : 취 소   INT : 이 자   11~43 : 타점간
CD : 현금입출기   AM : 자동이체   마음은 농촌 저축은 농협

기노걸은 농협241084-56-002254 계좌를 1997년 8월 6일 개설하여 같은 해 9월 24일까지 약 1개월 20일간 약 5차례 정도만 사용하고 곧바로 예금계약을 해지하였다는 내용이 표시되어 있다. 기노걸은 같은 날 농협에서 다른 계좌를 개설하여 2004년 8월경 사망 시까지 사용하였다.

제4장

위조되었다고 단정할 수 없다

제2심 (서울고등법원 2007나5221호 항소심)

항소심의 준비

나는 기을호의 항소 의사를 확인한 후 곧 항소장을 제출하였다. 그러나 새로운 증거자료의 제출 없이 항소심에서 제1심 판결을 쉽게 번복해 주지는 않을 것이라는 불안감이 엄습했다. 더구나 상대는 대한민국 최고의 건설회사인 H건설이 아닌가! 무언가 좀 더 명확한 증거를 확보해야 하는 사건이었다.

나는 향산리 주민들과 토지매매 관계자들을 찾아다니기 시작하였다. 2001년경 향산리의 토지소송 관련 정보도 입수하기 시작했다. 특히 향산리 주민인 허창의 소송에 관한 정보를 집중적으로 캐기 시작하였다. 허창은 기노걸의 바로 옆집에 사는 사람으로서,

2001년경에 Y종합건설 및 H건설과의 토지소송에서 승소한 인물이었다. 그런데 허창은 전혀 협조를 해 주지 않았다. 공연히 H건설의 심기를 건드리는 일은 하기 싫다는 것이었다. 향산리 주민들은 나를 보고 "어떻게 H건설과 같은 대기업을 상대로 소송에서 이길 수 있겠느냐"며 혀를 끌끌 찼다.

나는 방향을 바꾸어 H건설 및 협력사들과 전 직원들을 찾아다니기 시작하였다. 좀처럼 만나주지 않으려는 그들을 수시로 찾아가 인사하고, 대화의 물꼬를 트려고 노력하였다. 그들의 마음이 서서히 움직이기 시작했다. 마침내 그들로부터 허창과 관련하여 뜻밖의 소식을 전해 듣게 되었다. 2001년경에 발견된 허창-H건설 명의의 위조된 부동산매매계약서가 있었다는 것이다. 나는 귀가 솔깃해 정보의 출처를 캐묻기 시작했고, 마침내 2000년 1월 7일자로 된 허창-H건설 명의의 위조된 부동산매매계약서와 관련 서류를 확보할 수 있었다.

놀라운 것은 2000년 1월 7일자로 된 허창-H건설 명의의 위조된 부동산매매계약서는 기노걸 명의의 이 사건 계약서와 동일한 필체로 되어 있었고, 계약서의 형식도 같았으며, 날인된 한글 막도장의 인영까지도 동일한 형태였고, 2000년 12월경에 예금계약이 해지된 허창의 국민은행 계좌번호가 기재되어 있었다. 허창은 2001년 4월경 Y종합건설과 토지 소송을 진행하던 중 H건설이 자신의 부동산에 가처분을 한 사실을 등기부등본을 보고서야 알게 되었고, H건설에게 그 말소를 요청하는 통고서를 내용증명 우편으로 보냈다.

그 후 허창은 2001년 7월경 법원에 보관되어 있는 가처분 소송 기록을 열람해 보고서야, 자신이 작성하지도 아니한 2000년 1월 7일자 허창-H건설 명의의 위조된 부동산매매계약서가 가처분에 이용된 사실을 발견하였고, 이에 H건설 대표이사를 사문서 위조혐의로 고소하는 고소장까지 작성해두고 있었다. 그 후 허창은 H건설을 상대로 그 부동산에 마쳐진 가처분에 대하여 제소명령(가처분 등 보전처분을 한 자에게 일정 기간 내에 본안의 소를 제기하라는 법원의 명령, 이러한 법원의 명령에 따르지 않을 경우 당해 가처분은 취소사유가 된다) 신청을 통하여 그 취소를 구하였고, H건설은 이에 대해 아무런 이의도 제기하지 않아 결국 그 가처분은 말소되었던 것이었다. 기을호가 항소심에서 제출한 주요 증거서류는 다음과 같다.

기을호가 항소심에서 추가 제출한 증거 및 주장

기을호가 추가 제출한 증거

기을호가 추가로 제출한 증거
- **2000년 1월 7일자로 된 허창– H건설 명의의 부동산매매계약서** 기노걸

명의의 이 사건 계약서와 동일한 형식의 것으로서, 동일한 필체, 동일한 형태의 한글 막도장 인영이 날인되어 있고, 계좌번호도 허창이 1997년 12월경에 예금계약을 해지하고 폐쇄한 국민은행 계좌번호가 기재되어 있었다. 이는 누군가가 허창 명의의 계약서와 함께 이 사건 계약서도 위조하였을 것이라는 사실을 뒷받침하는 강력한 증거가 되는 것이다.

- **허창의 소 취하 요청서** 허창이 2001년 4월 17일 자로 H건설에 보낸 통고서다. 통고서의 내용은 H건설과는 매매계약을 체결한 사실이 없으므로 H건설의 명의로 된 2000년 12월 21일자 가처분을 취하해 줄 것을 요청하는 것으로서, 위 통고서 하단에는 H건설이 그즈음 이를 수령하였다는 접수인이 날인되어 있었다.

- **허창 명의의 2001년 7월경 고소장** 허창은 2001년 7월경 법원 가처분 관련 서류를 열람한 결과, 비로소 2000년 1월 7일자 허창-H건설 명의의 위조된 부동산매매계약서를 발견하였고, 이에 H건설 대표이사를 사문서 위조 및 동 행사죄로 고소하기 위하여 고소장을 작성해 두었던 것이다.

- **가처분 관련 서류** 허창이 그 부동산에 마쳐진 가처분 관련 서류를 열람·복사해둔 것이다. 여기서 허창-H건설 명의의 위조된 부동산매매계약서와 영수증이 발견되었다.

- **가처분 취소 판결** 허창은 2001년 5월경 그 소유 부동산에 마쳐진 가처분에 대하여 제소명령을 신청하였고, H건설은 이에 응하지 아니하여 결국 2001년 8월 13일 그 가처분을 취소한다는 판결서이다.

- **향산리 주민 정일석 명의의 위조된 부동산 매매계약 관련 서류** 나는 향산리 주민들을 수소문한 결과, 이지학은 2000년 2월경 향산리 주민 정일석의 통장과 계약서를 위조해 H건설로부터 토지 매매대금을 횡령한 사실도 있었다는 점을 알게 되었고, 정일석의 협조를 얻어 관련 서류를 입수하여 증거로 제출하였다. 즉, 당시 〈증인A〉와 이지학 등 관계인은 향산리 주민들의 각종 부동산매매계약서를 위조하는 일이 흔히 있었다는 정황을 말하고자 함이었다. 정일석 이외에 나머지 3명의 위조계약서는 당사자들의 비협조로 증거로 제출할 수가 없었다(추후에 서울고등법원 2009재나372호 재판에서 별도로 이를 확보하여 관련 증거들과 함께 제출하였다).

- **기노걸의 진료기록** 기노걸은 2000년 11월 29일 갑자기 뇌졸중으로 병원에 입원하였고, 그 이전까지는 병석에 누워 있었던 사실 자체가 없었다. 〈증인A〉는 2000년 9~10월경 병석에 있던 기노걸이 도장을 건네주었다고 증언하였으나, 기노걸은 2000년 9~10월경 병석에 있지 않았음을 입증하려는 것이다.

- **기노걸의 농협 예금인출 전표** 기노걸은 1997년 9월 24일 기존에 사용하던 농협 241084-56-002254예금계좌를 해지한 뒤 새로운 통장을 개설해 사용하였다. 나는 기노걸이 1998년경부터 2000년 8월 16일까지 새로 개설한 통장과 인감도장을 이용하여 예금을 인출하면서 손수 작성한 예금인출 전표를 모두 복사해 증거로 제출하였다. 기노걸이 손수 작성한 예금인출 전표에는 모두 기노걸의 한문 인감도장이 날인되어 있었고, 기노걸이 손수 한자 성명을 기재한 것도 상당수 있었다.

〈증인A〉의 진술에 의하면 이 사건 계약서는 2000년 9~10월경에 작성되었다는 것인데, 비슷한 시기에 기노걸은 손수 예금인출 전표를 한문으로 작성하고, 한문 인감도장을 날인하였다는 사실을 입증함으로써, 〈증인A〉의 증언의 신빙성을 탄핵하려 하였다.

- **Y종합건설의 주식 변동상황 명세서** 제1심 증인인 〈증인A〉는 Y종합건설의 전무이사인 동시에 같은 회사의 약 17%의 지분을 소유한 대주주로서, 사실상 H건설과 경제적 이해관계를 같이하는 사람이라는 사실을 입증하는 것이다.

- **이지학의 필적이 기재된 편지** 나는 2001년 6월경에 사망한 이지학의 유족을 십여 차례 찾아가 어렵사리 이지학의 생존 시의 필체로 된 편지를 입수할 수 있었다. 그런데 유족으로부터 전달받은 이지학의 필적은 이 사건 계약서에 기재된 필적과는

확연히 다르다는 점이 육안으로도 확인되는 사항이었다. 나는 〈증인A〉의 "이 사건 계약서 작성 당시 기노걸이 불러주는 계좌번호를 이지학이 현장에서 직접 적어 넣었다"는 증언의 신빙성을 탄핵하는 증거로 제출하였다.

기을호의 주장의 정리

첫째, 이 사건 계약서에 기재된 기노걸의 농협 241084-56-002254 계좌번호는 이미 1997년 9월 24일자로 예금계약을 해지한 계좌다. 그런데 기노걸이 2000년 9~10월경에 스스로 예금계약을 해지한 통장을 보고 이지학에게 그 계좌번호를 불러주면서 계약을 체결하였다는 것은 도저히 경험칙에 맞지 않는다. 이 사건 계약 당시 75세의 고령으로 병석에 누워 있던 기노걸이 착오로 폐쇄된 계좌번호를 불러줄 가능성도 존재한다는 제1심 판결의 설시 이유는 도저히 경험칙에 맞지 않는다. 또한 사문서의 진정성립은 이를 주장하는 자가 증명해야 하는데, 계약서에 기재된 계좌번호와 관련해서는 너무도 의혹이 많다. H건설은 이러한 의혹을 잠재울 수 있는 객관적이고 합리적인 증거를 전혀 제출하지 못하고 있다.

둘째, 기노걸은 2000년 9~10월경 병석에 누워 있지도 않았다. 그는 2000년 11월 29일 뇌졸중이 발생할 때까지 아주 건강하였고 자식들이 모두 출타한 가운데 혼자서 많은 농사를 직접 지었다. 진료기록에 의하면 2000년 11월 29일경에 갑자기 뇌졸중이 발생하였다고 기재되어 있다. 또한 기노걸은 2000년 8월 16일까지도 고촌농협에서 손수 자필로 예금인출 전표를 작성하여 예금을 인출할 정도로 건강하였다. 그런데 불과 1~2개월 뒤인 2000년 9~10월경에 당시 시가 약 20억 원이나 되는 이 사건 계약서에 기노걸의 자필도 전혀 없이, 이미 3년 전에 예금계약을 해지하여 사용하지도 않는 계좌번호를 불러주고, 한글 막도장을 날인하도록 하였다는 것은 도저히 믿을 수 없는 일이다.

셋째, 이지학 등은 2000년 1월경에 기노걸의 이웃에 사는 허창 명의의 부동산매매계약서도 위조한 사실이 있다. 위 허창 명의의 계약서는 이 사건 계약서와 동일한 형식으로서 동일한 필체, 동일한 형태의 한글 막도장이 날인되어 있으며, 1997년 12월경에 예금계약이 해지된 계좌번호가 적혀 있는 점까지도 동일하다. 또한 두 계약서는 모두 동일한 일자의 각 부동산의 처분금지 가처분신청 서류로 사용된 점도 같다. 허창-H건설 명의의 계약서가 위조되었다면, 동일한 필체, 동일한 형태의 막도장, 동일하게 1997년경에 예금계약이 해지된 계좌번호가 기재되고, 동일한 일자에 가처분 서류로 사용된 이 사건 계약서도 위조되었다고 보는 게 맞다.

넷째, 이지학은 2000년 6월경 향산리 주민 정일석 명의의 부동산매매계약서와 농협 통장도 위조한 사실이 있다. 당시는 부동산매매계약서를 위조하는 일이 흔치 않게 일어났고, 이 사건 계약서도 이러한 과정에서 위조되었을 가능성이 농후하다.

H건설이 추가 제출한 증거와 주장

H건설이 추가로 제출한 증거

- **가처분 이의 결정서** 이즈음 H건설과 기노걸 사이의 가처분 이의신청 사건과 관련하여 H건설의 가처분을 인용하는 항고심의 결정(서울고등법원2006라35호)이 선고되었다. H건설은 그 결정문을 증거로 제출하였다.

- **〈증인A〉의 2차 진술서(2007. 8. 29.)** H건설은 〈증인A〉의 2007년 8월 29일자 진술서를 추가증거로 제출하였다. 그 내용을 요약하면 다음과 같다.

> 계약서 내용의 일부에 속하는 기재사항(토지공부에 의하여 객관적으로 알 수 있는)은 사무실에서 직원이 기재한 것을 가지고 왔다는 의미이며, 계좌번호를 직접 기재하는 것을 (〈증인A〉가) 목격하였다는 내용입니다.
>
> 2007. 8. 29.자 〈증인A〉의 진술서—

- **불기소이유 통지서** 기을호는 제1심 증인인 〈증인A〉, 〈증인B〉를 위증혐의로 고소하였는데, 검찰에서는 이에 대하여 증거불충분을 이유로 불기소 처분하였다. H건설은 검찰의 불기소 처분서를 제2심에서 추가 증거로 제출하였다.

H건설과 Y종합건설, M건설 등과의 주택개발사업 진행경과 및 향산리의 다른 주민들과의 계약상황을 종합하면 기노걸이 이 사건 계약서를 작성해 주었을 것으로 보인다. 그 외 다른 가처분 재판부의 결정, 검찰의 불기소 처분 등에 비추어보아도 이 사건 계약서의 진정성립을 인정하는 데는 무리가 없다.

판결의 선고

2007년 10월 11일 제2심 판결이 선고되었고, 기을호의 항소는 기각되었다. 판결이유는 다음과 같다.

첫째, 이 사건 계약서 계좌번호 난에 1997. 9. 24.자로 폐쇄된 기노걸의 계좌번호가 기재된 점과 관련해서는 제1심 판결서의 내용을 그대로 기재하고 있고, 다만 허창 명의의 계약서와 관련해서만 아래 둘째 사항이 추가로 설시되었다.

둘째, H건설이 2000년 12년 13일, 기노걸의 옆집에 사는 허창 소유의 토지에 관해 D건설로부터 위 토지에 관한 매수인의 지위를 승계하였음을 이유로 이에 관한 계약서 및 영수증(이 사건 계약서 및 영수증과 형식이 동일하고, 매도인 및 영수인 허창 옆에 소위 한글 막도장이 찍혀 있으며, 작성일자는 2000. 1. 7.로 되어 있다)을 첨부하여 부동산 처분금지 가처분 신청을 하여 2000년 12월 20일 서울지방법원 2000카합3535호로 위 각 토지에 관하여 부동산 처분금지 가처분 결정이 내려졌다.

그러나 허창이 2001년 4월 17일경 위와 같은 원고의 지위승계를 승낙한 바 없고, 위 계약서 등은 위조된 것이라고 주장하면서, 소취하를 요구한 후 원고가 법원의 제소명령에도 불구하고 소를 제기하지 않았다. 그러므로 2001년 8월 13일 서울지방법원 2001카합1537호로 위 부동산 처분금지 가처분 결정이 취소된 점을 인정할 수 있다고 하더라도(판결서 7면)······ 허창에 관한 위와 같은 사정만으로 허창에 관한 위 계약서가 위조되었다고 단정하기 어려울 뿐만 아니라, 가사 허창에 관한 위 계약서가 허창의 승낙을 받지 않고 작성되어 위조된 것이라 하더라도, 이지학은 2000년경 매매 계약의 체결을 위해 허창 및 기노걸의 집을 수차례 방문하였는바, 기노걸의 이 사건 계약서의 작성을 승낙하였을 수도 있는 점 등에 비추어, 그러한 사정만으로 이와 달리 보기 어렵다.

서울고등법원 2007나5221호 판결서—

서울고등법원 2007나5221호 판결에 대한 비판

제1, 2심이 〈증인A〉의 증언을 이유로 이 사건 계약서의 진정성립을 인정하는 것은 도저히 이해할 수 없다. 이는 대법원 판례의 취지에도 반한다. 부동산매매계약서와 같은 사문서(처분문서)는 진정성립이 인정되면 그 기재 내용에 따른 의사표시의 존재와 그 내용까지 인정해야 하므로, 그 진정성립을 인정함에 있어 신중해야 하고, 그 증명방법은 신빙성이 있어야 한다. 특히 증인의 증언에 의해 사문서의 진정성립을 인정하는 경우 증언 내용의 합리성, 증인의 증언 태도, 다른 증거와의 합치여부, 증인의 사건에 대한 이해관계, 당사자와의 관계 등을 종합적으로 검토하여야 한다(대법원 2004 다40306 판결 등). 무엇보다도 증인이 사건에 대한 실질적인 이해관계인일 경우에는 공정한 증언을 하지 아니할 개연성(가능성)을 배제할 수 없으므로, 이러한 증인의 신빙성 없는 증언에 의하여 문서의 진정성립을 인정하는 것은 일반적인 채증법칙에 반하는 것이다(대법원 94다23746 판결).

이 사건을 돌이켜 하나씩 짚어보자.

첫째, ① Y종합건설은 H건설과 향산리 지역 토지매매 등을 대행하는 용역계약을 체결하면서 36억 원을 수령했다. ② 이 사건 부동산 매매계약도 위와 같은 토지매매 대행 용역의 범위에 포함되어 있다. ③ Y종합건설은 H건설에게 이 사건 부동산 매매계약을 체결해 주어야 할 의무가 있다. ④ 〈증인A〉는 Y종합건설의 전무이사 겸 위 회사의 지분 17%를 소유한 대주주다. 따라서 〈증인A〉는 이 사건 매매계약과 관련한 직접적인 이해 당사자로서 공정한 증언을 하지 아니할 개연성을 배제할 수 없는 자이다.

〈증인B〉도 향산리 일대의 토지 매입을 담당하는 H건설의 차장으로서 이 사건 매매계약의 사실상 당사자로서 공정한 증언을 기대하기 어려운 자이다. 그런데 제1, 2심 재판부는 〈증인A〉, 〈증인B〉가 자신의 이해관계에 따라 공정하지 않은 증언을 할 개연성에 대하여 전혀 의심하지 않고 있다. 〈증인A〉가 변론기일에서 선서하고 진술한 내용을 그대로 모두 사실로 인정하고 있다.

사실상 〈증인A〉는 H건설의 부탁을 받고 나온 증인일 가능성이 농후한 자이다. 처음에는 계약일자가 1999년 11월 24일이라고 하였다가 그 후 증인으로 출석하여서는 2000년 9~10월경이라고 진술을 번복하였고, 진술번복의 경위에 대하여는 〈증인B〉의 증언과도 엇갈렸다. 증언 자체가 이미 이른바 '짜고 치는 고스톱'같아 보였다. 수년전의 일이고, 이미 기노걸이 사망하였음을 기화로 H건설과 〈증인A〉가 말을 맞추었을 개연성이 매우 농후하다. 매매대금이 20억 원이나 되는 소송이고, 그 후 부동산 가격이 폭등하였다. 이해관계에 따라 얼마든지 거짓말을 할 수 있을 것이라는 의심은 당연히 할 수 있는 것이 아닌가?

그런데 재판부는 〈증인A〉의 증언에 대해서는 조금도 의심을 하지 않는다. 〈증인A〉의 증언을 뒷받침하는 객관적인 증거도 전혀 없다. 오히려 이 사건 계약서에는 1997년 9월 24일자로 예금계약이 해지된 계좌번호가 적혀 있고, 비슷한 시기에 작성된 동일한 형식, 동일한 필체, 동일한 형태의 막도장이 날인된 H건설-허창 명의의 계약서는 위조된 것으로 확인되었으며, 그 외 2000년경에 이지학이 위조한 다른 계약서들도 증거로 제출되었다. 담당 재판부는 무엇을 근거로 〈증인A〉의 증언을 그토록 신뢰한다는 말인가! 〈증인A〉에 대하여 무엇을 알고 있기에 상식과도 맞지 않는 그의 증언을 그토록 신뢰한단 말인가?

둘째, ① 〈증인A〉는 이 사건 계약서를 1999년 11월 24일경 기노걸의 자택에서 작성했다고 하였으나, 2000년 7월 28일 Y종합건설에서 기노걸에게 발송한 통고서가 제시되자, 돌연 계약일자가 2000년 9~10월경 이라고 진술을 번복하였다. 진술번복에 대한 이유 또한 석연치 않다.

② 〈증인A〉는 2000년 9~10월경 계약서를 작성하면서 기노걸이 통장을 보고 계좌번호를 불러주었고, 이지학이 이를 현장에서 직접 계약서에 적어 넣었다고 진술하였다. 그런데 계약서에 기재된 계좌번호는 기노걸이 1997년 9월 24일자로 예금계약을 해지하고 폐쇄한 계좌다. 비록 75세 고령의 노인이지만 매매대금이 20억 원이나 되는 중요한 계약을 체결하면서 3년 전에 예금계약을 해지하고 뒷면표지의 절반이 훼손되어 있는 통장을 보고 그 계좌번호를 불러주었다는 것은 현실적으로 도저히 있을 수 없는 일이다. 아무리 나이가 많아도 그 정도로 분별력이 없지는 않다. 이미 사망하였

다고 사람을 그렇게 바보로 취급해서는 안 되는 것이다.

③ 기노걸은 1997년 9월 24일 이후 새로운 계좌를 개설하여 사용하였고, 2000년 8월 16일경까지도 농협에서 직접 자필로 예금인출 전표를 작성하고 인감도장을 날인하여 예금을 인출하였다. 또한 그 당시까지 기노걸 명의의 모든 계약서에는 기노걸의 자필로 그 주소와 성명을 기재하고, 기노걸의 한문 인감도장이 날인되어 있다. 그런데 유독 비슷한 시기에 작성되었다고 하는 이 사건 계약서에만 기노걸의 자필이 없고 한글 막도장이 날인되었다. 만일 정말로 기노걸이 작성하였다면, 아마도 기노걸 평생에 작성한 계약서 중 가장 중요한 서류일 것이다. 그렇게 중요한 매매계약서를 작성하면서 어떻게 3년 전에 예금계약이 해지되어 폐쇄한 통장번호를 기재하게 하고, 한글 막도장을 날인하게 할 수 있다는 말인가? 도대체 말이 되지 않는다.

④ 〈증인A〉 등은 H건설로부터 토지 매매계약 체결 용역을 맡은 자로서 부동산 매매계약과 관련해서는 소위 전문가들이다. 이와 같이 부동산 매매계약을 전문으로 하는 자들이 계약체결을 극구 반대하면서 먼저 잔금을 가져오라고 하는 기노걸과 매매계약을 체결하면서 자필 서명도 받지 않고, 막도장을 찍었다는 것이 상식적으로 이해가 되는가? 이렇게 일처리를 하면서도 2000년부터 2005년 8월 까지 약 6여 년 동안이나 아무런 의문을 제기하지 않은 채 기노걸과 어떠한 접촉도 하지 않았다는 것이 도대체 말이 되는 일

인가? 〈증인A〉 등도 기노걸은 매매계약 체결을 끝까지 거부한 사람 중의 한 사람이라는 점까지도 인정하고 있다. 그런데도 H건설은 일을 이렇게 처리하였다는 게 말이 되는가?

결국 〈증인A〉의 증언 내용은 그 자체로서 매우 믿기 어려운 것이었다. 통상의 경험칙으로는 일어날 수 없는 일에 관한 것이었다. 기노걸이 이지학에게 막도장을 건네주면서 계약체결을 하였다는 증언을 뒷받침하는 객관적인 증거는 아무것도 없다. 기노걸이 이지학에게 3년 전에 예금계약을 해지하고 폐쇄한 계좌번호를 불러주었고, 이지학은 현장에서 이를 계약서에 직접 기재하여 넣었다는 증언을 뒷받침하는 객관적인 증거도 전혀 없고, 이는 상식적으로도 맞지 않다.

그런데 제1, 2심 재판부는 〈증인A〉의 이러한 증언에 조금도 의문을 품지 않고 모두 사실로 인정하고 있다. 선서를 하고 증언을 하였으니 모두 사실이라고 믿는 것 같다. 그렇다면 그즈음에 기노걸이 고촌농협에서 작성한 예금인출 전표와, 다른 모든 계약서에는 기노걸의 자필과 한문 인감도장이 날인된 것은 어떻게 설명할 수 있는가? 판결이유에는 아무런 기재 내용이 없다. 그냥 무시하면 되는 것일까?

셋째, 왜 재판부는 2000년 1월 7일자 허창-H건설 명의의 부동산매매계약서가 위조되었다고 단정하지 못하는 것인가? 허창 자신이 그러한 계약서를 작성하지 않았다고 하는 진술서를 증거로 제출하였고, 당시 H건설에 보내는 소 취하 요청서나, H건설의 가처분취소 판결서까지 증거로 제출하였고, H건설도 허창에게 계약 내용을 주장하지 않고 있다.

H건설과 같은 대기업이 공연히 허창의 부동산에 마쳐진 가처분 등기 말소에 동의해 주었단 말인가? 어찌하여 아무런 객관적인 증거가 없음에도 H건설이 주장하는 이 사건 계약서의 진정성립은 쉽게 인정해 주면서, 기을호가 주장하는 H건설-허창의 매매계약서는 허창의 진술서와 H건설의 접수인이 날인된 소취하요청서 및 관련 판결서까지 제출되었음에도 그 위조되었다고 단정할 수 없다고 하는 것인가?

허창에 대한 계약서가 위조되었다고 하더라도 기노걸이 이 사건 계약서의 작성을 승낙하였을 수도 있다는 말은 무슨 말인가? 나는 이 사건 계약서가 위조되었을 개연성을 주장한 것이었다. 계약서가 기노걸의 의사에 의하여 작성되었다는 증거가 없다는 것이다. 계약서가 기노걸의 의사에 의하여 작성되었다는 점은 H건설이 명확하게 입증하여야 하는 사항이다. 즉, 계약서가 위조되지 아니하고 기노걸의 진정한 의사에 의하여 작성되었음(사문서의 진정성립)을 H건설이 입증하여야 하는 것이다. 기을호로서는 계약서가 기노걸의 의사에 의하지 않았을 것이라고 의심이 들게끔 하는 것(반증책임)만으로 그 책임을 다하게 되는 것이다. 계약서가 기노걸의 의사에 의하여 작성되었다는 객관적인 증거는 전혀 없고, 오히려 동일한 필체로 된 H건설-허창 명의의 계약서가 위조되었다는 점과, 2000년 9~10월경에 작성되었다는 이 사건 계약서에 1997년 9월 24일자로 예금계약이 해지된 계좌번호가 기재되어 있다는 이례적인 사실만으로 충분히 반증에 성공한 것으로 보인다. H건설에서 그동안 단 한 번도 기노걸에게 잔금을 지급한 사실도 없었고, 기노걸의 사망 시까지 연락조차도 없었다. 정상적으로 계약서가 작성되었다면 있을 수 없는 일이다.

H건설로서는 이러한 모든 반증사항에 침묵을 명할 수 있는 객관적인 증거를 제시하여야 그 입증책임을 다하는 것이다. 그래야 이 사건 계약서의 진정성립이 인정되는 것이다. 그런데 재판부는 거꾸로 기노걸이 이 사건 계약서의 작성을 승낙하였을 수도 있다는 지극히 주관적인 가능성만으로 진정성립은 이미 당연한 것으로 예단 내지 간주하고 있다. 계약서가 기노걸의 의사에 의하여 작성되었다고 단정할 수 있는지 여부가 판단대상임에도, 거꾸로 계약서가 위조되었다고 단정할 수 있는지 여부가 판난대상이라는 것이다. 즉, H건설이 계약서의 진정성립 여부를 입증하여야 하는 것이 아니라, 오히려 기을호가 계약서 위조 여부를 입증하여야 한다는 취지이다. 민사소송법 제357조는 '사문서는 그것이 진정한 것임을 증명하여야 한다'라고 규정하고 있음에도, 오히려 기을호가 그 위조 여부를 증명하여야 한다고 설시하고 있다. 문제의 본질을 교묘하게 비켜가면서 오히려 기을호에게 〈증인A〉의 증언을 뒤집고 계

약서의 위조 여부를 명확하게 입증하지 않는 한 기노걸에 의하여 작성된 것임을 인정하겠다는 것이다. 〈증인A〉의 증언은 그 자체로 움직일 수 없는 진리라는 것이다. 판결서에 설시된 판결이유 그 자체에 이미 민사소송법 제357조와 입증책임에 관한 법리를 위반 내지 왜곡하고 있는 것이다.

결국, 이 사건 계약서는 기노걸이 작성했다는 아무런 객관적인 증거도 없이, 오히려 수많은 반대 증거에도 불구하고 오로지 〈증인A〉의 증언만을 근거로 그 진정성립이 인정되었다. 대기업 H건설은 승소하였고, 기을호는 패소하였으며, 나는 패소한 기을호의 소송대리인으로 사건을 수행했다.

상고심 심리불속행 기각

나는 기을호로부터 상고에 관한 동의를 받고, 열심히 상고이유서를 작성해 제출하였다. 상고이유서에서 나는 사법연수원 출신 무관의 변호사라는 사실이 본 소송절차에서 어떠한 불이익도 초래하지 않기를 바란다고 하였다. 그러나 2008년 1월 17일 상고는 심리불속행으로 기각되었다.

모르겠다. 내가 상고이유서에서 사문서의 진정성립에 관한 채증법칙에 관한 법리를 주로 다루어 심리불속행기각을 당한 것인지, 아니면 감히 국민의 기본권을 보장하는 최고 존엄의 헌법기관인

법원 판결에 반기를 들어서 인지…….

　아무튼 비록 소송에서 패하였어도 논리적 주장이나 실체진실에 대한 증명에 있어서는 절대로 지지 않았다고 스스로를 위로할 수밖에 없었다. 그즈음 나는 〈증인A〉에 대한 위증고소 사건을 대리하면서 연이어 불기소 처분을 당하고 있었고, 결국 이 사건 계약서의 실제 작성자를 찾아 나서고 있었다. 비록 상고가 기각되었어도 이것이 끝이 아니라고 믿고 있었다.

※不動産의 表示

소재지	지번	지목	면적(㎡)	소유권자	비고
경기도 김포시 고촌면 향산리	61-2	전	1,184	허 상	지상물일체 포함
	61-3	잡	374		
	61-4	전	588		
	65-1	대	943		
	65-7	대	438		
	65-11	잡	602		
계			4,129(1,249평)		

상기 표시 부동산의 매도인인 상기 소유권자(이하 '갑')와 매수인 ○○건설 주식회사 대표이사 김○규(이하 '을')는 아파트 신축 사업용 토지매매를 위하여 상호간에 신의와 성실을 원칙으로 아래와 같이 부동산 매매계약을 체결한다.

- 아　래 -

第 1 條 (契約의 主內容)

　가. '갑'은 위 표시부동산의 정당한 소유자임을 확인하여 본 계약서에 명시된 '갑' 의 제반의무를 책임진다.

　나. '갑'이 1997. 9. 1.동아건설산업(주)와 체결한 부동산 매매계약을 '을'이 1999. 11. 2.승계 인수함에 따라 이를 재확인하고, 기수수대금 승계 및 잔대금 지불방법을 정한다.

　다. '갑'과 '을'은 '갑' 소유 표시 부동산에 '을'이 아파트를 신축할수 있도록 매매 하고자 제2조 이하의 내용으로 표시 부동산의 매매계약을 체결한다.

　라. 이 승계계약 체결후 '갑'은 '을'의 동의 없이 표시부동산을 제3자에게 양도하 거나 제한물권 설정 등의 행위를 할 수 없다.

第 2 條 (賣買代金 支給條件)

　가. 대금총액 : 一金이십억육천팔오만원整(₩2,060,850,000)

　나. 매매대금의 지급 일정

구 분	지급기일	금 액	비 고
계 약 금	1997. 9. 1	₩192,765,000	1조 나항 참조
1차 중도금	1997. 9. 1	₩96,382,500	1조 나항 참조
2차 중도금	승계계약후 4개월	₩885,851,250	소유권이전시
잔 금	2차 중도금 지급후 6개월	₩885,851,250	어음지금,지급보증
합 계		₩2,060,850,000	

증거자료 6-1 : 허창 명의의 부동산매매계약서 제1면

이 사건 계약서와 동일한 형식, 동일한 필체로 작성되고 막도장이 날인된 허창-H건설 사이의 부동산매매계약서인데, 허창은 이미 2001년경에 이것이 위조된 것임을 확인하였다.

다. 확정 측량 결과 매매면적이 변경될 시 상기 '가'항 금액을 매매면적으로
　　나눈 금액으로 정산키로 한다.
　라. 매매대금 지불관련 특약
　　1) 매매대금중 계약금(10%) 및 1차중도금(5%)은 계약일로부터 5일 이내
　　　에 '갑'이 지정하는 은행계좌로 '을'이 입금하기로 한다.
　　　(국민 은행 : 079-21-0525-482)
　　2) 계약금 지급후 '을'은 동 금액에 대한 채권확보를 위하여 가처분을 할
　　　수 있으며, '을'의 요청시 총 지급액의 130% 범위내에서 근저당권설정
　　　또는 소유권 이전 가등기 신청을 위한 서류를 '을'에게 교부하기로 한다.

第 3 條 (契約擔保 및 土地使用承諾 等)
　　본 계약 체결과 동시에 '갑'은 '을'의 인허가에 필요한 제반서류(토지사용
　　승락서, 인감증명서 등)를 제공하기로 한다.

第 4 條 (所有權 移轉 및 명도 時期)
　가. '갑'은 '을'로부터 제2조 토지잔대금을 수령하거나, '을'의 서면통보에 의하
　　　여 잔대금 지불기일에 지불할 것을 명시한 약속어음 또는 금융기관의 지불
　　　보증서로 지불할 경우 소유권 이전에 필요한 일체의 서류를 '을'에게 교부
　　　하고 부동산을 명도하기로 한다.
　나. 명도시 부동산 등기상에 기재되지 않은 하자는 명도후에도 '갑'의 책임과
　　　비용으로 처리하기로 한다.

第 5 條 (設定權利의 抹消)
　가. 본 계약 체결 당시의 '갑'의 등기상에 설정된 소유권 이외의 모든 권리는
　　　'갑'의 책임하에 제4조의 잔대금 지급일전까지 말소하여야 한다.
　나. 본 계약 체결일 이후 '갑'은 위 표시부동산에 '갑'의 소유권 이외의 어떠한
　　　권리도 설정할 수 없으며, '갑'의 의지와 관련없이 행하여진 소유권을 제한
　　　하는 권리(임차권, 가처분, 가압류, 지상권 등 일체의 권리)는 '갑'의 책임하
　　　에 제4조 잔대금 지불기일 전까지 말소하여야 한다.
　다. 상기 '가'항 및 '나'항의 설정권리 말소가 기한내에 완료되지 못할시 '을'은
　　　중도금 또는 잔금의 지급을 연기하거나 권리의 말소를 직접 행할 수 있으며
　　　이에 투입된 비용은 '갑'의 부담으로 하며 토지대금에서 상계 처리한다.

계약서 제2조 라 항에는 허창의 국민은행 079-21-0525-482 계좌번호가 기재되어 있는데, 이는 이미 1997년 12월경에 예
금계약이 해지된 것이었다.

第 6 條 (農作物 等 支障物에 관한 事項)

　　가. '갑'은 표시 부동산상의 지장물 일체(미등기 건축물 및 기타 농작물과 지하구조물을 포함한다.)를 제4조 잔대금 지불기일전까지 '갑'의 책임과 비용으로 철거, 거주자의 퇴거 및 건물의 멸실등을 완료하여 토지 명도에 하등의 지장이 없도록 조치하여야 하며, '을'은 일반구조물 철거를 책임지고 철거한다.

第 7 條 (行爲 制限)

　　이 계약 체결후 계약자중 일방이 다음과 같은 행위를 할 경우 사전에 상대방의 서면 승낙을 얻어야 하며 승락없이 행한 행위의 모든 책임은 행위자가 부담한다.

　　1) '을'의 동의없는 표시부동산의 대금청구권 양도 및 소유권 이전
　　2) 이 계약서에 대한 질권등 제한물권의 설정 및 담보 제공
　　3) 상대방의 승인없이 이 계약서를 제3자에게 공개
　　4) '을'의 동의없는 매매,증여,전세권,저당권,임차권의 설정 기타 일체의 처분 행위

第 8 條 (諸稅 公課金)

　　표시부동산에 대한 제세금 및 공과금은 과세기준일을 기준하여 제4조의 소유권 이전일 이전까지 발생된 부과분은 명의에 관계없이 '갑'이 부담하고 그 이후에는 '을'이 부담한다.

第 9 條 (違約에 따른 賠償)

　　가. '갑'과 '을'이 본 계약을 위반하였을 경우, 상대방은 상당한 기간을 정하여 상대방에게 그 이행을 최고한 후 본 계약을 해지할 수 있다.
　　나. 본 계약을 '갑'이 위약시는 계약금의 2배액을 변상하며 '을'이 위약시는 계약금은 '갑'에게 귀속되고 반환을 청구할 수 없으며, 계약 해지 및 해제로 입은 상대방의 피해는 별도 보상 및 배상키로 한다.
　　다. '을'이 아파트 사업을 위한 사업승인을 접수한 후 '갑'의 책임있는 사유로 본계약의 이행이 불가능하거나 이행이 지체될 경우 '갑'은 상기 '가' 항 내지 '나'항의 배상과 별도로 '을'의 기투입비용 및 예상 사업수익을 배상한다.

第 10 條 (特約 事項)

　　가. 본 계약의 내용은 '갑'과 '을'의 상속인 또는 포괄승계인에게 자동 승계된다.
　　나. 본 계약과 관련된 부동산의 소유권이전 및 지장물의 철거 등의 '갑'의 모든 책임은 계약 당사자인 '갑'과 상속인 또는 포괄승계인 모두가 연대하여 부담한다.

계약서 제6조 후단 문장에서, "을(H건설)은 일반구조물(교량, 등기된 건물 등) 철거를 책임지고 철거한다"라고 되어 있다.

제 11 條 (契約의 解釋 및 管轄地)

　　가. 본 계약서상에 명시되어 있지 아니한 사항은 일반 상거래 관행에
　　　　의하여 해석한다.

　　나. 본 계약에 따른 분쟁에 관하여 법률적 사안이 발생할 경우 소송
　　　　관할법원은 서울지방법원 본원으로 한다.

　　　위와 같은 계약을 체결함에 있어 '갑'과 '을'은 위 계약조건을
성실히 이행할 것을 입증하기 위하여 이 계약서에 날인하며 각1부
씩 보관키로 한다.

　　　　　　　　　　　　　　　　　2000.
　　　　　　　　　　　　　　　　~~1999.~~　 1 . 7 .

　　　　　　賣渡人 (갑) : 경기도 김포시. 고촌면 향산리 ○7
　　　　　　　　　　　　　460002 - 1043000
　　　　　　　　　　　　　허 　○

　　　　　　買受人 (을) : 서울시 종로구 ○○ 140-2 -
　　　　　　　　　　　　　(110000-0007000)
　　　　　　　　　　　　　○○건설 주식회사
　　　　　　　　　　　　　대표이사 김 ○ 규

　　　　　　효 습 人 : 안양시 동안구 관양동 1508
　　　　　　　　　　　　　○○종합건설주식회사
　　　　　　　　　　　　　대표이사 김○환, 정○경

증거자료 6-4 : 허창 명의의 부동산매매계약서 제4면

허창의 주소, 주민등록번호, 성명, 계약일자가 기재되어 있고, 막도장이 날인되어 있는데, 기노걸 명의의 이 사건 계약서의
것과 동일한 필체로서, 뒤에 〈증인C〉가 작성하였음이 밝혀진다.

No.____

領 收 證

一金 이억팔천구백일십사만칠천오백원整 (₩289,147,500)

但, 김포시 고촌면·향산리·토지매매대금

上記 金額을 政히 領收함

2000年 / 月 7日

領受印 : 허 ○ (印)

(460002 - 1053000)

○○건설주식회사 貴重

증거자료 7 : 허창 명의의 영수증

허창의 주민등록번호가 기재되고, 막도장이 날인된 영수증이다. 동일한 형태, 동일한 필체로 작성되고 동일한 형태의 막도장이 날인된 기노걸의 영수증도 이미 발견되었다(증거자료 2 참조).

통 고 서

수신인 : 경기도 김포시 고촌면, 향산리 ○7번지
　　　　허 ○ 귀하

발신인 : 김포시 사우동 256-7 경동빌딩3층
　　　　○○종합건설(주) 대표이사 김○환

　　당사는 1997년 3월 향산취락지구 저밀도 변경승인이 완료된 시점에서부터 개발계획을 다시 수립하여 현재까지 사업을 진행해 온 바 막대한 개발사업비를 부담하면서 향산리 개발에 노력하였으나 당사가 동아건설(주)로부터 양도 승계받은 부동산 양도권리를 인정하지 않음에 따라 개발이 지연되어 이 내용증명을 발송합니다.

　　현 향산리의 개발면적은 93,000평으로 도시계획도로 및 학교, 공원 등 33,000평은 기부체납하여야 하며 공동주택용지로 60,000평을 사용하게 됩니다. 또한 현부지는 윗상리 일부와 아랫상리 반이상이 군사시설보호지역으로 되어 있어 군시설에 대한 대체시설 이전비 등 개발자의 사업비 부담이 가중되어 있고 104번 군도로로 사용하게 될 도로개설비, 사우지구 우회도로와 연결되는 향산IC 공사비(약 50억) 등 순수 토지비로 산정시 귀하의 토지경수의 절반이 기부체납 또는 개발비 부담으로 되어 있습니다. 따라서 귀하 토지가의 2배에 상당한 사업비가 지출되는 셈입니다. 지금까지 도로를 70만원, 전답을 80만원, 대지는 100만원(건물비 별도 보상) 선에서 협의 매입을 해온 바 90% 이상의 주민이 이에 동의하고 계약을 완료한 반면, 귀하는 이에 불응하고 개인의 이익만을 추구하고 있음으로 먼저 내용증명으로 당사의 사업경위와 취지를 설명하고 도시개발법 21조의 2/3이상 토지매입 및 토지소유자 총수의 2/3 이상 동의한 근거에 따라 동법제13조에 의거 토지수용권을 부여받아 사업시행을 하고자 합니다. 이러한 사태는 귀하의 비협조와 터무니 없이 높은 토지가격을 요구함으로 당사로 하여금 불가피한 신택을 하도록 한 것입니다.

　　지금까지 당사의 개발비 부담으로 향산리 전체의 막대한 개발이익을 가져다 준 공로를 인정하지 못하는 귀하에게 섭섭함을 표하며 아무런 물리적 마찰없이 해결되기를 기대합니다. 안녕히 계십시오.

　　붙임 : 사업추진경위서 1부. 끝.

　　　　　　　　　　　　　　　2000년　　　월　　　일

이 우편물은 2000/07/28 제 181149
호에 의하여 내용증명우편물로
발송하였음을 증명함
　　김포우체국장

辯護士 李 宅 敦

증거자료 8 : Y종합건설이 허창에게 보낸 통고서

Y종합건설은 2000년 7월 28일자로 허창에게, "승계계약에 협조해 주지 않아 토지수용권을 발동하겠다"는 취지의 통고서를 발송하였는데, 같은 일자에 기노걸에게 보낸 것과 동일한 내용이다(증거자료 4 참조).

수　　신 : ○○건설(주)
　　　　　서울 종로구 ○○ 140의 2(소관 : 민간사업본부 영업부)
　　　　　대표이사 김　○　규

발　　신 : 허　　○
　　　　　김포시 고촌면 향산리 ○7

제　　목 : 소취하 요청서

　　　귀사의 번영을 기원합니다.

1.　귀사는 본인 소유 토지 6필지(김포 향산리)를 매매, 임대 근저당권설
　　정을 하지 못 하도록 가처분을 하였습니다.
　　(서울지방법원 2000카합 3535. 가처분)(2000. 12. 20.)

2.　귀사와 본인은 아무 거래가 없었습니다. 귀사는 다만 동아건설산업
　　(주)로부터 본인과의 거래 관계에 따른 권리를 양도 받았음을 근거로
　　하고 있는 줄 압니다.

3.　그러나 그 어떤 권리를 양도받았다 해도 매도인인 본인의 승낙이 없
　　었던 이상 본인에 대하여 그 권리를 주장할 수 없으며, 이는 상식일
　　뿐 아니라 별첨 판례에도 명백한 바입니다.

4.　이에 본인은 귀사가 별첨 판례 등을 참고 심사숙고하여 이후 15일
　　내에 소를 취하하지 아니할 경우 귀사의 부당 소송으로 인한 본인의
　　물심양면의 피해를 보상하기 바랍니다.

5.　귀사는 이미 온 국민의 지탄을 받은 망국적 기업책임이 발각되었거
　　니와 양민을 이렇게 더 이상 괴롭히지 말기 바랍니다.

　　　　　　　　　　　　　　　　　　　　　2001.　4.　17.
　　　　　　　　　　　　　　　　　　　　　위 허　　○

허창은 2001년 4월 17일경, H건설이 자신의 부동산에 2000년 12월 20일 서울지방법원 2000카합3535호로 처분금지가처
분을 하였다는 사실을 등기부등본을 통하여 발견하였고, 이에 H건설과는 아무런 거래관계가 없음을 이유로 가처분을 취소
해 줄 것을 요청하였다. 왼쪽 하단에 2001년 4월 19일자 H건설의 접수인이 날인되어 있다.

제5장

⚖️

잘못 짚은 번지수

〈증인A〉, 〈증인B〉 등에 대한 위증고소

〈증인A〉, 〈증인B〉 등에 대한 위증고소

처음 제1심 소송에서 패소를 하고 난 뒤 나는 충격에 휩싸였다. 이 사건의 계약서가 기노걸에 의하여 작성되었다는 아무런 객관적인 증거도 없었다. 단지 H건설의 용역업체인 Y종합건설 전무이사 〈증인A〉의 믿기 어려운 진술만 있었을 뿐이었다. 그런데 법원은 이 사건 계약서는 기노걸에 의하여 작성된 것으로 판결하였다. 너무도 어이가 없었다. 법원 판결이 이렇게 암흑 속에서 이루어지는 것인 줄은 상상조차도 하지 못한 초짜 변호사 시절의 일이었다.

2007년 2월 16일 나는 사태가 심상치 않음을 느꼈고, 기을호에게 〈증인A〉를 위증혐의로 고소할 것을 제안하였다. 기을호도 동의하였다. 그 역시 너무나도 뜻밖의 판결에 아연실색을 하고 있었다. 판결문을 읽으면서 부친인 기노걸이 통장 계좌번호도 구별할 줄도 모르는 바보 천치 취급을 당하였다고 매우 분개하고 있었다. 나는 〈증인A〉를 위증혐의로 고소하는 것 외에 〈증인B〉(H건설 차장)를 위증혐의로, 그리고 H건설 대표이사에 대해서는 위조사문서 행사혐의로 함께 고소하였다.

특히, 〈증인A〉의 계좌번호와 관련한 진술, 즉 "2000년 9~10월경 기노걸의 자택에서 기노걸이 통장을 보고 계좌번호를 불러주었고, 이지학은 현장에서 이를 직접 계약서에 기재하여 넣었다"라는 진술과 관련하여서는, 사망한 이지학의 유족들을 다시 찾아가 생존 시의 필적을 다수 입수하여 사설 문서감정원에서 필적감정을 해 보았다. 필적감정 결과는, 이 사건 계약서의 계좌번호 란에 기재된 글자는 이지학의 필체가 아니라는 것이었다. 이러한 결과에 의하면 적어도 "이 사건 계약서의 계좌번호는 이지학이 현장에서 직접 기재해 넣는 것을 지켜보았다"는 〈증인A〉의 증언은 분명히 거짓이었다.

고소인 조사는 방배경찰서에서 이루어졌다. 나는 고소 대리인으로 참석하여 조사관에게 그동안의 사정을 설명해 주었다. 처음 조사관은 매우 호의적이었다. 그런데 얼마 후 H건설의 차장 〈증인B〉가 조사를 받고 난 후 다시 보충조사를 위해 찾아갔을 때 조사관의 태도는 180도 바뀌어 있었다. 법원의 판결까지 났는데 어떻게 위증일 수 있느냐는 것이었다. 사설 문서감정원의 감정결과를 증거로 제출하면서 이를 검토해보라고 하였으나 막무가내였다. 단지 법원 판결이 났으니 불기소 의견으로 검찰에 송치하겠다는 것이다. 너무도 어이가 없었다. 결국, 얼마 뒤 검찰에서 불기소 처분서가 날아왔다.

나는 검찰 항고를 하면서, 서울시내 5개 문서감정원의 필적감정 결과를 보충 증거로 제출하였다. 나는 고소 대리인으로서 담당검사를 찾아가 자초지종을 설명했다. 담당검사는 재조사를 하겠다고 하였다. 그러면서 대검찰청 문서감정실에 필적감정을 의뢰해 보겠다며 이지학의 글씨가 기재된 수첩 등 원본의 제출을 요구하였다. 나는 이지학의 유족에게 부탁하여 수첩 등 원본을 제출했다.

얼마 뒤 대검찰청 문서감정실의 감정결과가 도착했다. 결과는 이 사건 계약서의 계좌번호 란에 기재된 글씨와 이지학의 글씨는 상당부분 다르지만, 비슷한 부분도 조금 있으므로, 각기 다른 사람에 의해 작성되었다고 단정하지 못하겠다는 애매모호한 것이었다.

기가 막힐 노릇이었다. 이미 서울시 내 5개의 문서감정원이 일치하여 이지학의 필체와 전혀 다른 필체임을 상세히 설명하는 감정결과를 내놓았다. 그런데 대검찰청 문서감정실은 애매모호한 결과를 내 놓고 있었다. 대한민국 법무부 대검찰청 문서감정실이 이렇게 허술하단 말인가! 담당검사는 문서감정 결과를 바탕으로 또다시 증거 불충분을 이유로 불기소 처분을 하였다.

　2007년 12월 4일 나는 다시 검찰 항고를 하면서, 항고이유서를 구구절절하게 작성하고 있었다. 그리고 고소대리인 자격으로 고등 검찰청 담당검사에게 전화를 해 찾아뵙고 자세한 설명을 하고 싶다고 했다. 그러나 담당검사는 찾아올 필요가 없다고 하였다. 자신이 내용을 살펴보았는데 곧 불기소 처분을 할 것이라고 했다. 눈앞이 캄캄했다. 이렇게 억울하게 당할 수도 있구나 하는 생각이 들었다. 그 사이 이 사건은 민사 항소심에서도 패소하여, 대법원에 상고 중이었다.

증거를 찾아서 (《증인C》를 찾아냄)

　대검찰청 문서감정실의 감정결과는 충격이었다. 사설 문서감정 원장들도 대검찰청 감정결과 내용을 조목조목 반박하면서 도저히 수용할 수 없는 결과라고 하였다. 무엇인가 거대한 힘이 이 사건 전체를 지배하는 듯한 느낌이었다.

　나는 직접 이 사건 계약서의 작성자를 찾아 나서기로 하였다. 어딘가에 반드시 단서가 있을 것으로 생각되었다. 다시 향산리 주민들을 만나기 시작했다. 당시의 사정에 대해 처음부터 다시 정리하기 시작하였다. 나는 H건설의 협력업체 등을 찾아다니기도 하였다. 만나줄 때까지 몇 번이고 다시 찾아갔다. 정 만나주지 않으면 조그마한 선물이라도 들고 찾아갔다. 그렇게 관계자들을 만나면서, 〈증인A〉가 H건설의 여러 소송에서 증인으로 불려 다니고 있다는 사실도 새로이 알게 되었다. 〈증인A〉는 H건설을 위해 그 전에도 몇 번인가 진술을 번복한 사실이 있었다고 했다. 관계자들은 〈증인A〉에게 그러다가 크게 한번 혼이 날 것이라고 충고까지 하였다고 했다.

2007년 11월 말부터 2008년 2월 중순까지 나는 하루 걸러 한 번씩 향산리에 드나들었다. 2000년경에 향산리 현장에 있었던 H건설, Y종합건설, W공영(Y종합건설의 하청 용역업체) 직원들의 명단을 작성하고 하나씩 그 필체를 수집해나가기 시작하였다. 그러다가 2008년 2월 중순 경 관계자들의 협조로 1999~2001년 사이에 H건설과 협력업체에서 작성한 부동산매매계약서를 비롯한 각종 전표, 영수증 등 모든 부속서류를 한꺼번에 볼 수 있는 기회를 갖게 되었다. 마당 가득히 쌓인 서류들을 아침부터 하나씩 대조하며 찾아나갔다.

오후 3시가 조금 지나 발견한 한 장의 영수증은, 내 눈을 번쩍 뜨게 만들었다. 영수증에 쓰인 '이지규'라는 단 세 글자가 이 사건의 계약서에 기재된 글자와 동일한 것임을 한눈에 알아보았다. 다시 그 주변 서류들을 샅샅이 찾아보았다. 동일한 필체로 '이지학'이라고 쓰인 영수증도 발견하였다. 정말 뜰 듯이 기뻤다. 심장이 요동치는 소리가 들려왔다. 손가락이 덜덜 떨릴 지경이었다.

사설 문서감정원에서 필적감정을 한 결과, 영수증의 필체는 이 사건 계약서의 필체와 완전히 일치하는 것으로 나타났다. 이제 두 장의 영수증을 가지고 다시 관계자들을 찾아다니면서 영수증을 작성한 경위를 탐문하기 시작하였다. 그 결과 두 개의 영수증을 작성한 사람은 다름 아닌 주식회사 W공영에서 직원으로 근무했던 〈증인C〉임을 알아냈다. 나중에 확인한 결과 〈증인C〉는 1995년경부터 주식회사 W공영의 총무로 근무하다가, 1998년경에는 등기이사로 등재되기도 한 자였다.

여러 경로를 수소문하여 〈증인C〉의 전화번호를 입수하여 2008년 3월 25일 〈증인C〉에게 전화를 했다. 그에게 전화를 하게 된 경위를 설명하고, 이 사건 계약서에 기재된 필체가 〈증인C〉의 필체인지를 확인하기 위해 방문을 요청하였다. 그러자 〈증인C〉는 당황하면서 급히 전화를 끊었다. 다음 날 다시 전화를 했지만 그는 받지 않았다.

〈증인A〉, 〈증인B〉의 기을호에 대한 무고혐의 고소

내가 이 사건의 계약서에 기재된 글자가 〈증인C〉의 것이었다는 사실을 알게 될 즈음, 서울고등검찰청은 기을호의 〈증인A〉 등에 대한 위증 고소사건에 대해 또다시 불기소 처분을 하였다. 나는 새롭게 찾아낸 영수증과 이 사건 계약서에 기재된 각 글씨가 동일한 필적임을 증명하는 자료들을 모아서 서울고등법원에 접수할 재정신청서를 작성하고 있었다.

그런데 의외의 사건이 발생하였다. 2008년 3월 중순경 방배경찰서 조사관이 기을호에게 무고죄로 고소되었으니 피의자 자격으로 경찰서에 출두하라고 한 것이다. 서울고등검찰청이 〈증인A〉, 〈증인B〉의 위증 고소사건에 대하여 불기소 처분을 하자, 오히려 〈증인A〉와 〈증인B〉가 기을호를 무고죄로 고소한 것이다.

'적반하장유분수(賊反荷杖有分手)'라고 하였던가! 뻔히 법정에서 거짓진술을 서슴지 않은 〈증인A〉와 〈증인B〉가, 경찰 · 검찰이 수사 미진으로 불기소 처분을 하였음을 이용하여 정당한 고소권자인 기을호를 무고죄로 고소하는 너무도 뻔뻔한 상황을 연출하고 있었던 것이었다. 소위 말해서 힘없고 배경 없는 서민들은 두 눈 멀쩡히 뜬 채로 재산 잃고 억울한 죄까지 뒤집어쓰게 되는 것이 대한민국의 사법 현실인 것이다. 만약 당시 내가 〈증인C〉를 찾아내지 못하였다면 기을호는 꼼짝 없이 재산 잃고 억울하게 무고죄의 누명까지 뒤집어쓰게 되었을 것이라는 생각을 하면 아찔할 따름이다. 지금까지 수많은 사법 피해자들이 그렇게 가슴을 치면서 억울하게 당했을 것이다.

나는 변호인의 자격으로 기을호의 피의자 조사에 참여하였다. 그 동안 수집한 〈증인C〉의 필적과 감정 결과를 제출하면서, "계좌번호는 기노걸이 통장을 보고 불러주는 것을 이지학이 현장에서 직접 계약서에 기재해 넣었다"는 〈증인A〉의 진술은 거짓증언이었음이 분명하다고 정리해 주었다. 결국 기을호가 무고를 한 것이 아니라 수사기관에서 제대로 수사를 하지 못한 것이라고 말해 주었다.

아울러 거짓증언을 한 것이 분명함에도 뻔뻔하게 순진한 기을호를 무고죄로 고소한 〈증인A〉와 〈증인B〉야말로 선량한 국민을 무고하는 것이라고 하면서, 역으로 〈증인A〉와 〈증인B〉를 무고죄로 고소하였다. 즉, 이번에는 H건설과 〈증인A〉, 〈증인B〉가 번지수를 잘못 짚어도 한참 잘못 짚은 것이었다.

〈증인C〉의 방문과 진술서의 작성

나는 〈증인A〉, 〈증인B〉를 무고죄로 고소하는 한편, 증거자료를 정리하여 서울고등법원에 재정신청을 접수하였다. 문제는 〈증인C〉를 어떻게 증인으로 불러 오는가였다. 나는 재정신청 재판부에 증인신청을 할 수 있는지 문의했다. 당시는 재정신청 범위가 일반고소사건으로 확대된 지 얼마 되지 않아, 재판운영 실무가 모호할 때였다. 담당재판부도 아직 실무적으로 정리되지 않았으니, 우선 증인신청을 하면 살펴보겠다고 하였다.

나는 〈증인C〉의 증인신문 필요성을 기재한 신청서를 소명자료와 함께 제출 하였다. 그런 뒤 〈증인C〉에게 전화를 하였다. 그는 여전히 받지 않았다. 나는 "서울고등법원 재정신청 재판부에 증인신청을 해놓았다"는 음성메시지를 남겼다. 한편, 방배경찰서에 〈증인A〉, 〈증인B〉를 무고죄로 고소하면서 〈증인C〉를 참고인으로 조사해 줄 것을 요청하였다. 그리고 이와 같은 사실도 〈증인C〉에게 음성메시지로 남겼다.

며칠 뒤 〈증인C〉로부터 전화가 왔다. 나는 그간의 사정을 설명하였다. 이미 계약서를 작성한 지 8년이 지난 일이므로 문서위조죄와 관련한 공소시효가 모두 완료되었다는 점도 알려주었다. 그러므로 〈증인C〉 등 관련자에게 어떠한 불이익도 발생할 여지가 전혀 없다고 안심시켰다. 그리고 가급적 서초동 사무실을 방문하여 관련 기록들을 살펴보고 사실 확인을 해 줄 것을 요청했다. 〈증인C〉는 다음 날 오후에 방문하겠다고 하였다.

2008년 4월 4일 오후, 〈증인C〉는 내가 근무하는 서초동 사무실로 찾아왔다. 나는 〈증인C〉에게 기노걸 명의의 이 사건 계약서, 허창 명의의 계약서, 그리고 〈증인A〉의 증인신문 조서, 제1, 2심 판결서 등 관련 서류를 차례로 보여주었다. 그리고 판결이유에는, "이 사건 계약서의 계좌번호는 2000년 9~10월경 기노걸의 자택에서 기노걸이 불러주는 통장번호를 이지학이 현장에서 직접 기재해 넣는 방식으로 작성되었다"는 것으로 사실이 정리되었고, 결국 H건설이 승소하였음을 알려주었다.

〈증인C〉는 도무지 이해할 수 없다고 하였다. 기노걸 명의로 된 이 사건 계약서는 자신이 2000년 1월경 이지학의 지시에 의해 W공영 사무실에서 직접 작성한 것이 분명하다고 하였다. 당시 〈증인C〉는 기노걸이 누구인지도 모르는 상태에서 이지학이 시키는 대로 기노걸의 인적사항과 계좌번호를 기재하였고, 이지학이 가지고 있던 기노걸의 막도장을 날인하였다고 했다. 우리는 당시의 상황에 대해 2시간이 넘게 이야기를 나누었다.

〈증인C〉는 2001년 6월경 이지학 사장이 갑자기 심장마비로 사망한 뒤 각종 위조 계약서가 별견되었다고 말했다. 이로 인하여 W공영 및 이지학의 가족들은 향산리 주민들에게 고소를 당하기도 했고, 당시 〈증인C〉도 경찰 조사를 받은 사실이 있다며, 그때 일은 생각조차 하기 싫다고 하였다. 그리고 이 사건의 계약서는 자신이 직접 작성한 것이 분명하다고 거듭 말했다. 이지학은 당시 향산리 주민들의 막도장을 비닐봉지에 넣어서 가지고 다니면서 주민동의서 등 필요한 서류를 작성했다고 하였다. 이 사건 계약서에 날인된 기노걸의 막도장도 이지학이 가지고 다니던 것을 날인한 것이라고 하였다.

나는 장시간의 대화 끝에 〈증인C〉가 한 말을 진술서로 작성해 줄 것을 요청하였다. 〈증인C〉는 흔쾌히 승낙했다. 나는 그의 진술을 토대로 진술서를 작성한 뒤, 이를 〈증인C〉에게 보여주면서 수정할 부분을 고치게 하였다. 그렇게 해서 작성한 진술서 내용 중 이 사건의 계약서와 관련한 진술의 요지는 다음과 같다.

"이 사건 계약서의 계좌번호 등 필체는 진술인의 필체가 분명하고, 이지학의 지시에 의하여 2000년 1월경에 W공영 사무실에서 작성한 것이다. 인장은 당시 이지학이 가지고 있던 막도장을 날인한 것으로 기억한다."(본문 114페이지 〈증인C〉의 2008년 4월 4일자 진술서 참조).

〈증인C〉는 사무실 여직원의 안내를 받아 위 진술서를 인근 공증 사무실에서 인증서로 3통을 작성하였고, 그 중 1통은 〈증인C〉가 가지고 가도록 하였다. 이로써 나는 H건설과의 긴 싸움이 끝난 것이라고 생각하였다. 나는 그 해 4월 4일을 유난히 꽃샘추위가 심술을 부렸던 날로 기억하고 있다.

〈증인A〉의 무고사건 처리 결과

그 후 기을호에 대한 무고사건과 〈증인A〉, 〈증인B〉에 대한 무고사건은 서울 방배경찰서에서 동시에 조사가 진행되었다. 2008년 4

월 18일 〈증인C〉는 방배경찰서에 참고인으로 출석하여, "이 사건 계약서는 자신이 2000년 1월경에 이지학의 지시에 따라 W공영 사무실에서 작성한 것이다. 당시 이지학이 기노걸의 막도장을 날인하였다"라고 하였고, 동일한 취지의 진술조서가 작성되었다. 또한 경찰은 〈증인C〉의 필적에 대해 국립과학수사연구소에 필적감정을 의뢰하였고, "이 사건 계약서의 필체와 〈증인C〉의 필체는 개인적으로 특이한 습성까지 동일한 필체이다"라는 감정 결과를 받았다.

이와 같은 수사결과를 바탕으로 기을호에 대한 무고 고소 건은 당연히 무혐의로 종결되었다. 〈증인A〉 등은 H건설 변호사를 고소대리인으로 하여 검찰 항고까지 하였으나 결국 무혐의 불기소 처분으로 종결되었다.

그런데 문제는 〈증인A〉, 〈증인B〉에 대한 무고 고소사건이었다. 〈증인A〉는 법정에서 선서한 후 거짓증언을 한 것이 분명해졌고, 그럼에도 정당하게 권리를 행사하는 기을호를 무고죄로 고소하였으니 그 자체로 당연히 무고죄가 인정되는 것이다. 그런데도 방배경찰서 조사관은 〈증인A〉와 〈증인B〉에 대한 무고혐의에 대해서도 불기소 의견으로 검찰에 송치했다. 그리고 담당검사는 기을호에게 전화를 하여 경찰에서 불기소 의견으로 송치되었으니 고소를 취하해 줄 것을 종용하였다.

도저히 이해할 수가 없었다. 나는 담당검사에게 전화를 하여 논리적으로 무고죄가 분명하고 증거도 충분하다는 의견을 피력하였다. 담당검사는 할 말이 있으면 검사실로 올라와서 직접 하라고 했다. 며칠 뒤, 나는 기록을 들고 서울중앙지방검찰청 담당 검사실로 향했다. 정중히 인사를 하고 증거자료를 보여주면서 그동안 기을호가 H건설과 〈증인A〉 등에게 고통을 받은 정황을 설명했다.

　담당검사는 멀뚱히 내 얼굴을 보더니 큰 소리로 질타하기 시작했다.
　"그래서, 그래서 어쩌란 말이야? 당신 변호사 몇 년 했어? 왜 그렇게 말귀를 못 알아들어? 우리가 당신들 뒤치다꺼리하는 사람들이야!"

　담당검사는 대놓고 반말을 했다. 나는 당황하였으나 다시 설명을 계속했다.
　"제 말은 뻔히 자신이 거짓증언을 했다는 것을 알고 있으면서, 기을호를 무고죄로 고소한 것이 분명하지 않느냐 하는 것입니다."

　그러자 검사가 다시 큰 소리로 말했다.
　"대리인이면 대리인답게 사건에서 멀찍이 떨어져 있어야지, 왜 이렇게 집착하는 거야? 도대체 꿍꿍이가 뭐야? 뒷조사 한번 해볼까"

나는 의아해 하며 물었다.

"무슨 소리십니까? 저는 단지 정의를 위해서……."

그러자 다시 검사가 말했다.

"뭐, 정의? 웃기고 앉아 있네. 당신이 무슨 정의를 안다고 설쳐대는 거야? 왜 그렇게 말을 못 알아들어? 우리가 얼마나 바쁜 줄 알아? 특경법(특정경제범죄 가중처벌 등에 관한 법률) 위반 사건도 처리하기 바쁜데 이따위 민사사건을 우리가 처리 해야겠어?"

담당검사는 검사실의 계장과 여직원들도 모두 보고 있는 장소에서 공개적으로 나에게 망신을 주었다. 나는 더 이상 할 말이 없었다. 간단히 목례를 하고 검사실을 나왔다. 화가 머리끝까지 났다. 아직도 저런 검사가 있다는 것이 믿기지 않았다. 사무실에 돌아와서도 여전히 분이 풀리지 않았다. 서울지방변호사회에 진정을 할까도 생각해봤다. 하지만 조금 비겁하게 느껴졌다. 정면으로 부딪치기로 하였다.

나는 곧바로 고소 대리인 의견서를 작성해 검찰청에 접수했다. 그때 작성한 의견서 중 담당검사의 부당함을 지적한 내용은 다음과 같다.

"검사직을 수행해 본 사실이 없는 본 대리인이 감히 배운 바로는, 무릇 바람직한 검사의 기본자세는 첫째, 공익의 대표자로서 국민 전체의 봉사자임을 명심하여 불편부당한 자세로 직무를 공정 성실하게 수행하여야 하며, 둘째, 강한 정의감으로 부정을 용납하지 아니하고 이를 끝까지 추적하여 척결하는 끈기를 갖추어야 하며, 셋째, 국민이 납득할 수 있게 양식 있고 민주적인 방법으로 검찰권을 행사하여야 한다고 알고 있습니다.

본 고소사건 담당검사가 2008년 9월 4일경 고소인에게 전화하여 경찰에서 불기소 의견으로 송치되었으니 고소를 취하하라고 종용한 행위는 이해하기 어려운 일입니다. 같은 날 고소 대리인이 담당검사에게 전화했을 때에도, 담당검사는 고소 대리인인 제가 고소를 유지하는 저의가 의심스럽다면서 불기소 처분할 예정이니 다른 할 말이 있으면 별도로 찾아오라고 하였습니다.

이에 고소 대리인은 2008년 9월 10일 사건 설명을 위하여 담당 검사실을 찾아가, 사건 경위에 대해 설명하고 불기소의 부당함을 주장하였습니다. 그러나 담당검사는 오히려 호통과 야단을 치면서 '변호사 생활 몇 년이나 했느냐, 대리인이 왜 사건에 몰입하려고 하는 것이냐, 검찰이 당신네들 뒤처리하는 기관이냐, 특경법 등 할 일이 태산같이 쌓여 있다, 무고의 기소가 이루어진들 고소인에게 무슨 실익이 있느냐, 결국 피의자 〈증인A〉가 불지 않으면 모두 허탕이 아니냐, 고소를 유지하려는 진짜 저의가 무엇이냐, 말귀를 왜 그렇게 못 알아듣느냐'고 하면서 이루 말할 수 없는 모욕적인 언사를 했습니다. 이와 같은 일은 본 변호인으로서는 도저히 이해할 수 없는 부당한 처사임을 언급하지 않을 수 없습니다.

비록 업무의 과중함을 고려하더라도, 이미 설명한 고소인의 재산피해액 및 현재까지 이어지는 정신적 고통 등 억울한 사연, 그리고 계속되는 H건설 측의 민·형사사건을 그대로 방치한 채, 개인에 불과한 고소인에게 고소 취하를 종용하여 무장해제를 요구하는 것은 이해할 수 없습니다.

또한 경찰의 불기소 의견을 근거로 취하하지 않으면 불기소할 것이라고 공언하는 것은 대한민국의 검사로서 온당한 처사는 분명 아닌 것으로 보입니다. 위와 같은 담당검사의 처신은 대기업 관계인을 봐주기 위한 축소수사 의도를 드러낸 것이 아닌가 하는 의구심마저 갖게 합니다. 더구나 본 소송대리인이 방배경찰서 담당조사관에게 확인한 바에 의하면, 불기소 의견으로 송치한 것은 담당검사의 수사지휘에 따른 것이라고 진술하고 있는 바, 누구의 말이 진실인지에 대해서도 상당한 의구심을 가지고 있습니다.

이에 본 고소 대리인은 이 사건의 담당검사는 사건을 공정하고 불편부당하게 처리할 의지가 없는 것으로 사료되므로, 재배당을 통해 사안의 진상을 명백히 하여 죄 있는 자를 처벌하고, 죄 없는 자를 해방시키며, 아울러 이 사건에 연루된 배후에 대하여도 철저히 조사하는 검찰 본연의 자세를 확립해 주시기를 요청하는 바입니다."

며칠 뒤, 담당검사는 또다시 기을호에게 전화를 했다. 설명할 일이 있으니 검사실로 방문해달라는 것이었다. 기을호는 변호인 없이 혼자서 검사실로 향했다. 담당검사는 사건이 많아서 간단하게 처리하려고 한 것이 오해를 불러일으켰다고 기을호에게 설명하였다고 했다. 안천식 변호사라는 사람은 찔러도 피 한 방울 안 나올 사람 같다고 말했다고 하였다.

그 후 검찰은 〈증인A〉의 위증 형사사건 공판이 끝날 때까지 〈증인A〉, 〈증인B〉의 무고 건에 대해 어떠한 처분도 하지 않았다. 뒤이어 발령을 받은 후임검사는 〈증인A〉에 대해서만 벌금 300만 원의 약식기소를 하였고, 곧 확정되었다. 〈증인A〉가 형사 위증사건에서 벌금 500만 원이 선고되고 확정된 뒤의 일이었다. 당시 후임검사는 나에게 〈증인A〉에 대한 무고죄를 약식명령으로 청구하겠다는 양해를 구하기도 하였다. 나는 〈증인A〉를 반드시 엄벌에 처해야 한다는 입장은 아니었다. 만일 〈증인A〉의 무고사건을 진행 중인 형사 위증사건에 병합하여 기소했다면, 〈증인A〉는 경합범으로 실형을 받았을 것이다. 당시는 대법원 양형위원회에서 양형기준을 발표한 뒤였고, 그에 따르면 무고죄와 위증죄의 경합범은 특별가중 사유로 실형을 선고하도록 되어 있었다. 그러나 〈증인A〉에 대해서는 500만 원과 300만 원 두 개의 벌금형만이 선고 되었을 뿐이다.

영 수 증 (領收證)

一金 이억팔천칠백일십만원整 (₩287,100,000)

上記 金額을 향산리 359,360번지 부동산 매매 대금으로

正히 領收하였기에 이 證書를 作成함

西紀 2000年 4 月 08日

住　　　　　所： 향산리 109-26

商號(住民登錄番號): 530000-1200000

姓　　　名： 이 ○ 학

이 사건 계약서에 기재된 것와 동일한 필체로 작성된 영수증이다. 나는 이를 바탕으로 필적의 주인공을 추적한 결과 이 사건 계약서 등의 작성자는 〈증인C〉라 는 사실을 알아내게 되었다.

제6장

변심의 그림자

〈증인C〉의 진술 번복

〈증인C〉의 참고인 진술 조서(방배경찰서)

2008년 4월 4일 나는 서초동 사무실을 방문한 〈증인C〉에게 사건 관련 서류를 열람하게 하였고, 〈증인C〉는 그동안 있었던 일을 나에게 말해 주었다. 〈증인C〉는 1996년부터 주식회사 W공영에서 직원으로 근무하였다고 했다. 주식회사 W공영 사장은 원래 이계학(이신범의 아버지)이었으나, 사망 후 아들 이신범과 이지학이 공동으로 운영했다는 사실도 알려주었다. 또한 그는 이 사건 계약서의 작성 과정에 대해서도 상세히 말해 주었다. 다음은 당시 〈증인C〉의 진술을 토대로 작성한 진술서의 내용이다.

① 진술인은 1996년 6월경부터 2001년 10월경까지 김포시 사우동 251-5에 소재하는 주식회사 W공영에서 직원으로 일한 사실이 있다.

② 주식회사 W공영은 1997년 7월 3일경부터 사망한 이지학과 이신범이 공동 대표이사로 회사를 운영하였다.

③ 주식회사 W공영은 이지학의 주도하에 1999년경부터 Y종합건설 및 H건설로부터 김포시 향산리의 토지주들과의 토지 매매계약 체결의 용역을 수차례 받아 처리한 사실이 있다.

④ 위 과정에서 H건설이 D건설로부터 승계한 24건의 계약에 대하여도, 매수인을 H건설 명의로 하는 승계계약서 작성 용역도 대행하여 처리하였는데, H건설과 기노걸과의 매매계약서도 이러한 과정에서 처리한 것으로 보인다.

⑤ 첨부한 H건설과 기노걸의 부동산매매계약서에 기재된 계좌번호, 주소, 성명, 주민등록번호의 필체는 진술인의 필체가 분명하며, 진술인의 기억으로는 2000년 1월경에 이지학의 지시에 의하여 W공영 사무실에서 작성한 것으로 기억하며, 인장은 당시 이지학이 가지고 있던 막도장을 날인한 것으로 기억한다.

⑥ 진술인은 기노걸을 본 적이 없으며, 누구인지도 기억이 없다.

2008. 4. 4.자 〈증인C〉의 진술서-

〈증인C〉는 2008년 4월 4일 내 사무실을 처음 방문하였고, 그날 곧바로 이와 같은 진술서를 작성해 주었다. 한편, 2008년 4월 18일 〈증인C〉는 〈증인A〉의 무고사건과 관련하여 방배경찰서에서 조사를 받았는데, 그때 작성한 참고인 진술조서의 내용은 다음과 같다.

① 기노걸은 진술인이 전혀 모르는 사람이다.

② 진술인은 이지학이 사장으로 있는 W공영의 직원이었다.

③ 진술인은 기노걸 소유의 김포시 고촌면 향산리 65-2 외 5필지
와 관련하여 H건설과 기노걸 사이의 부동산 매매계약에 대하
여 모른다.

④ 주식회사 W공영은 향산리에서 지주작업을 하였고, 지주작업이
100%되면 이에 대한 용역대금을 받기로 하였고, 김포시청 도
시과, 건설과 등의 인허가에 관계된 일도 하였다.

⑤ 진술인은 2008년 4월 4일 안천식 변호사 사무실에서 진술서를
작성한 사실이 있다. 그때 진술인이 하는 말을 변호사가 작성하
였다. 진술서의 내용은 모두 사실이다.

⑥ H건설과 기노걸 사이의 계약서는, 이지학 사장이 진술인을 사
장실로 불러 계약서를 보여주며 주소와 계좌번호 등을 적으라
고 하여 진술인이 적은 것이다. 계약서의 도장도 분명 이지학이
사무실에서 찍은 것이다. 이지학은 기노걸의 막도장을 가지고
있었다.

⑦ 아무 생각 없이 W공영 이지학 사장의 지시에 의하여 진술인이
작성한 기노걸의 은행 계좌번호와 주소 때문에 기을호 씨가 물
질적, 정신적 피해를 입었다는 것이 가슴이 아프다.

2008. 4. 18.자 〈증인C〉의 진술조서(방배경찰서)

방배경찰서 담당조사관은 〈증인C〉의 위와 같은 참고인 진술 조서가 사실인지 여부를 확인하기 위해, 이 사건 계약서에 기재된 글씨와 〈증인C〉의 글씨가 동일한 필체인지를 가리기 위해 국립과학수사연구소에 필적감정을 의뢰하였다. 그 결과 국립과학수사연구소 문서감정실에서는 "각 필체의 개인적 특이한 습성까지도 동일하다"는 감정결과를 내놓았다. 완전히 동일하다는 것이었다.

서울고등법원의 재정신청 (서울고등법원 2008초재733호 위증)

나는 2008년 3월경 〈증인A〉의 위증 고소사건(서울고등검찰청에서 불기소 처분한 사건)에 대하여, 새로 발견한 〈증인C〉의 필적 등을 정리하여 서울고등법원에 재정신청을 하였다. 이어서 2008월 4월 4일자로 작성된 〈증인C〉의 진술서를 담당재판부에 제출하였고, 뒤이어 국립과학수사연구소의 필적감정 결과를 제출하였다.

2008년 6월 12일 서울고등법원은 〈증인A〉에 대한 위증고소 건과 관련하여 다음과 같은 범죄사실로 기소를 명하면서 재정신청을 일부 인용하였다(서울고등법원 20008초재733호 재정신청).

"피의자(증인A)는 2006년 7월 25일 14:00경 서울중앙지방법원 359호 법정에서…… 선서한 다음 증언함에 있어, 사실은 이지학이 기노걸에게 찾아가 토지 매매계약서에 기노걸이 불러주는 계좌번호를 기재하고 기노걸이 건네주는 도장을 날인하는 것을 본 사실이 없음에도 불구하고, '2000년 9월과 10월 사이에 기노걸의 집에 이지학과 함께 찾아가, 이지학의 사무실에서 기노걸의 이름과 주소, 주민등록번호를 미리 기재하여 가지고 온 이 사건 매매계약서에 이지학은 기노걸이 불러주는 계좌번호를 기재하고 기노걸이 건네주는 도장을 날인하였고 피의자(증인A)는 이를 모두 지켜보았다'고 기억에 반하는 허위의 진술을 하여 위증을 하였고, 2006년 11월 28일 같은 장소에서 같은 사건의 증인으로 출석하여 선서한 다음 증언함에 있어 위와 같은 취지의 기억에 반하는 허위의 진술을 하여 위증하였다."

〈증인C〉의 그 이후의 행적

2008년 4월 4일 〈증인C〉는 내가 근무하는 서초동 사무실을 다녀간 이후, 김포에 있는 기을호의 들꽃풍경 농원을 잠시 다녀갔다고 하였다. 그 뒤 2008년 4월 18일경에는 방배경찰서에서 참고인 조사 및 국립과학수사연구소의 필적감정 절차도 밟았으며, 그때 잠시 서초동 사무실을 방문하기도 하였다. 그리고 2008년 6월경 〈증인A〉의 위증고소 건에 대하여 서울고등법원의 재정신청 인용 결정이 있었고, 곧 〈증인A〉에 대한 기소가 이루어졌다.

2008년 8월경 나는 기을호로부터 한 통의 전화를 받았다. 〈증인 C〉가 직장 사장과 함께 와 있다는 것이었다. 〈증인C〉는 2008년 6월 말 경 H건설의 차장인 〈증인B〉와 〈증인A〉가 찾아와 '안천식 변호사에게 써준 진술서 내용을 번복하는 다른 진술서를 써달라는 부탁을 했다'고 하면서, 이번 일로 경찰 조사를 받는 등 직장을 제대로 다닐 수 없는 지경이니 장차 보상금으로 3,000만 원을 보장해줄 것을 요구한다고 하였다. 그래서 기을호는 나에게 어떡하면 좋을지 자문을 구하는 것이었다.

나는 깜짝 놀랐다. 아무리 객관적인 증거가 뒷받침되는 진술일지라도, 그것이 돈과 관련되면 진술 자체의 신빙성이 크게 훼손될 수 있음을 경고하면서, 절대 그와 같은 약속을 해서는 안 된다고 충고하였다.

잠시 후 기을호는 〈증인C〉에게 현재의 사정을 이야기하면서 잘 설득해서 돌려보냈다고 하였다. 〈증인C〉는 그 후에도 기을호를 한 차례 더 찾아왔다고 하였다.

나는 H건설의 〈증인B〉가 〈증인C〉를 찾아가서 진술서 내용의 번복을 요구한다는 말을 듣고 내심 적잖이 놀라고 있었다. H건설이 어떻게 〈증인C〉가 진술서를 작성하여 준 사실을 알고 찾아간 것인지 그 자체가 놀라웠다. 이제까지의 진행 과정으로 미루어볼 때 H건설에서 〈증인C〉를 매수할 가능성도 전혀 배제할 수 없기 때문이었다. 그러나 이 사건 계약서의 계좌번호 란에 기재된 글씨가 이지학이 아닌 〈증인C〉의 필체임을 확인하는 국립과학수사연구소의 필적감정 결과까지 도출된 상황이었다. 설사 〈증인C〉가 매수되더라도 그 필적감정 결과까지 부인하지는 못할 것이라고 생각하면서 애써 불안감을 떨쳐버리고 있었다.

2008년 9월 10일 오전, 나는 다른 고소사건과 관련하여 인천지방검찰청을 다녀오는 길에 〈증인C〉로부터 전화를 받았다. 그는 꼭 만나서 할 이야기가 있다고 하였다. 나는 간단한 사항이면 전화로 이야기하라고 하였다. 하지만 〈증인C〉는 꼭 만나서 할 이야기라고 우겼다. 나는 할 수 없이 다음 날 오후에 방문하라고 하였다. 전화를 끊고 난 뒤 또다시 불안감에 휩싸였다. 〈증인C〉가 소송대리인에 불과한 나를 찾아올 이유가 도무지 떠오르지 않았기 때문이다. 〈증인C〉가 H건설의 차장 〈증인B〉로부터 진술번복을 권유받고 있다는 사실과 함께 기을호에게 보상금을 요구하였다가 거절당한 사실이 떠올랐다.

어쩌면 이미 H건설에 매수되었을지도 모른다는 생각이 들었다. 기을호에게 시도하였으나 여의치 않자 소송대리인인 나에게까지 함정에 빠뜨리려는 것인지도 모른다는 생각이 들었다. 나는 사무실에 돌아와서 곧바로 남부터미널 부근 전파상을 찾아가 녹음기를 구입하였다. 만약을 위해서 다음 날 대화를 모두 녹음하기로 하였다.

〈증인C〉는 다음 날 오후 2시를 조금 넘어서 사무실에 도착하였다.

그는 예전에 방문할 때보다 무척 불안해 보였다. 무엇엔가 쫓기는 듯 한 표정이었다. 약 15분 정도의 대화를 나누었는데, 그 내용은 다음과 같다.

① 현재의 직장이 일용직 비슷한 단순 근무직인데, 이 사건과 관련하여 며칠 동안 회사를 빠지다 보니 퇴직 당하였다. 그래서 새로운 직장에 들어갔는데 그곳도 월급이 제대로 나오지 않아서 무척 어렵다.

② 처음 기을호로부터 전화를 받았을 때 기을호가 '나를 한번 도와주면 나도 선생을 도와주겠다'는 말을 해서 2008년 7~8월에 두 번 찾아갔는데, 기을호는 '금전적으로 어떻게 하는 것은 지금 어렵다'고 하였다.

③ 2008년 4월 4일자 진술서를 써주면서 진짜 정의를 위해서, 올바른, 어떻게 보면 거짓말 치는 사람이 진짜 큰소리치는 사회를 어떻게 좀 해 볼까 하는 그런 심정에서 이렇게 해드렸던 부분이었다.

④ 그러나 나는 지금 당장 너무 절박한 심정이다. 오늘 방문한 목적은 변호사님이 여유가 있으면 200만 원만 차용해 주었으면 좋겠다.

⑤ 나중에라도 기을호에게 잘 말해 달라.

⑥ 어제 전화로도 말할 수 있는 부분이지만 예의도 아닌 것 같고 또 민감하고 그렇기 때문에 이렇게 찾아왔다.

2008. 9.경 녹음내용⟨증인C⟩ – 안천식 변호사)

대화는 주로 ⟨증인C⟩의 주도로 이루어졌고, 사무실을 들어오는 순간부터 나가는 순간까지 모두 녹음되었으며, 대화 내용 자체로는 특별히 비밀이라고 할 것도 없었다. 그 후 2008년 12월 18일 ⟨증인C⟩는 이 사건 계약서의 인장은 이지학이 날인하지 않았다는 내용의 또 다른 진술서를 H건설의 ⟨증인B⟩에게 작성해 주었고, 이는 ⟨증인A⟩의 위증 형사사건 공판기일에 증거로 제출되었다. 그 내용은 다음과 같다.

① 진술인(증인C)은 김포시 사우동 소재 주식회사 W공영 직원으로 1995년 10월부터 근무하였고, W공영은 H건설이 시행 · 시공하는 향산리 개발사업과 관련하여 토지 매매계약 체결업무를 Y종합건설과 공동으로 추진하였다.

② 진술인은 당시 총무과장으로 토지계약 업무를 직접 관여하지는 않았지만, 2000년 1월경 대표이사 이지학의 지시에 의하여 H건설과 기노걸의 부동산매매계약서 양식에 매도인 기노걸의 인적사항(주소, 주민등록번호, 성명)을 진술인 자필로 기재한 사실이 있다.

③ 계약서 양식에 인적사항을 기재한 사실과 관련하여, 기노걸의 상속인 기을호와 변호인 안천식이 2008년 3월 초부터 어떻게

알았는지 여러 차례 진술인을 만나자고 연락을 해 와서 3회 정도 만난 후 진술서 작성을 요구하기에 안천식 변호사 사무실에서 작성해 준 내용(2008년 4월 4일자 진술서)대로 날인하여 준 적이 있다. 그러나 진술서 내용 4-1항 '인장은 당시 이지학이 가지고 있던 막도장을 날인한 것으로 기억합니다'라고 하는 내용은 잘못된 내용이고, 도장을 직접 날인하는 것을 보지 못하였기에 이를 정정하는 진술을 한다.

④ 계약서 작성 당시, 이지학은 향산리에서 태어나고 자라서 기노걸과는 어려서부터 잘 아는 친구(기을호) 아버지 관계이고, 토지 계약 업무로 인하여 수시로 만나고 있었다. 따라서 계약서 표기 내용을 기노걸로부터 직접 입수하여 잘 알고 있을 것이므로 내용은 이지학이 불러주는 대로 작성한 것이다.

⑤ 상기 4항의 작성된 계약서가 H건설에 직접 제출되었는지는 진술인이 알 수 없으나, 이후에도 이지학, 〈증인A〉, 허형 등 계약 담당자들이 계속해서 수개월 동안 기노걸을 만나고 다녔으며, 2000년 가을경에 기노걸과는 승계계약이 체결되었다고 하여 이지학 등 관련 직원들 모두가 자축하는 의미에서 김포시내 식당에서 회식을 하였던 것으로 기억한다.

2008. 12. 18.자 〈증인C〉의 번복 진술서

〈증인C〉는 나를 만난 첫날 곧바로 작성해 준 2008년 4월 4일자 진술서의, "당시 이지학이 가지고 있던 기노걸의 막도장을 날인한 것으로 기억한다"는 내용은 사실이 아니라고 하면서, 이러한 번복

진술서를 H건설의 차장인 〈증인B〉에게 작성해 준 것이다. 나에게
는 그 진술 내용이 잘못되었다는 일언반구의 말도 없었다. 내게 써
준 진술서 내용이 잘못되었다면 나(혹은 기을호)에게 먼저 와서 말하
거나 양해를 구했어야 하는 것이 아닌가? 〈증인C〉는 2008년 9월
10일경 나를 찾아 왔을 때까지만 해도 종전 진술서 내용이 잘못되
었다는 이야기는 전혀 하지 않았다. 오히려 '진짜 정의를 위하고,
거짓말 치는 사람이 진짜 큰소리치는 사회를 어떻게 좀 해볼까 하
는 그런 심정'이라고 하였다. 도대체 H건설이 어떻게 하였기에 〈증
인C〉는 갑작스레 이러한 번복 진술서를 작성하여 주었단 말인가?
어느새 염려가 현실로 나타나고 있었다. 〈증인A〉의 형사 위증사건
에 대하여는 장을 달리해서 살펴보자.

제7장

신의 한 수

〈증인A〉의 위증사건(서울중앙지방법원 2008고단3739호)

〈증인A〉의 위증 공판 사건(서울중앙 2008고단3739호 위증)

2008년 6월 12일 검찰은 서울고등법원의 재정신청 인용결정(서울고등법원 2008초재733호)에 따라 〈증인A〉를 서울중앙지방법원 2008고단3739호 위증혐의로 기소하였다. 피고인이 된 〈증인A〉를 위해서는 2명의 부장판사 출신 변호인이 선임되었다.

〈증인A〉는 2008년 8월 27일 제1회 공판기일에서 공소사실을 전면 부인하였다. 같은 해 9월 17일 제2회 공판기일에서 검찰은 기을호, 허창, 허농에 대한 증인신청만을 하였다. 〈증인C〉에 대하여는 증인신청을 하지 않았다.

같은 해 10월 15일 제3차 공판기일은 기을호에 대한 송달문제로 기일이 속행되었고, 11월 12일 제4차 공판기일에서는 기을호에 대한 증인신문을 진행하였다. 허창, 허농은 출석하지 않았다.

같은 해 12월 17일 제5차 공판기일에 증인 허창은 또다시 불출석하였다고, 허농은 사망한 사실이 확인되어 사망증명서로 대체되었다. 그리고 〈증인C〉, 〈증인B〉, 최기철이 증인으로 채택되었다.

같은 해 2008년 12월 18일 〈증인C〉는 이 사건 계약서의 인장 날인에 관한 그동안의 진술을 번복하는 내용의 진술서를 작성하여 〈증인B〉에게 교부하였고, 이는 〈증인A〉의 위증 형사사건 공판에 증거로 제출하였다. 앞에서 이미 살펴보았지만 다시 한 번 그 주요 내용을 보자.

① 진술인(증인C)은 김포시 사우동 소재 주식회사 W공영 직원으로 1995년 10월부터 근무하였고, W공영은 H건설이 시행·시공하는 향산리 개발사업과 관련하여 토지 매매계약체결 업무를 Y종합건설과 공동으로 추진하였다.
② 진술인은 당시 총무과장으로 토지계약 업무를 직접 관여하지는 않았지만, 2000년 1월경 대표이사 이지학의 지시에 의하여 H건설과 기노걸의 부동산매매계약서 양식에 매도인 기노걸의 인적사항(주소, 주민등록번호, 성명)을 진술인 자필로 기재한 사실이 있다.

③ 계약서 양식에 인적사항을 기재한 사실과 관련하여, 기노걸의 상속인 기을호와 변호인 안천식이 2008년 3월 초부터 어떻게 알았는지 여러 차례 진술인을 만나자고 연락을 하여 3회 정도 만난 후 진술서 작성을 요구하기에 안천식 변호사 사무실에서 작성해 준 내용(2008년4월 4일자 진술서)대로 날인하여 준 적이 있다. 그러나 진술서 내용 중 '4-1항, 인장은 당시 이지학이 가지고 있던 막도장을 날인한 것으로 기억합니다'라고 하는 내용은 잘못된 내용이고, 도장을 직접 날인하는 것을 보지 못하였기에 이를 정정하는 진술을 한다.

④ 계약서 작성 당시, 이지학은 향산리에서 태어나고 자라서 기노걸과는 어려서부터 잘 아는 친구(기을호) 아버지 관계이고, 토지 계약업무로 인하여 수시로 만나고 있었다. 따라서 계약서 표기 내용을 기노걸로부터 직접 입수하여 잘 알고 있었을 것이므로 내용은 이지학이 불러주는 대로 작성한 것이다.

⑤ 상기 4항의 작성된 계약서가 H건설에 직접 제출되었는지는 진술인이 알 수 없으나, 이후에도 이지학, 〈증인A〉, 허형 등 계약 담당자들이 계속해서 수개월 동안 기노걸을 만나고 다녔으며, 2000년 가을경에 기노걸과는 승계계약이 체결되었다고 하여 이지학 등 관련 직원들 모두가 자축하는 의미에서 김포시내 식당에서 회식을 하였던 것으로 기억한다.

2008. 12. 18.자 〈증인C〉의 번복 진술서

2009년 1월 21일 제6차 공판기일에서 〈증인C〉, 〈증인B〉에 대한 증인신문이 실시되었다. 이하에서는 그 내용에 대하여 살펴보자.

〈증인C〉의 증인신문(2009. 1. 21.)

〈증인C〉의 2009년 1월 21일 공판기일에서의 증언 내용은 다음과 같다.

【검사의 주 신문에 대한 답변 】

① 증인은 기을호를 2008년 4월에 처음 알게 되었다.

② 증인은 기노걸을 모른다.

③ 기노걸 명의 부동산매매계약서의 작성일자 '2000'과 '경기도 김포시 고촌면 향산리 67, 261123-125315 기노걸'이라는 부분과, '농협 241084- 56-002254'는 2000년 초경 W공영 사무실에서 이지학 사장이 증인에게 불러주는 대로 계약서에 기재해 달라고 해서 기재한 것이다.

④ 계약서에 도장을 날인하는 것은 본 적이 없다. 2008년 4월 4일 안천식 변호사 사무실에서 이지학 본인이 직접 도장을 꺼내서 날인했다고 진술했는데, 당시 착각하고 잘못 진술한 것이다.

⑤ 증인은 허걸이라는 사람의 계약서도 대필한 기억이 있다. 당시 2건의 계약서를 대필했다.

⑥ 증인이 2000년에 대필한 계약서가 사문서 위조이기 때문에 협조를 해 주지 않으면 신상에 불이익이 갈 것이니 협조해달라고 해서, 2008년 4월 4일 기노걸의 아들 기을호와 안천식 변호사가 기노걸의 매매계약서와 허걸의 매매계약서를 보여주어 증인이 작성한 계약서라는 사실을 인지하게 되었다.

⑦ 안천식 변호사에게 작성해 준 진술서는 증인의 말을 토대로 안천식 변호사가 타이핑을 한 것인데, 진술서 내용을 자세히 확인하지 않고 날인한 것 같다.

⑧ 증인이 매매계약서에 기재한 후, 이지학이 기노걸을 몇 개월간 쫓아다녔는데 매매계약서에 날인을 해 주지 않아서 애를 먹었다는 얘기를 많이 하였다. 이지학이 증인에게 대필해 달라고 해서 기노걸의 인적사항을 기재했기 때문에 관심이 있어서 기억하는 것이다.

⑨ 2000년 여름이 지나서 이지학이 기노걸과 승계계약이 성사되었다고 하여 이지학, 피고인, 허형, 매매계약자 몇 명이 김포시 내에서 회식을 하였다.

⑩ 2008년 3월경 기을호가 이 건에 대하여 협조를 해 주면 증인이 평생 먹고 살 수 있게 보장해 주겠다고 했고, 안천식 변호사는 협조해 주지 않으면 신상에 불이익이 있을 것이라고 하였다.

⑪ 안천식 변호사 사무실에는 진술서에 도장을 찍어준 후 두 번 더 갔다.

⑫ 증인은 2008년 12월 18일자 진술서를 〈증인B〉에게 작성해 준

사실이 있다. 이는 2008년 7월경 〈증인B〉를 만나고 나서 집에 돌아와 보관 중이던 진술서 사본을 보니 일부 사실과 다른 부분이 기억났기 때문이다.

⑬ 증인은 방배경찰서에서는 안천식 변호사에게 작성해 준 진술서 내용대로 진술하였다. 증인이 안천식 변호사에게 작성해 준 진술서는 증인의 필체가 맞는지만 집중적으로 보았기 때문에 별 생각 없이 날인하였다.

【재판장 직권신문에 대한 답변 】

⑭ 증인은 안천식 변호사에게 이지학이 도장 찍는 것을 본 것 같다는 말을 하지 않았다. 증인은 그런 말을 안 했는데 그 내용을 자세히 못 읽고 도장을 찍었다.

⑮ 방배경찰서에서 이지학이 도장 찍는 것을 본 것 같다고 진술한 것은, 당시에는 기억이 잘 나지 않아서 그렇게 진술한 것이다.

⑯ 증인은 안천식 변호사에게 이지학이 기노걸의 막도장을 찍은 것 같다는 말을 하지 않았다. 그런데 안천식 변호사가 임의로 그 내용을 타이핑했고, 그 내용을 증인이 확인하지 못하고 진술서에 도장을 찍었던 것이다.

⑰ 그 무렵 방배경찰서에서 조사받을 때에는 이지학이 기노걸의 도장을 찍었다고 진술하였는데, 이는 정확히 기억나지 않아서 진술서대로 진술한 것이다.

⑱ 방배경찰서에는 혼자 갔다. 그 전에 안천식 변호사가 진술서대로 일관되게 진술해달라는 얘기는 했다.

⑲ 증인은 당시 다른 사람의 인적사항을 기재한 것도 위법이고, 날인까지 하는 것은 범법자라고 생각하였다.

【재판장 직권신문에 대한 답변 】

⑳ 문 증인이 말한 대로 남의 도장을 대신 찍는다는 것은 중대한 일이고, 그런 것을 알고 있는 증인이 이지학이 날인했다는 내용이 있는 진술서에 서명해 주고 방배경찰서에서도 그렇게 진술했는데, 안천식 변호사가 압박을 했다거나 기억이 안 난다고 하기에는 설명이 안 되는데, 어떤가요?

답 : 이지학이 도장을 찍었다는 부분을 향산리 주민동의서에 찍은 것과 착각하고 그렇게 진술했습니다.

【검사의 재주신문에 대한 답변 】

㉑ 문 증인은 기노걸을 모른다고 했는데, 2000년경 여름이 지나서 기노걸과의 계약이 성사되었다고 피고인, 이지학 등이 회식을 한 것을 아는 것인가요?

답 : 이지학이 기노걸이 승계계약서에 날인했기 때문에 자축하는 의미에서 회식을 하게 됐다는 말을 했습니다.

㉒ 증인이 안천식 변호사 사무실에 가서 이 사건에 관하여 얘기를 나눌 때 인장에 대한 얘기가 오간 것은 사실이다.

㉓ 당시 도장을 찍지 않았느냐고 표현한 것 같다.

㉔ 안천식 변호사가 증인이 진술하지 않은 내용을 허위로 작성한 것은 아니다. 당시 이지학이 향산리 주민의 막도장을 가지고 다니면서 찍었기 때문에 착각하고 진술한 것 같다.

㉕ 당시 이지학이 주민동의서 작성을 위해서 향산리 주민들의 막도장을 가지고 있었던 것은 맞다.

㉖ 안천식 변호사 사무실에서 계약서를 보면서 얘기가 오갔고, 증인은 안천식 변호사에게, "당시 인장은 이지학이 가지고 있던 막도장을 날인한 것으로 기억한다"라고 진술한 것도 사실이다.

㉗ 그런데 지금 생각해보니까 기억을 잘못하고 착각해서 진술하였다.

【변호인의 재 반대신문에 대한 답변 】

㉘ 안천식 변호사에게 준 진술서에 이지학이 도장 날인한 것을 보았다는 내용이 기재되어 있는 것은 2008년 6월 말경에 〈증인B〉와 전화 통화를 하고 알게 되었다.

㉙ 〈증인B〉는 지난번에 작성한 진술서(2008년 4월 4일자)가 잘못되었으니 다른 내용의 진술서를 작성해 달라는 말을 한 적 없고, 증인이 먼저 작성해 주겠다고 하였다.

㉚ 2008년 7월경에 바로 작성해 준 것이 아니고 진술서를 작성해 달라고 했는데도 작성해 주지 않다가 2008년 12월에 가서야 작성해 주었다.

2009. 1. 21. 〈증인C〉의 증인신문조서(서울중앙지방법원 2008고단3739호)

【설명】〈증인C〉의 증언 중 2008년 4월 4일자 자신의 진술서의 '이지학이 가지고 있던 막도장을 날인한 것으로 기억한다'라는 내용에 대하여만 살펴보자.

① 〈증인C〉는 처음 검사의 주 신문에서 이지학이 기을호의 막도장을 날인하였다는 진술은 "착각"에 의한 것이라고 하였다(4번 신문). ② 그런데 변호인의 반대신문에서는 "진술서 내용을 자세히 확인하지 않고 날인하였다"고 하였다(7번 신문). ③ 그리고 재판장 직권신문에 서는 "도장 관련 진술은 아예 하지도 않았는데 안천식 변호사가 임의로 기재하였다"고 했다(14, 16번 신문). ④ 그리고 다시 검사의 재주신문에서는 "안천식 변호사에게 인장은 이지학이 가지고 있던 막도장을 날인한 것으로 기억한다고 말한 것은 사실이지만, 당시 착각한 것이다"라고 하였고(22, 23, 24, 25, 26번 신문), ⑤ 다시 변호인의 재 반대신문에서는 "안천식 변호사에게 준 진술서에 이지학이 도장 날인한 것을 보았다는 내용이 기재되어 있는 것은 2008년 6월 말경에 〈증인B〉와 전화 통화를 하고 알게 되었다(28번 신문)"라고 하고 있다.

하나의 공판기일에서 그 자체로 전후 모순되는 증언을 5차례나 번복하였다. 기노걸을 알고 있었는지 여부에 대한 진술도 그 자체로 모순이었다. 공판정에서의 〈증인C〉의 모습은 불안, 초조로 가득하였고, H건설에 유리한 증언을 위하여 오락가락하는 모습들이 역력하게 관찰되었다. 특히 재판장 신문 시에는, 도장 관련 진술은 아예 하지도 않았는데 안천식 변호사가 임의로 기재하였다고까지 하였다. 누가 보아도 〈증인C〉가 H건설을 위해서 뻔히 거짓말을 하고 있다는 것을 곧바로 알 수 있는 상황이었다.

〈증인B〉의 증인신문(2009. 1. 21.)

2009년 1월 21일 공판기일에서의 〈증인B〉의 증인신문 내용은 다음과 같다.

【변호인 주 신문에 대한 답변 】

① H건설은 1999년 11월경 D건설로부터 토지주들에 대한 매매계약을 양수한 사실이 있었고, 기노걸 소유의 이 사건 토지도 D건설로부터 인수한 토지에 포함되어 있었다. 토지매수 용역작업은 Y종합건설에서 맡아서 하였다.

② 기노걸은 2000년 3월경 계약 대행사인 Y종합건설(대표이사 김영환)을 통해서 이 사건 토지에 대해 H건설 측과 승계계약을 체결하였으니 이 사건 토지 잔금 983,000,000원을 지급해달라고 H건설에게 요청하였다.

③ 당시 기노걸은 계약서를 먼저 작성하지 않고, 유일하게 돈을 먼저 가지고 오라고 하였다.

④ 당시 H건설은 승계계약 및 이전등기 등과 동시에 위 잔금을 지불하려고 내부적으로 지불승인 및 수표인출까지 하였으나, 지상물 철거 등 잔금 지불 전 이행사항이 완료되지 못하여 결국

지불되지 않았다.

⑤ 증인은 이 사건 계약서의 인적사항은 이지학이 기재한 것으로 알고 있었는데, 2008년 3월경 방배경찰서에서 조사를 받으면서 〈증인C〉가 기재했고, 그에 관한 진술서까지 제출되었다는 사실을 조사관으로부터 들었다.

⑥ 증인은 〈증인C〉를 수소문하여 2008년 7월 초경에 만났다. 당시 진술서 내용을 듣고 잘못된 부분을 항의하자 그때 가서 인정하는 부분이 많이 있었다.

⑦ Y종합건설이 H건설에 제공한 승계계약서 중에 잘못된 것이 있었고, 확인이 되어 없었던 일로 한 것이 있다.

【검사 반대신문에 대한 답변】

⑧ 증인은 지금도 H건설 김포사업 추진팀장이고 직위는 차장이다.

⑨ D건설로부터 승계한 24건의 부동산 계약은 모두 1999년 11월 24일 자로 맞추었다.

⑩ 매매계약서에는 막도장을 찍고 소유권이전 할 때 인감도장을 찍는데, 인감도장도 막도장을 사용하는 분도 있다. 기노걸도 추인계약이고 이지학이 아들 친구이기 때문에 중요하게 생각하지 않았던 것 같다.

⑪ 용역회사에서 계약서를 가지고 오면 형식상 미심쩍은 부분이 있을 경우 지주에게 직접적이든 간접적이든 확인하는 절차를 거친다.

⑫ 기노걸의 경우는 증인이 직접 확인하지는 않았지만 이지학과

피고인 등 담당자로부터 들었고, 세입자들에게 정황을 확인해 보았더니 실제 명도협의가 이루어지고 있고, 돈을 달라는 연락이 여러 차례 왔기 때문에 당시에는 계약된 것으로 믿을 수밖에 없었다.

【재판장 직권신문에 대한 답변 】

⑬ 문 : 매매계약서에 기노걸의 인적사항을 다른 사람이 기재하고 막도장이 찍혀 있는데, 이런 경우에 H건설에서는 계약이 문제없이 잘된 것으로 판단하나요?

답 : 계약 전에 하자가 있을 경우에 Y종합건설에서 책임을 지도록 되어 있었기 때문에 계약서에 하자가 생기는 일은 쉽게 하지 못했을 것입니다.

⑭ 문 : 매매계약서 작성 이후에 기노걸이 돈을 달라고 요구하였나요?

답 : 피고인이나 이지학을 통해서 계약서에 찍어줬는데 돈을 주지 않느냐고 했다고 들었고, 세입자 관계도 확인했기 때문에 잔금을 빨리 지급해야 할 이유가 없었습니다.

⑮ 기노걸로부터 직접 들었는지 정확히 기억나지 않지만 회의석상에서 진행현황을 체크할 때마다 Y종합건설 측 담당자들이 기노걸은 돈을 줘야 한다는 말을 했다.

⑯ 문 : 기노걸의 인적사항을 Y종합건설 측 직원이 기재하고 막도장을 찍어서 기노걸의 의사가 확인된 것으로 처리하는 것이 그 당시에는 문제가 없는 것이었나요?

답 당시 D건설에서 이 사건과 같이 계약한 건이 여러 건이 있었는데, D건설로부터 한꺼번에 승계 계약한 것이기 때문에 계약한 사실을 부인하지 않았습니다.

⑰ 문 기노걸이 끝까지 작성해 주지 않고 돈부터 가져오라고 하는 분쟁이 일어나고 있는 상황에서도 그렇게 말할 수 있나요?

답 대부분의 토지들은 모두 해결이 되었습니다. 그 당시에는 하자가 생기는 것 자체를 Y종합건설에서 책임지기로 했기 때문에 깊이 관여하지 않고 Y종합건설에서 해온 것을 믿을 수밖에 없었습니다.

2009. 1. 21. 〈증인B〉의 증인신문조서(서울중앙지법 2008고단3739호)

【설명】〈증인B〉는 변호인의 주 신문에서 또다시 "2000년 3월경에 기노걸이 H건설과 승계계약이 체결되었다는 이유로 잔금을 청구하였다"라고 하였다(2번 신문사항). 그러면 Y종합건설이 2000년 7월 28일 자로 기노걸에게 보낸 통고서에서 "승계계약에 협조해 주지 않아 토지수용권을 발동하겠다"라고 한 것은 무엇이란 말인가? 또 2000년 9~10월경에 계약이 체결되었다는 〈증인A〉의 증언은 무엇인가? 〈증인B〉의 증언은 객관적인 증거에도 반하고, 〈증인A〉의 증언과도 모순되는 것이었다.

〈증인B〉는 검사의 반대신문에서 "기노걸의 경우 계약체결 사실을 직접 확인하지 않았다"고 하였다(12번 신문사항). 그렇다면 기노걸이 승계계약이 체결되었다는 이유로 잔금을 청구하였다는 증언

〈2번 신문사항〉은 또 무엇인가?

〈증인B〉는 재판장 직권신문에서 "세입자 관계도 확인했기 때문에 잔금을 빨리 지급해야 할 이유가 없다"라고 하였다(14번 신문사항). 그러나 세입자 문제는 D건설과의 계약 때부터 이미 매수인 측에서 모두 해결하기로 약정한 사항이었다. 〈증인B〉의 진술은 계약 내용에도 부합하지 않았고, 종전 자신의 진술과도 모순되는 등 그때마다 임기응변으로 각기 모순된 진술을 만들어 내는 것이 뚜렷이 관찰되었다.

2009년 1월 21일 제6차 공판기일에서 〈증인B〉와 〈증인C〉에 대한 증인신문이 완료됨으로써 사실상 증거조사는 마감되었다. 피고인(증인A)의 변호인은 변론요지서 까지 제출하였다. 그런데 웬일인지 사건은 종결되지 않았고 다음 공판기일은 법원 정기인사 이후인 같은 해 3월 4일로 지정되었다. 무려 6차례의 공판기일에서 기을호, 〈증인C〉, 〈증인B〉 등 핵심 증인들을 통하여 사건의 유무죄에 대한 선명한 인상을 가진 담당 법관은 재판에서 손을 떼고, 후임 법관에게 그 판단을 넘기겠다는 것이었다. 나는 서서히 불안해지기 시작했다.

공판갱신 후 진행사항

법원의 정기인사 이후인 2009년 3월 6일 제7회 공판기일이 열렸고, 3명의 증인이 모두 출석하였으나 웬일인지 증인 최기철에 대해서만 증인신문을 실시하고, 나머지 2명의 증인에 대해서는 다음 공판기일로 증인신문을 연기하였다. 최기철과 다음 기일에 진행하는 2명의 증인신문에서는 변호인 측의 일방적인 증인신문이 있었을 뿐, 검찰의 반대신문도, 재판장의 보충 신문도 전혀 없었다.

증인 최기철의 증언 내용만 간단히 보자.

【변호인 주 신문 】

① 증인은 M건설 주식회사의 전 대표이사이고, 위 회사는 아파트 건립사업 등을 시행하는 회사이다.

② 2002년 12월 16일 M건설, H건설, D산업 주식회사는 3사간 김포시 고촌면 향산리 7-1번지 일대 94,000평에 대한 주택건설을 공동사업을 하기로 약정한 사실이 있다.

③ 위 공동사업 약정 상 토지매입 업무는 M건설이 담당하기로 하였고, 그 후 증인은 지주들을 만나서 앞으로 증인이 토지매입을 하게 되었다는 내용을 설명하고 협조를 부탁하였다. 당시 증인이 찾아간 지주도 있었고 증인을 찾아온 지주도 있었다.

④ 지주들 중에는 기노걸도 포함되어 있었는데 기노걸에게는 위와 같은 말을 한 적이 없고, 2003년 3월 7일 다른 토지 46평을 살 때 딱 한 번 보았다.

⑤ 당시 기노걸은 자신의 땅을 D건설에 팔았는데 돈을 주지 않는다고 하여서 증인이 "앞으로 여기는 증인이 H건설에서 인수하여서 사업을 하게 되었습니다. 증인이 돈을 드리겠습니다"라고

하니까 기노걸은 사업을 잘해서 돈을 달라고 하였다.

⑥ 증인은 M건설이 이 사건 사업을 더 이상 추진하기가 어렵게 되자 2005년 2월경 H건설 담당자인 〈증인B〉를 만나 기을호에 대한 매매대금을 증액해 주어 원만히 합의해 줄 것을 요청한 사실이 있다.

2009. 3. 6.자 최기철의 증인신문조서(서울중앙지법 2008고단3739호)

2009년 3월 27일 제8차 공판기일이 진행되었다. 〈증인A〉는 여전히 위증죄의 공소사실을 전면 부인하고 있었다. 마치 무언가 믿는 구석이 있다는 표정이었다.

피고인신문 및 변론 요지

〈증인A〉는 2009년 4월 24일 마지막 제9회 공판기일에서야 "계좌번호 관련한 증언"에 대하여만 위증혐의를 인정하였고, 인장부분의 위증에 대하여는 혐의를 부인하였다. 마지막 공판기일에서의 〈증인A〉의 피고인신문 진술내용을 요약하면 다음과 같다.

① 공소사실 중 이지학이 이 사건 계약서에 기노걸이 불러주는 계좌번호를 기재하는 것을 보았다는 증언 부분이 사실이 아니라는 점은 인정하나, 나머지 부분, 즉 당시 이지학이 위 매매계약서에 기노걸이 건네주는 도장을 날인하는 것을 보았다는 증언 부분은 진실이다.

②-1. 이지학이 기노걸의 집에 갈 때는 피고인이나 허형 등이 동행
   했는데, 이는 그 전에 이지학이 Y종합건설에 제출한 허창의 매
   매계약서에 대해 말썽이 있었기 때문에 그 후 Y종합건설 측이
   이지학 혼자서 계약한 것은 인정 안 하겠다고 했기 때문이다.

②-2. 허창의 매매계약서는 이지학이 Y종합건설에 제출하여 Y종
   합건설이 이를 H건설에게 넘겼는데, 그 후 허창이 Y종합건설
   사무실로 찾아와 계약체결 사실을 부인하였다.

②-3. 당시 Y종합건설로서는 허창의 매매계약서의 진위를 판단할
   수는 없었지만, 위 계약서를 넘겨받은 H건설이 그 후 여러 매
   매계약자를 상대로 처분금지 가처분을 하면서 허창에 대해서도
   가처분을 하였다가 결국 본안소송은 제기하지 않은 것으로 알
   고 있다.

③ 기노걸의 집은 대문 양쪽에 창고 같은 사랑채가 있고, 대문을
   통해 마당에 들어서면 본채 현관 입구에 계단이 몇 개 있었고,
   현관 안쪽이 바로 마루인데, 마루 왼쪽에 안방이 있고, 그 뒤에
   는 부엌이 있었고, 마루 오른편에도 방이 1~2개 있는 것으로 보
   였다(피고인의 변호인은 위 신문내용과 관련하여 담당 재판장에게, 변
   론종결 후에 기노걸의 집 거실구조에 관한 사진을 참고자료로 제출하겠
   다고 하였다. 그런데 나중에 확인해 본 결과, 변호인 측은 제출한 참고자
   료 사진은 기노걸의 집 거실사진이 아닌 엉뚱한 집의 거실 사진인 것으
   로 확인되었다. 즉 가짜 사진을 제출한 것이었다. 물론 위와 같은 피고
   인신문사항 자체가 이미 짜고 치는 고스톱과 같은 것이지만, 비록 참고
   자료일지라도 가짜 사진까지 제출하면서 재판부를 속이는 변호인 측의

대범함과 도덕적 해이가 놀라울 따름이었다).

④ 그날 마루에 세 사람이 앉아 이지학이 매매계약서를 꺼내놓자 기노걸은 대금을 좀 올려줄 수 없느냐고 잠깐 이야기하더니 선선히 안방으로 들어가 도장과 예금통장을 가지고 나왔다.

⑤ 당시 이지학이 통장 계좌번호를 계약서에 기재하였는지에 대해서 사실 피고인은 정확한 기억이 없다.

⑥ 계약서 작성이 끝나 피고인은 "곧 통장으로 돈이 들어갈 겁니다"라고 얘기한 후 기노걸의 집을 나왔다.

⑦ 위 계약체결 후 기노걸이 Y종합건설 사무실로 두 차례 찾아와 피고인에게 왜 돈이 안 나오느냐고 물어, 피고인은 "본사(H건설)에 서류를 넘겼으니 곧 돈이 나올 겁니다"라고 하였다.

⑧ 그런데 나중에 알고 보니, 위 돈은 2000년 3월경에 이미 나와서 H건설 영업부에 보관 중이었는데, 이 사건 토지상에 지장물 5채의 철거가 안 되어서 지급이 안 되었다고 들었다.

⑨ 2006년 7월 25일자 증언 시, 상대 변호사가 당시 계좌번호도 적었느냐고 묻기에 피고인은 이 사건 당시 기노걸이 안방에서 통장을 들고 나왔던 것은 확실하고, 사실 정확한 기억은 없지만 이지학이 그걸 볼 당시 손에 볼펜을 들고 계약서에 무언가 적는 것 같았던 기억이 있기에, "계좌번호도 당시 이지학이 통장을 보고 적은 것이다"라고 증언하였던 것이다.

⑩ 피고인은 2008년 8월 27일 이 사건 제1차 공판기일에 공소사실을 모두 부인하였으나, 이는 계약 당시 기노걸이 이지학에게 통장을 건네 준 것은 분명 사실이고 피고인의 기억으로는 그때

이지학이 매매계약서에 무언가를 적는 것으로 생각되었기 때문
이다.

⑪ 지금 생각해보면, 당시 이지학이 매매계약서에 적혀 있는 계좌
번호를 기노걸로부터 넘겨받은 통장과 대조하면서 볼펜으로 계
좌번호 기재 부분을 확인하며 짚어나간 것을 피고인이 잘못 본
것이 아닌지 추측되나, 사실 이 부분에 대하여는 정확한 기억이
없다.

⑫ 피고인은 위 계약 당시 이지학에게 용역을 의뢰한 입장에서 이
지학이 토지 소유자와 계약하는 것이 사실인지 확인하기 위하
여 계약 장소에 갔기 때문에 기노걸의 도장 날인 사실은 분명히
확인하였고, 이에 관하여 하등의 거짓증언을 할 이유가 없다.

2009. 4. 24. 〈증인A〉의 피고인신문(서울중앙지법 2008고단3739호)

여기서 두 가지만 살펴보자.

첫째, 〈증인A〉는 신문사항 2-1항에서 "그 전에 이지학이 Y종합
건설에 제출한 허창의 매매계약서에 대해 말썽이 있었기 때문에 "
2000년 9~10월 경 기노걸의 집에 갈 때도 이지학 혼자서 가지 않
고 피고인도 함께 갔다고 한다. 그런데 정작 허창의 매매계약서의
위조 여부가 문제된 것은 2001년 4월 이후의 일이었다. 즉, 이 사
건 계약서가 작성되었다는 2000년 9~10월경에는 허창은 그 명의
의 부동산매매계약서의 존재 자체도 알지 못한 상태였다. 즉, 기
노걸 및 허창의 부동산에는 2000년 12월 21일자로 H건설이 가처

분을 하였고, 허창은 2001년 4월 16일경에서야 등기부 등본을 열람하여 H건설이 자신의 부동산에 가처분을 하였다는 사실을 확인하고 H건설에게 소 취하 통고서를 발송하였으며, 2001년 7월경 법원 가처분서류를 열람한 결과 비로서 자신 명의의 위조된 부동산매매계약서의 존재사실을 확인하고, 당시 H건설 대표이사를 사문서 위조 및 동 행사죄로 고소하는 고소장을 작성해 두었던 것이었다.

그런데 〈증인A〉는 2000년 9~10월경에 자신이 이 사건 계약서 작성 현장을 입회하게 된 동기가, 2001년 4~5월경에서야 발견된 허창 명의의 위조된 매매계약서가 말썽이 있었기 때문이라고 진술하고 있다. 그렇다면 〈증인A〉는 2000년 9~10월경에 타임머신을 타고 미리 2001년 4~5월경으로 다녀왔다는 말인가? 〈증인A〉는 또 다시 임기응변식으로 거짓말을 생산하고 있었던 것이었다.

둘째, 〈증인A〉는 신문사항 제6, 7, 8항에서, 2000년 9~10월경 계약서 작성 후 피고인은 기노걸에게 "곧 통장으로 돈이 들어갈 겁니다"라고 말하였고, 며칠 뒤 Y종합건설을 두 차례 찾아온 기노걸에게 "H건설에 서류를 넘겼으니 곧 돈이 나올 겁니다"라고 말해 주었다고 한다.

그러나 뒤에서 보는 바와 같이, H건설은 2000년 5월경부터 급격한 유동성 위기에 직면하고 있었고, 이러한 H건설의 부실은 H

그룹 전체 부실의 고리가 되던 시기였다. 좀 더 구체적으로 보면, H건설은 2000년 6월경 이미 현금이 바닥이 난 상태에서 모든 현장의 사업이 중단된 상태였으며, 같은 해. 8월경부터는 보유하고 있는 각 계열사 지분까지 전량 매각하는 방법으로 유동성 위기를 모면하고자 몸부림치던 시기였고, 이 시기에 새로이 체결한 부동산 매매계약은 단 한 건도 발견되지 않았다. 금융감독원 공시자료에 의하면 H건설은 2000년 8월 29월경 1,500만 원 상당의 H강관 지분을, 2000년 10월 17일경에는 120만 원 상당의 H강관 지분까지 모두 매각하면서까지 현금을 마련하기에 혈안이 되어 있었고, 그럼에도 결국 2000년 10월 31일경 겨우 약 40억 원의 현금이 부족하여 회사가 부도를 맞기까지 한 시기였다.

이와 같은 극심한 금융위기 상황에서, H건설이 기노걸과 6개월 내에 잔금983,000,000원을 지급하기로 하는 부동산 매매계약을 체결한 뒤, 기노걸에게 "곧 통장으로 돈이 들어갈 겁니다", 혹은 "건설에 서류를 넘겼으니 곧 돈이 나올 겁니다"라고 말해 주었다는 〈증인A〉의 진술이 과연 진실일 수 있을까? 더 나아가서 이러한 시기에 기노걸과의 계약체결을 기념하기 위하여 H건설 관계자들과 시내 음식점에서 회식까지 하였다는 〈증인C〉의 증언이 진실일 가능성이 과연 있는 것일까? 변호인과 〈증인A〉, 〈증인B〉, 〈증인C〉는 그렇게 빤한 거짓말로 법원을 기망하고 있었고, 법원은 단지 형식적인 재판절차만을 진행하는 듯하였다.

판결의 선고

2009년 5월 22일 판결이 선고되었고, 내용은 다음과 같다.

〈주문〉 "피고인을 벌금 500만 원에 처한다."

― 범죄 사실 ―

피고인은 2006년 7월 25일 오후 2시 40분경 서울 서초구 서초동에 있는 서울중앙지방법원 359호 법정에서 같은 법원 2005가합99041 호 소송의 증인으로 출석하여 선서한 다음 증언함에 있어, 사실은 이지학이 기노걸에게 찾아가 토지 매매계약서에 기노걸이 불러주는 계좌번호를 기재하는 것을 본 사실이 없음에도 불구하고, '2000 년 9~10월 사이에 기노걸의 집에 이지학과 함께 찾아가 이지학의 사무실에서 기노걸의 이름과 주소, 주민등록번호를 미리 기재하여 온 토지 매매계약서에 이지학은 기노걸이 불러주는 계좌번호를 기재하였고, 피고인은 옆에서 이를 모두 지켜보았다'고 기억에 반하는 허위진술을 하여 위증하고, 2006년 11월 28일 같은 장소에서 같은 사건의 증인으로 출석하여 선서한 다음 증언함에 있어 위와 같이 취지의 기억에 반하는 허위의 진술을 하여 위증하였다.

― 무죄 부분 ―

【공소사실의 요지 및 피고인의 주장 】

이 부분 공소사실의 요지는, "피고인은 2006년 7월 25일 오후 2시

40분경 서울 서초구 서초동에 있는 서울중앙지방법원 359호 법정에서 같은 법원 2005가합99041호 소송의 증인으로 출석하여 선서한 다음 증언함에 있어, 사실은 이지학이 기노걸에게 찾아가 토지매매계약서에 기노걸이 건네주는 도장을 날인하는 것을 본 사실이 없음에도 불구하고, '2000년 9~10월 사이에 기노걸의 집에 이지학과 함께 찾아가 이지학의 사무실에서 기노걸의 이름과 주소, 주민등록번호를 미리 기재하여 가지고 온 토지매매계약서에 이지학은 기노걸이 건네주는 도장을 날인하였고, 피고인은 옆에서 이를 모두 지켜보았다'고 기억에 반한 허위의 진술을 하여 위증하고, 2006년 11월 28일 같은 장소에서 같은 사건의 증인으로 출석하여 선서한 다음 증언함에 있어 위와 같이 취지의 기억에 반하는 허위의 진술을 하여 위증하였다"라는 것이고, 이에 대하여 피고인은 이 법정에 이르기까지 일관되게 기노걸의 집에 이지학과 함께 찾아가 이지학이 이 사건 매매계약서에 기노걸로부터 건네받은 도장으로 날인하는 것을 보았다고 주장하면서 위 공소사실을 부인하고 있다.

【판 단】

(1) 이 부분 공소사실에 부합하는 듯한 증거들 중, 2008년 4월 4일자 〈증인C〉의 진술서는 2008년 12월 18일자 인증서 및 제6회 공판조서 중 〈증인C〉의 진술기재에 비추어 이를 선뜻 유죄의 근거로 삼기 어렵고, 다음으로 고소장, 기을호의 경찰진술 조서 및 제4회 공판조서 중 증인 기을호의 일부 진술기재 등은 그 내용 취지가 '기노걸은 계약서 등을 작성할 때에는 반드시 인감도장을 사용하

였는데 이 사건 매매계약서에 날인된 인장은 막도장으로 기노걸이 평소 사용하던 것이 아니고, 위조된 인장이 날인된 이 사건 매매계약서는 위조된 것이다'라는 것으로, 이는 기을호의 주장 내용일 뿐이어서 역시 선뜻 유죄의 근거로 삼기 어렵다.

(2) 한편, 제출된 증거들에 의하면 이 사건 매매계약서에 매매대금의 입금 계좌로 기재된 농협 계좌는 1997년 9월 1일 D건설로부터 계약금 및 1차 중도금 2억 9,490만 원이 송금된 뒤 1997년 9월 24일 해지되어 폐쇄된 계좌로서 〈증인C〉가 2000년 초 이지학이 불러주는 대로 이 사건 매매계약서에 미리 위 계좌번호를 기재해두었던 사실, 기노걸의 옆집에 사는 허창 소유의 김포시 고촌면 향산리 61-2 외 6필지 토지를 매수한 D건설로부터 위 각 토지에 관한 매수인의 지위를 승계하였음을 이유로 H건설주식회사가 이에 관한 계약서 및 영수증을 첨부하여 부동산 처분금지 가처분 신청을 하여 2000년 12월 20일 서울지방법원 2000카합3535호로 위 각 토지에 관하여 부동산 처분금지 가처분 결정이 내려졌으나, 허창이 2001년 4월 17일경 위와 같은 H건설 주식회사의 지위 승계를 승낙한 바 없고 위 계약서 등은 위조 된 것이라고 주장하면서 H건설 주식회사에 소 취하를 요구한 후, H건설 주식회사가 법원의 제소명령에도 불구하고 소를 제기하지 않아 2001년 8월 13일 서울지방법원 2001카합1537호로 위 부동산 처분금지 가처분 결정이 취소된 사실은 인정되나, 이러한 사정들만을 가지고는 기노걸의 도장과 관련한 피고인의 위 진술이 피고인의 기억에 반하는 허위

의 진술이라고 단정하여 이 부분 공소사실을 유죄로 인정하기에는 부족하다(또한, 이 사건 매매계약서에 〈증인C〉가 미리 계좌번호를 기재하였음에도, 피고인이 위에서 본 바와 같이 '이지학은 기노걸이 불러주는 계좌번호를 기재하였고 피고인은 옆에서 이를 지켜보았다'라는 취지로 기억에 반하는 허위의 진술을 한 바 있다고 하더라도, 이를 가지고 바로 피고인의 도장 관련 위 증언도 피고인의 기억에 반하는 허위의 진술이라고 단정할 수는 없다).

서울중앙지방법원 2008고단3739호(피고인A의 위증) 판결서

판결의 비판

재판이란 누구를 위한 것인가?

법관은 공소사실에 대하여 피고인이 혐의가 있는지 여부에 대한 실체진실을 밝혀야 할 어떠한 책무도 없다는 것인가? 오로지 '의심스러울 때는 피고인의 이익으로'라는 형사소송법상의 원칙만을 고수하면 사법정의와 인권을 담보할 수 있다는 것인가? 만일 재판이 정의와 인권을 담보할 수 없다면 우리는 왜 모든 분쟁을 재판을 통해서만 최종적인 판단을 받아야 하는 것일까? 법관은 아무런 책임도 없이 오로지 판단할 권한만을 향유하는 신성불가침의 기관인가? 헌법이 법관에게 위임한 권한이 그런 것이었다는 말인가? 법원이 그렇게도 무책임한 헌법기관이었단 말인가?

법관은 공소사실에 대하여 얼마나 확신하여야 유죄를 선고할 수 있을까? 법률 교과서에는 "합리적인 의심을 배제할 수 있는 고도의 개연성이 있는 확신의 정도", 즉 "십중팔구는 그러할 것이라는 고도의 개연성"이 있는 경우에는 유죄를 선고할 수 있다고 한다. 따라서 비록 공소사실에 대한 상당한 개연성이 있을지라도, 위와 같은 확신에 이르지 못할 때에는 "의심스러울 때는 피고인의 이익으로"라는 형사소송법의 대원칙에 따라 무죄를 선고하여야 한다는 것이다.

이것은 법관은 사건의 실체에서 가장 멀리 떨어져 있는 자로서 오판으로 인한 억울한 형사 피해자를 최소화하여야 한다는 인권의식에 바탕을 둔 역사적 합의의 결과물인 것이다. 결국 공소사실에 대해 상당한 개연성이 있는 피고인에게 무죄를 선고하는 것이 실체적 진실에는 부합하지 못할지라도, 좋은 판결일 수가 있다는 것이다. 그렇다면, 〈증인A〉의 '인장진술'부분에 대하여 무죄를 선고한 위 판결도 비록 정의롭지는 못하더라도 좋은 판결일 수 있을까? 나는 결코 동의할 수 없다. 이유를 보자.

절차적, 제도적 측면의 불합리성이다

위 사건은 검찰이 세 차례나 불기소 처분을 한 것이었고, 서울고등법원이 재정신청을 인용하여 기소된 사건이다. 즉, 검찰의 의사에 반하여 기소된 것이었다. 검찰은 〈증인A〉와 H건설에게 일방적으로 유리한 진술을 하는 〈증인C〉에 대한 증인신문 이후로, 피고인의 위증혐의에 대한 유죄를 입증하기 위해 어떠한 노력도 하지 않았다. 법정에서 기껏 한 말이라고는, 공판기일 말미에 재판장의 "검찰은 더 할 게 있나요"라는 말에 "없습니다!"라는 것이 고작이었다. 그렇게 공판기일은 아홉 차례나 진행되었다. 검찰뿐만 아니라 공판갱신 이후의 재판부도 마찬가지였다. 어떠한 석명요청도 없었고, 변호인의 증인신문에 대한 보충신문도 없었다. 두 명의 부장판사 출신의 변호인들만이 기를 쓰면서 공판기일을 장악하고 있는 듯했다.

2009년 1월 21일 〈증인B〉, 〈증인C〉에 대한 증인신문은 증거조사의 핵심이었고, 이로써 공판일정은 사실상 모두 종료되었다. 변호인도 변론요지서까지 제출하였다. 변론을 종결하고 선고를 해도 된다는 것이었다. 그런데도 재판부는 다음 기일을 법관 정기인사 이후인 2009년 3월 초경으로 지정하였다. 핵심적인 증거조사를 모두 마친 법관이 재판에서 스스로 물러나겠다는 것이다. 이는 아무래도 자연스러워 보이지 않는다.

결국 유죄를 입증하여야 할 검찰은 피고인의 범죄 입증에 관심이 없었고, 핵심적 증거조사를 통해 유무죄에 대한 선명한 인상을 가진 재판부는 그 판단을 다음 법관에게 의도적으로 인계하였다는 인상을 지울 수가 없다. 피고인을 위해 선임된 소위 잘나가는 부장판사 출신 2명의 변호인이 사실상 재판을 좌지우지하였다는 인상을 지울 수 없고, 결과도 그러하였다. 결국, 사법권은 몇 명의 법률가들에 의하여 유린되고 있었고, 피해자인 기을호와 그 대리인은 구경꾼이고 관객일 뿐이었다. 헌법이 법관에게 위임한 재판권이 이런 것이었단 말인가?

실체적 측면에서 부당함이다

판결서에서 무죄를 선고한 이유는 다음과 같다.

① 〈증인C〉의 2008년 4월 4일자 진술서에서 "이지학이 가지고 있던 기노걸의 막도장을 이 사건 계약서에 날인하였다"는 진술 부분은 〈증인C〉의 2008년 12월 18일자 인증서 및 제6회 공판 조서 중 〈증인C〉의 진술기재에 비추어 선뜻 유죄의 근거로 삼기 어렵다.

② 기을호의 고소장, 경찰진술 조서, 제4회 공판조서 중 기을호의 진술은 그 내용의 취지가 '기노걸은 계약서 등을 작성할 때에는 반드시 인감도장을 사용하였는데, 이 사건 매매계약서에 날인된 인장은 막도장으로 기노걸이 평소 사용하던 것이 아니고, 위조된 인장이 날인된 것이다'라는 것으로, 이는 기을호의 주장 내용일 뿐이어서 역시 선뜻 유죄의 근거로 삼기 어렵다.

③ 매매계약서에 기재된 농협 계좌번호는 1997년 9월 24일 예금계약이 해지되어 폐쇄된 계좌번호인 사실, H건설은 기노걸의 옆

집에 사는 허창 소유의 부동산에 대한 매매계약서를 D건설로부터 승계하였다고 하면서 그 부동산에 처분금지 가처분까지 하였으나, 허창이 이를 부인하고 소 취하를 요구하자 H건설이 이를 취소해 준 사실은 인정된다. 그러나 이러한 사정들만 가지고는 기노걸의 도장과 관련된 피고인이 진술이 허위진술이라고 단정하여 공소사실을 유죄로 인정하기에는 부족하다.

④ 이 사건 매매계약서에 〈증인C〉가 미리 계좌번호를 기재하였음에도, 피고인이 '이지학은 기노걸이 불러주는 계좌번호를 기재하였고 피고인은 옆에서 이를 지켜보았다'는 취지로 기억에 반하는 허위의 진술을 한 바 있다고 하더라도, 이를 가지고 바로 피고인의 도장 관련 증언도 피고인의 기억에 반하는 허위 증언이라고 단정할 수는 없다.

첫째, 〈증인C〉는 제6회 공판기일에서 2008년 4월 4일자 진술서를 자신의 의사에 의하여 작성하였음을 인정하였다. 따라서 위 진술서는 증거능력이 인정되는 것이다. 그렇다면 증명력이 있는지 보자.

〈증인C〉는 약 8개월이 지난 2008년 12월 18일경 이에 반하는 진술서를 작성하여 H건설에 제출했다. 2009년 1월 21일, 제6회 공판기일에서는 ① '안천식 변호사의 협박과 기을호가 평생 먹을 것을 주겠다고 회유하여 진술서를 작성해 주었다'고 하였다. ② '안천식 변호사에게 이지학이 도장 찍는 것을 보았다는 말을 하지도 않았는데, 진술서에 임의로 기재하였고, 그 내용을 자세히 읽지 못하고 작성해 준 것이다'라고 하였다. ③ '방배경찰서에서도 기억이 잘 나지 않아서 그렇게 진술한 것이다'라고 하였다. 그런데 같은 공판기일에서 〈증인C〉는 ④ '안천식 변호사에게 이지학이 도장을 찍은 것 같다는 말을 한 것은 사실이다'라고 전혀 상반되고 모순된 증언을 하였다. ⑤ '안천식 변호사가 증인이 진술하지 아니한 내용을 허위로 작성한 것은 아니다'라는 사실도 인정했다. ⑥ '당시 인장은 이지학이 가지고 있던 막도장을 날인한 것으로 기억한다고 안천식 변호사에게 말한 것도 사실이다'라는 사실도 인정하였다.

즉, 진실만을 말하겠다고 선서까지 한 〈증인C〉가, 의도적으로 〈증인A〉(피고인)와 H건설에 유리한 거짓말을 하고 있음이 재판과정에서 명백히 드러내고 있었다. 또한 〈증인C〉는 2008년 4월 4일자 진술서를 작성하기까지 기을호를 한 번도 만난 사실이 없었다. 그런데 평생 먹을 것을 보장하겠다는 회유 때문에 진술서를 작성했다는 증언은 신빙성이 있다는 것인가? 이러한 〈증인C〉의 전후모순된 진술을 근거로, 〈증인C〉가 2008년 4월 4일자로 자발적으로 작성하였음을 인정한 진술서의 증명력을 배척할 수 있다는 말인가?

대법원 85도801 판결에 의하면, "사람이 경험한 사실에 대한 기억은 시일이 경과함에 따라 흐려질 수는 있을지언정 처음보다 명료해진다는 것은 이례에 속하는 것이고, 경찰에서 처음 진술할 시 내용을 잘 모른다고 진술한 사람이 후에 검찰 및 법정에서 그 진술을 번복함에는 그에 관한 충분한 설명이 있어야 하고, 그 진술을 번복하는 이유에 관한 납득할 만한 설명이 없다면 그 진술은 믿기 어려운 것이다"라고 판시하고 있다(대법원 92도2884 판결 등 참조).

그런데 〈증인C〉는 2008년 4월 4일자 진술서와 경찰에서의 진술을 번복하면서도 이를 납득시킬 수 있는 어떠한 설명도 없었고, 오히려 전후 모순되는 명백한 허위의 진술을 하고 있을 뿐이었다. 이미 기을호측에 제출했던 2008년 4월 4일자 진술서 내용을 수단과 방법을 가리지 않고 알아낸 다음, 〈증인C〉에게 그 번복을 요구한 H건설의 행태 자체에서 이미 상당부분 그 신빙성을 탄핵하는 부정적인 요소를 내포하고 있었음에도, 이에 대한 아무런 설명조차도 없었다. 사안이 이러함에도 단지 〈증인C〉가 그 진술을 번복하였다는 사실만으로 종전 진술서의 증명력을 모두 배척하는 재판부의 판단이 과연 옳다고 할 수 있다는 말인가?

둘째, ① 재판부는 기을호의 고소장, 경찰 진술 조서, 법정증언 내용은 단지 '기노걸은 계약서를 작성할 때 인감도장을 사용한다. 그런데 이 사건 계약서에 날인된 것은 인감도장이 아니다'라는 단순한 주장일 뿐이므로, 이를 근거로 이 사건 계약서가 위조되었다고 단정할 수 없다고 한다.

그러나 기을호는 부친인 기노걸 명의의 모든 계약서의 작성에 실질적으로 참여하고 관계한 자로서, 이 사건 계약서가 부친인 기노걸의 진정한 의사에 의한 것인지 여부를 가장 잘 알 수 있는 자이다. 물론 기을호의 진술내용만을 근거로는 계약서의 위조 여부를 판단하기 어려울 것이나, 그렇다고 위 판결이유에서처럼 기을호의 증언 내용을 단순한 이해관계인의 추측이나 주장으로 폄하할 사항은 아닌 것으로 보인다.

② 재판부는, "이 사건 계약서의 계좌번호는 〈증인C〉가 W공영 사무실에서 기재한 것임에도 불구하고, '이지학은 기노걸이 불러주는 계좌번호를 현장에서 기재하였고 피고인은 옆에서 이를 지켜보았다'라고 〈증인A〉가 거짓증언한 사실"이 있더라도, 이 사건 계약서가 위조되었다는 증거로 부족하다고 한다.

이는 매우 의문이다. 〈증인A〉는 이 사건 계약서 작성과정에 관하여 두 가지의 구체적인 진술을 하였다. 한 가지는 '기노걸이 이지학에게 막도장을 건네주어 이지학이 계약서에 날인하였다'라는 것이고, 또 한 가지는 '기노걸은 통장을 보고 이지학에게 계좌번호를 불러 주었고, 이지학은 이를 현장에서 직접 계약서에 기재하여 넣었다'라는 것이다.

전자는 비교적 간단하고 순간적인 동작이고, 후자는 여러 동작이 결합된 비교적 장시간의 복합적 동작이다. 〈증인A〉는 후자의 동작에 대하여, 기자출신으로서 명예를 걸고서 절대로 사실이라고 10여 차례나 강조하였으나, 모두 거짓임이 드러났다. 그리고 전자의 증언이 사실이라는 객관적인 증거는 전혀 없다. 그렇다면 전자도 거짓으로 추정하는 것이 보다 경험적이고 논리적이다. 복합적인 후자의 동작이 거짓이었다면, 전자의 동작도 거짓이라고 볼 수 있는 충분한 개연성이 있기 때문이다. 그럼에도 법관이 그렇지 않다고 한다면 어쩔 수 없다. 헌법은 법관의 양심을 믿고 자유심증의 권한을 주었기 때문이다. 이는 법관의 양심의 문제이고, 재판 신뢰의 문제일 뿐일 것이다.

③ 재판부는, 이 사건 계약서와 동일한 필체로 기재되고 동일한 형태의 한글 막도장이 날인되고, 동일하게 1997년경 예금계약이 해지되어 폐쇄된 계좌번호가 기재된 허창 명의의 부동산매매계약서에 대하여 H건설에서 그 위조 사실을 인정하였다는 점도, 이 사건 계약서가 위조되었다는 증거로 부족하다고 판단하고 있다.

이 또한 매우 의문이다. 동일한 필체, 동일한 형태의 한글 막도장, 동일하게 예금계약이 해지된 계좌번호의 기재 외에, 각 매매계약서를 근거로 동일한 일자에 각 부동산에 가처분까지 마쳐졌다. 계좌번호와 관련하여 〈증인A〉의 위증사실이 객관적으로 확인되었고, 인장관련 〈증인A〉의 증언을 뒷받침할 객관적인 증거가 전혀 없으며, 이와 관련한 〈증인C〉의 공판기일에서의 증언은 그 자체로 모순되고 반대되는 것이라면, 허창 명의로 위조된 부동산매매계약서와 동일한 필체, 동일한 시기, 동일한 형태의 막도장이 날인된 이 사건 계약서도 위조되었다는 충분한 심증을 형성하고도 남는다고 보는 것이 보다 경험적이고 합리적일 것이다. 이 역시 담당 법관이 그러한 심증을 형성할 수 없다고 하면 어쩔 수 없다. 법관의 양심의 문제이고, 재판 신뢰의 문제일 뿐이다.

그렇다면 어떻게 해야 이 사건 계약서가 기노걸의 의사에 따라 작성되지 않았다는 사실, 즉 〈증인A〉의 도장 관련 진술이 거짓이라는 점을 인정할 수 있다는 말인가? 이 사건 계약서를 위조하는 현장 동영상이라도 촬영해 와야 한다는 말인가? H건설은 이 사건 계약을 2000년 9월경에 체결하였다고 하면서도, 기노걸이 사망하기까지(2004년 8월경) 단 한 차례도 연락을 취하여 온 사실도 없었고, 계약체결 후 6개월 이내에 지급하기로 되어 있는 잔금에 대하여도 단 한 번의 논의도 없었다. 정녕 〈증인A〉가 인장 관련 증언에 대하여 그 증언을 번복하거나 자백하지 않으면, 절대로 위증죄의 유죄로 판단할 수 없다는 말인가? 살인을 저지른 자가 끝까지 그 혐의를 부인하면 절대로 살인죄로 처벌할 수 없다는 말인가? 대기업 관련사건이 아니었더라도, 대기업이 선임한 부장판사 출신의 변호인이 아니었더라도 이와 동일하게 판단하였을까?

양형의 부당함이다

담당재판부는 피고인 〈증인A〉의 위증에 대하여 벌금 500만 원을 선고하였다. 벌금형 선택의 이유로 ① 전과가 없는 점, ② 고령인 점, ③ 무죄 부분 관련 피고인의 증언이 위 민사소송에 더 핵심적인 부분이었던 점을 감안하였다고 적고 있다. 이 사건을 돌아보자.

첫째, 피고인 〈증인A〉의 행위자 특성을 살펴보자.

〈증인A〉는 제1회 공판기일부터 제8회 공판기일까지 범죄사실 전체를 전면 부인하였다. 객관적인 증거에 의하여 분명하고 너무도 자명한 계좌번호 관련 허위진술에 대해서도 완강하게 공소사실을 부인하였다. 마치 무언가 믿는 구석이 있다는 표정이었고 태도였다. 피해자에게 미안함을 표시한 사실도 전혀 없었다. 오히려 피해자를 무고죄로 고소까지 하였다. 마지막 9회 공판기일에서야 객관적으로 허위임이 명백한 계좌번호 관련 진술에 대하여만 공소사실을 인정했다. 즉, 반성의 기미가 전혀 없었다.

고령의 나이(65세)라면 그만큼 어른으로서 성숙하게 행동하여야 할 것이다. 최소한 법정에서 진실만을 말하겠다고 선서까지 하고서 명백한 허위증언을 일삼으면서 재판부를 속이고 사법질서를 왜곡해서는 아니 될 것이다. 양형기준에 고령의 나이를 정상참작 사유로 규정하고 있지도 않다. 무엇보다도 공소사실 자체를 전혀 인정하지 않고 반성의 기미가 전혀 없으며, 판결선고 시에도 재판장에게 할 말이 있다고 하였다. 형사처벌 전력이 없고, 단지 고령이라는 이유만으로 벌금형이라는 관대한 처벌을 할 수 있는 사안이었을까?

둘째, 유죄로 인정된 범죄 행위의 특성을 보자.

대법원 양형위원회는 2009년 4월 24일경 사회적으로 중요한 8개의 범죄유형에 대하여 양형기준을 발표하였고, 그 중에는 위증죄와 무고죄가 포함되어 있었다. 위증죄와 무고죄는 헌법상 사법질서의 근간을 무너뜨리는 중요한 범죄로 보았기 때문이었다.

〈증인A〉는 같은 심급에서 변론기일을 달리하여 두 번씩이나 허위증언을 하였다. 그것도 모자라서 피해자(기을호)를 무고혐의로 고소까지 하는 등 사법질서의 근간을 해치는 범죄를 연이어 저지르고 있었다. 즉, 죄질이 아주 불량하였고, 범죄행위 자체로 이미 가중사유를 내포하고 있었다. 비록 위증사건에 검찰이 무고죄 관련 기록을 병합 기소하지 않았지만, 나는 관련 자료는 모두 재판부에 참고자료로 제출하였었다. 당시 양형기준에도 위증죄는 실형이 원칙이었다. 그런데도 결과는 벌금 500만 원이다.

셋째, 판결이유에서는 무죄 부분 관련 피고인의 증언이 위 민사소송에 더 핵심적인 부분이었던 점을 감안하였다고 한다. 이는 도무지 이해할 수가 없다. 그렇다면 유죄로 선고된 부분은 민사소송에서 전혀 핵심적이지 않았다는 말인가? 이 사건 계약서의 진정성립을 인정할 객관적인 증거(필적, 인영, 일자, 잔금지급 여부, 계좌번호)는 전혀 없는 상황에서, 유일하게 〈증인A〉의 증언만을 이유로 그 진정성립을 인정하였고, 특히 〈증인A〉 2006년 11월 28일자 변론기일에서 무려 10여 차례나 계좌번호 기재와 관련하여 허위증언을 하였다. 담당 재판부도 이러한 허위증언을 신뢰하여 이를 판결이유에 기재까지 한 사안이었다. 다시 한 번 보자.

① 증인(증인A)으로서는 남의 통장이 해지가 되었는지 전혀 알 수가 없고 보통 사람이면 남의 통장 계좌번호를 알 수가 없다.

② 기노걸이 불러주는 대로 이지학이 적는 것을 보았다는 것은 틀림이 없다.

③ 증인이나 이지학은 승계 작업을 하면서 승계대상표만을 받아서 이를 토대로 다시 매도인들과 매매대금 등 매매조건을 협상하였고, 이 표에는 계좌번호가 없다.

④ 이지학이 기노걸의 통장 계좌번호를 임의로 기재한다는 것은 있을 수 없는 일이다. 증인이 참여한 가운데 망인이 불러주는 통장 계좌번호를 기재했기 때문에 이지학이 임의로 기재했다는 것도 사실일 수 없다.

⑤ 계약서 중간의 계좌번호는 실명제 때문에 직접 불러주어야 하고, 이 사건 계약서 작성 당시 기노걸로부터 직접 듣고 이지학이 기재하였다는 진술은 사실이다.

⑥ 증인은 기자 출신으로서 그것만은 정확하고 잘못 생각한 것이 없다.

⑦ 남의 계좌번호를 현장에서 알 수 있는 방법은 전혀 없다.

⑧ 증인이 틀림없이 증언하는 것은, 기노걸의 집을 이지학과 둘이서 찾아가서 이 사건 계약서를 기노걸의 앞에서 작성하고 도장을 찍었다는 것이다.

⑨ 계약서에 적힌 농협 계좌번호는 이지학이 제일 먼저 물어보고 받아 적은 것이 틀림없다.

⑩ 증인으로서는 왜 해지된 계좌번호가 적혀 있는지에 대해서는 알 수 없다. 다만 불러주는 대로 적었으니까 다른 것은 없다.

2006. 11. 28.자 〈증인A〉의 2차 증인신문조서

① 〈증인A〉는 이지학이 2000년 9월경 기노걸과 부동산 매매에 관한 합의를 하고, 기노걸을 대신하여 이 사건 계약서에 기노걸의 이름, 주소, 주민등록번호를 기재하고, 기노걸로부터 막도장을 건네받아 날인을 하고, 기노걸이 가르쳐준 농협 계좌번호를 적었다고 증언하였고, 〈증인B〉는 이지학 등으로부터 위와 같이 작성된 계약서를 받아 원고가 Y종합건설에 대금을 지급한 날짜에 맞추어 이 사건 계약서의 작성일자 난에 1999년 11월 24일로 기재하였다고 증언하였다. 그 외 갑 제6호증의 1~6(M건설이 2003. 경 이후에 기을호 계좌로 500만 원 씩 합계 4,000만원을 송금한 기록) 및 증인 최기철의 증언에 변론 전체의 취지를 종합하면, 이 사건 계약서는 기노걸의 진정한 의사에 따라 작성된 것으로 인정된다.

② 기을호는, 이 사건 계약서는 기노걸의 이름이 한글로 적혀 있고 막도장이 날인되었다고 주장하지만, 위조되지 않은 다른 계약서 중에도 막도장으로 날인된 것이 있다.

③ 기을호는 이 사건 계약서에 기재된 농협 241084-56-002254 계좌는 1997년 9월 24일 예금계약이 해지되어 폐쇄된 계좌라

신의 한 수 | 161

고 주장하나, 계좌번호는 통장의 첫 장을 넘기면 바로 알 수 있지만 계좌의 폐쇄 여부는 통장의 마지막 면을 보아야 알 수 있는 관계로, 이 사건 계약 당시 75세의 고령으로 병석에 누워 있던 기노걸이 착오로 폐쇄된 통장의 계좌번호를 불러줄 가능성도 존재한다.

④ 만약 H건설, Y종합건설, 혹은 이지학이 D건설로부터 받았거나 매매계약 대행 과정에서 이미 알고 있던 기노걸의 계좌번호를 이용하여 이 사건 계약서를 위조하였다면 위와 같이 폐쇄된 계좌가 아니라 2차 중도금이 지급된 계좌번호를 적었을 것이다.

결국, 위와 같이 제출된 증거만으로는 증인A의 증언 등을 뒤집고 이 사건 계약서 등이 위조되었다고 인정하기에 부족하다.

서울중앙지방법원 2005가합99041호 판결서

즉, 제1심 재판부도 이 사건 계약서에 기재된 농협 241084-56-002254 계좌번호는 기노걸이 1997년 9월 24일자로 예금계약을 해지하고 폐쇄한 계좌번호였다는 사실을 발견하고, 종전 〈증인A〉의 증언을 의심하였다. 그래서 이미 한차례 증인으로 출석하였던 〈증인A〉를 다시 소환하였다. 그리고 증인으로 재차 출석한 〈증인A〉는 분명한 어조로 약 10여 차례나 다시 허위증언을 하였다. 재판부는 이러한 〈증인A〉의 허위증언을 믿었던 것이다. 그래서 판결이유에 '이 사건 계약 당시 75세의 고령으로서 병석에 누워 있던 기노걸이 착오로 폐쇄된 계좌번호를 불러줄 가능성도 존재(한다)'라는 지극히 비현실적인 이유까지 기재하면서 〈증인A〉의 증언을 근거로 계약서의 진정성립을 인정하였던 것이다. 2006년 11월 28일자 변론기일에서의 〈증인A〉의 적극적인 증언은 모두 충분히 믿을 수 있는 것이라는 의미였다.

그런데 적어도 〈증인A〉의 "계좌번호 기재"와 관련한 위와 같은 증언은 모두 거짓이었다. 즉, 기노걸이 불러주는 대로 이지학이 적는 것을 본 것이 틀림이 없다는 진술도, 승계대상표만을 받아서 매도인들과 매매대금 등 매매조건을 협상하였다는 진술도, 증인이 참여한 가운데 기노걸이 불러주는 통장번호를 기재했기 때문에 이지학이 임의로 기재했다는 것은 사실일 수 없다는 진술도, 당시 기노걸로부터 직접 듣고 이지학이 기재한 것은 사실이라는 진술도, 기자 출신으로서 그것만은 정확하고 잘못 생각한 것이 없다는 진술도, 남의 계좌번호를 현장에서 알 수 있는 방법은 전혀 없다는 진술도, 저희로서는 불러주는 대로 적으니까 다른 것은 없다는 진술도 모두 허위였고 거짓이었다.

결과적으로 '이 사건 계약 당시 75세의 고령으로서 병석에 누워 있던 기노걸이 착오로 폐쇄된 통장의 계좌번호를 불러줄 가능성'이 있다고 판단한 제1, 2심 법원의 판단은 오판이었던 것이다. 〈증인A〉의 거짓말 때문에 오판을 한 것이었다. 담당재판부가 〈증인A〉의 위와 같은 진술이 모두 거짓임을 알았다면 그 판결이유에서 "이 사건 계약 당시 75세의 고령으로서 병석에 누워 있던 기노걸이 착오로 폐쇄된 계좌번호를 불러줄 가능성"까지 언급하면서 이 사건 계약서의 진정성립을 인정해 주지 않았을 것이라는 점은 너무도 자명한 사실이다.

그런데 이와 같은 〈증인A〉의 허위증언이 민사 사건에서 아무런 의미도 없는 진술이었다는 말인가? 민사 재판부가 〈증인A〉를 직권으로 재소환 하고, 양측 변호사 및 재판장이 증인신문을 진행한 행위들이 모두 쓸데없는 짓이었단 말인가? 이 모두가 공연히 〈증인A〉를 괴롭히기 위한 것이었단 말인가?

이러한 모든 사정을 뒤로한 채, 인장과 관련한 〈증인A〉의 증언은 유죄로 단정할 수 없다고 하면서 이 부분에 대하여 무죄를 선고하고, 다시 이를 이유로 너무도 명백하게 허위임이 드러난 "계좌번호 관련 증언"에 대하여 단지 벌금 500만 원만을 선고하는 양형참작 사유로 삼을 수 있다는 말인가? 왜 형사법원이 민사사건의 증명력을 미리 판단해 주는 것인가?

판결 이후 검찰의 태도도 기가 막힌다!

나는 위증 형사판결의 무죄 판단과 양형의 부당함을 지적하면서 검찰에 항소를 요청하였다. 서면으로 항소요청서까지 제출하면서, 제1심 공판 과정에서 2008년 4월 18일자 경찰 작성 〈증인C〉에 대한 참고인조서도 증거로 제출하지 아니한 점, 증인 허창을 소환하지도 아니한 점 등을 보강하기 위해서라도 항소를 해야 한다고 하였다. 그런데 공판검사의 다음과 같은 답변에 기가 막힐 지경이었다.

"에…… 꼭 재정신청 사건이라서 그런 것은 아니고, 항소하더라도 무죄 부분이 번복될 가능성이 전혀 없어 보이고, 형량도 매우 적절하다고 판단되어 항소를 하지 않는 것으로 하였으니 그렇게 알고 계시지요."

결국 검찰은 항소를 하지 않았고, 판결은 그대로 확정되었다. 재정신청 사건의 공소유지를 검찰이 담당함으로써 발생하는 문제점들은, 이미 다른 사건을 통해서도 수없이 지적되었다. 국민의 기본권은 그렇게 유린되어 가고 있었다. 그래도 대한민국은 잘 돌아가는 것처럼 보인다. 그 구석구석에서 오열하고 있는 피해자들의 모습은 단지 커튼 뒤에서 사라져가는 그림자에 불과할 뿐이다.

제8장

탄로가 나버린 모함

1차 재심청구(서울고등법원 2008 재나372호)

재심소송(서울고등법원 2009재나372호, 1차 재심)

제1심 증인인 〈증인A〉의 위증 판결이 확정됨에 따라, 나는 기을 호의 동의를 얻어 2009년 6월 4일 서울고등법원에 재심소장을 접 수하는 동시에, 그동안 관계자들을 접촉하여 확보해 놓은 증거자 료들을 추가로 제출하였다. 또한 〈증인A〉의 위증 형사사건(서울중 앙지법 2008고단3739호)에 증인으로 출석하였던 〈증인B〉, 〈증인C〉와 허창에 대한 증인신청도 하였다.

2009년 9월 16일 제1차 변론기일에서, 담당재판장은 허창을 증 인으로 신청한 이유에 대하여 석명을 구하였다. 나는 허창-H건설 명의의 부동산계약서 위조 여부를 명확히 하기 위함이라고 하였다. 재판장은 H건설 소송대리인에게 허창 명의의 부동산매매계약서 위조 여부에 대하여 석명을 촉구하였다. H건설 소송대리인은 "허창 명의의 2000년 1월 7일자 계약서는 허창의 의사에 의하여 작성되지 않았다는 점은 인정한다"라고 하였다. 나는 위와 같은 취지를 변론조서에 기재하는 것으로 갈음하고 허창에 대한 증인신청은 철회하였다. 위 재심 절차에서 추가로 제출한 증거 및 증언 내용은 다음과 같다.

재심(2009재나372호)소송에서 추가로 제출한 증거의 정리

〈증인A〉의 위증과 관련한 증거자료

① **2008년 4월 4일자 〈증인C〉의 진술서** 이 사건 계약서는 이지학의 지시에 의하여 〈증인C〉가 작성했다는 취지의 진술서다.

② **국립과학수사연구소 필적감정서** 이 사건 계약서에 기재된 글씨와 〈증인C〉의 글씨는 동일한 필적이라는 감정서다.

③ **재정결정서(서울고등 2008초재733호)** 〈증인A〉를 위증 혐의로 기소하라는 결정서다.

④ **형사판결서(서울중앙 2008고단3739호)** "계약서 작성 시에 이지학은 기노걸이 불러주는 계좌번호를 현장에서 직접 기재하였고, 피고인은 옆에서 이를 모두 지켜보았다"는 〈증인A〉의 증언이 위증이므로 벌금 500만 원을 선고한다는 판결서이다.

⑤ **위증죄로 기소된 〈증인A〉의 수사 및 공판 기록(서울중앙 2008고단3739호)** 증거 부족으로 무죄가 선고된 인장 관련 부분에 대한 〈증인A〉

의 증언 및 형량이 부당하다는 점을 부각하기 위해 〈증인A〉의 위증죄 공판 기록 전체를 증거로 제출한 것이다.

〈증인A〉가 2000년 2월경 위조한 다른 부동산매매계약서 등

⑥ 향산리 주민 정일석 등 4인 명의의 2000년 2월 1일자 부동산매매계약서 인적사항 란, 계좌번호 란에 기재된 글자는 〈증인A〉의 필체였다.

⑦ 위 정일석 등 4인에 대한 무통장 입금증 H건설이 위 정일석 등 4인에게 토지대금을 송금하는 내용의 무통장 입금증이다. 이는 이지학이 농협직원 배○○의 협조를 얻어 개설한 차명계좌이다.

⑧ 위 정일석 등 4인 소유 부동산 등기부 등본 2000년 7월 18일경 H건설이 위 정일석 등 4인 명의의 위조된 부동산매매계약서를 근거로 각 부동산에 처분금지 가처분을 마쳤다는 등기부 등본이다. 2002년 5월 14일자로 H건설의 가처분은 모두 말소되었다.

⑨ 정일석 등 4인 명의의 최고서 2001년 7월 31일자로 정일석 등 4인이 H건설에게 "귀사와 본인은 부동산매매계약서를 작성한 일이 없다. 아무런 근거 없는 가처분을 해지하라"는 내용증명 우편이다. 하단에 H건설의 2001년 8월 6일자 접수인이 찍혀 있다.

⑩ 정일석 등 4인 명의의 통고서 2001년 8월 31일경 위 정일석 등 4인이 H건설에게 "귀사와는 매매계약을 체결한 사실이 전혀 없다. 매매계약서에 날인된 인장도 통고인의 인장이 아닐 뿐더러 귀사가 매매계약에 따른 계약금을 입금하였다는 계좌는 통고인이 개설한 적이 없는 계좌이다. '매매계약서가 작성된 경위, 매매계약서를 실질적으로 작성한 자, 매매계약서 매도인 난에 매도인 성명과 주소를

기재하고 인장을 날인한 사람이 누구인지, 매도인 명의의 인장의 출처, 매매계약에 관하여 통고인의 의사를 확인한 사실이 있는지, 귀사가 송금한 예금계좌에 대한 자료는 누구로부터 받은 것인지'에 대하여 2001년 9월 15일까지 답변해 주기 바란다"는 내용의 통고서이다. 하단에 H건설의 2001년 9월 4일자 접수인이 찍혀 있다.

【증거 설명】 나는 허창 명의의 계약서와 기노걸의 계약서가 위조되었다면, 또 다른 위조된 계약서도 분명히 존재할 것이라고 생각했다. 이에 토지 매매계약과 관련된 향산리 주민들을 일일이 찾아다니기 시작하였고, 그 결과 2001년경에 계약서 위조로 크게 논란이 되었던 정일석, 권이숙, 김세준, 임네선 등 4명의 사건을 알게 되었다. 당사자들을 만났으나 H건설에게 불이익을 받게 되는 것이 두렵다고 하면서 협조에 소극적이었다. 나는 다른 여러 경로를 통하여 2001년경까지 H건설에서 내부 자료로 보관하고 있던 위 4인 명의의 위조된 부동산매매계약서와 H건설이 접수한 최고서, 통고서 등을 모두 입수할 수 있었는데, 당시의 사정은 이러하였다.

〈증인A〉와 이지학은 2000년경 가지고 있던 막도장을 이용하여 향산리 주민 정일석, 권이숙, 김세준, 임네선 4인의 부동산매매계약서를 위조 작성한 다음, 이를 고촌농협 직원인 배○○에게 보여주면서 토지보상금 약 100억 원을 예금으로 유치해 줄 테니, 위 4명의 차명계좌를 개설하여 줄 것을 요청하였다. 이에 배○○는 〈증인A〉와 이지학에게 협조하여 위 4인 명의의 농협 차명계좌를 개설하여 주었다(당시의 배○○의 진술서도 증거로 제출되었다).

〈증인A〉와 이지학은 다시 위 4인 명의의 위조 계약서에 각 차명 계좌번호를 기재한 다음 이를 H건설에게 건네주고, H건설로부터 부동산 매매대금을 차명계좌로 송금 받았던 것이다. 한편 2000년 7월경 H건설은 재정위기에 몰리면서 더 이상 향산리 주택사업을 진행할 수 없게 되었고, 이에 이지학 등으로부터 교부받은 위 4인 의 위조된 부동산매매계약서를 근거로 정일석 등 4인 명의 부동산 에 처분금지가처분을 하였다.

2001년 6월경 이지학이 갑자기 사망하면서 매매계약서 위조사 건이 온 마을을 뒤덮었다. 정일석 등 4인도 그즈음 H건설이 자신 들의 부동산에 처분금지가처분을 하였다는 사실을 발견하였고, 깜 짝 놀라 2001년 7월 31일과 같은 해 8월 31일경 H건설에게, "H건 설과는 부동산 매매계약을 체결한 사실이 없다. 계약서에 매도인 란에 주소, 성명, 계좌번호를 적은 사람이 누구인지 밝혀라"는 취지 의 최고서와 통고서를 각 발송하면서 위조된 부동산매매계약서에 의한 가처분을 취소해 줄 것을 요청하였던 것이다. 그 뒤 위 4인 명 의의 각 부동산에 마쳐진 처분금지 가처분은 모두 취소되었다.

나는 향산리 주민들과 농협직원 배○○, 그리고 다른 관련자들 과의 면담을 통해 이러한 사실을 알게 되었고, 당시 H건설이 내부 자료로 보관하고 있던 관련 증거자료를 확보할 수 있었다. 그런데 정작 내가 가장 주목했던 부분은 정일석 등 4인의 부동산매매계약서 매도인 란에 기재된 성명, 주소, 계좌번호 등의 필체였다. 모두 〈증인A〉의 글씨로 기재되었다는 점은 육안으로도 확연하게 알 수 있었다.

결국, 〈증인A〉는 이미 2000년경부터 위 정일석 등 4인의 부동산 매매계약서, 차명계좌 등을 위조하는 데에 깊숙이 개입되어 있었다는 것을 의미하는 것이다. H건설은 이러한 사실을 모두 알고 있으면서도 〈증인A〉를 증인으로 신청하여 거짓진술을 하도록 하였던 것으로 보였다.

그 외 계약서의 진정성립을 부인하는 증거자료

⑪ **향산리 주민들의 사실확인서**　2000년경 H건설과 부동산 매매계약을 체결하고 중도금과 잔금을 지급받은 후 지상물 철거 등은 H건설에서 모두 처리하였다는 취지의 사실확인서이다.

⑫ **〈증인C〉의 진술조서**　〈증인C〉의 2008년 4월 18일자 방배경찰서 진술조서다. 〈증인C〉는 기노걸 명의의 이 사건 계약서를 2000년 1월경에 W공영 사무실에서 직접 작성하였고, 당시 이지학이 가지고 있던 기노걸의 막도장을 날인하였다고 진술하였다.

⑬ **2008년 9월경의 〈증인C〉와 안천식 변호사의 대화 녹취록**　서울고등법원 2009재나372호 재심사건 2009년 10월 14일자 변론기일에서, 〈증인C〉 증언의 진실성을 탄핵하기 위하여 제출한 녹취록이다. 녹취록에는 "〈증인C〉가 2008년 9월경에 안천식 변호사를 마지막으

로 찾아온 사실, 2008년 4월 4일자 진술서는 진실을 밝히기 위해
작성하였다고 한 사실(진짜 정의를 위하여, 어쩌면 거짓말 치는 사람이 오히
려 큰소리치는 사회를 어떻게 좀 해 볼까 하는 심정에서), 돈 200만 원을 차
용해 줄 것을 요청한 사실, 전날 미리 전화를 하고 찾아온 사실 등"
의 내용이 기록되어 있다. 〈증인C〉는 2009년 10월 14일 변론기일
에서 녹취록 내용과는 정반대의 허위증언을 하였다.

【증거 설명】〈증인C〉는 위 재심소송 2009년 10월 14일 변론기일
에서, "안천식 변호사의 협박과 기을호의 회유에 의하여 오로지 돈
을 받을 목적으로 진술서를 작성해 준 것이다. 안천식 변호사를 마
지막으로 찾아간 것은 2008년 6월경이고, 같은 해 7월에 H건설의
〈증인B〉를 만나기 전이다. 기을호가 미리 약속한 돈을 얼마나 받을
수 있는지 확인 차 안천식 변호사를 찾아간 것이다. 안천식 변호사
에게 돈을 차용해달라는 부탁을 하지 않았다"라고 증언하였다.

나는 〈증인C〉가 마지막으로 찾아왔던 날의 대화 녹취록을 법정
에서 증거로 제출하면서, 〈증인C〉는 H건설을 위하여 너무도 명백
한 허위진술을 하고 있으므로, 변론기일에서 〈증인C〉의 진술은 증
명력 자체가 없다고 주장하였던 것이다.

⑭ **허창에 대한 2000년 7월 28일자 통고서** Y종합건설이 허창에게 발
송한, "귀하가 H건설과의 승계계약을 인정해 주지 아니함에 토지
수용을 하려고 한다"는 내용의 2000년 7월 28일자 통고서이다. Y

종합건설은 위 일자에 허창과 기노걸에게 동일한 내용의 통고서를 발송하였다.

【증거 설명】 H건설은 2009년 10월 21일자 준비서면에서, Y종합건설이 2000년 7월 28일경 기노걸에게 "귀하의 비협조로 사업에 막대한 지장이 있어 향후 토지수용권을 발동하려 한다"는 내용증명 우편까지 발송하였으므로, 2000년 1월경 이지학이 기노걸의 막도장을 날인하는 것을 보았다는 〈증인C〉의 진술이 절대 사실일수 없다"라고 주장하였다. 또한 H건설 직원 〈증인B〉도 2008년 7월경 〈증인C〉를 찾아가서, 위와 동일한 이유로 논리적으로 시점이 맞지 않는다고 따졌고, 결국 그 진술을 번복시켰다고 하였다. 즉, 이지학이 2000년 1월경에 이 사건 계약서에 임의로 날인하였다면, Y종합건설이 2000년 7월 28일자 통고서를 기노걸에게 발송할 리가 없다는 논리였다.

이에 나는 다시 증거를 찾아 나섰고, Y종합건설이 2000년 7월28일자로 허창에게 발송한 동일한 내용의 통고서를 증거로 제출하였다. 즉, 2000년 1월 7일경 이지학 등이 허창 명의의 부동산매매계약서를 위조하였고, 그 뒤인 2000년 7월 28일경에 Y종합건설은 기노걸에게 발송한 것과 동일한 내용의 통고서를 허창에게도 발송하였던 것이었다. 이는 허창 명의의 계약서와 함께, 기노걸 명의의 이 사건 계약서도 2000년 1월 경에 이지학 등에 의하여 위조되었다고 보는 것이 훨씬 경험적이고 논리적이며, 백번 양보하더라도 H건설의 주장처럼 "Y종합건설이 2000년 7월 28일자로 기노걸에게 통고서를 발송하였으므로, 이 사건 계약서가 2000년 1월경에 위조되었을 리가 없다"라는 식의 주장은 근본적으로 잘못된 논리이며, 이러한 논리를 근거로 〈증인C〉의 진술을 번복시킨 H건설의 행태는 크게 잘못되었다는 점을 논증하고자 하였다.

재심 변론기일에서의 〈증인B〉와 〈증인C〉의증언 내용

〈증인C〉의 증언 내용

2009년 10월 14일 〈증인C〉에 대한 증인신문이 이루어졌다. 증인신문이 시작되기 전까지 〈증인C〉는 마치 수험생이 모범답안을 외우듯이 빽빽하게 기재된 증인신문사항의 답변 내용을 법정 방청석에서 열심히 암기하고 있었다. 증언 내용은 다음과 같다.

【기을호 측 주 신문에 대한 답변 】
① 2008년 3월 20일경 안천식 변호사가 전화로 기노걸 명의의 부동산매매계약서와 관련하여 방문을 요청하였다.
② 증인은 꼭 갈 필요성을 느끼지 못하였으나, 안 변호사가 신변에 불이익이 생기겠다고 하고, 기을호가 협조해 주면 평생 먹고 살 만한 돈을 해 주겠다고 하여 방문하였다.
③ 증인은 안 변호사가 열람시켜 준 서류들을 모두 검토한 뒤, 이 사건 매매계약서에 기재된 필체가 증인의 필체임을 확인하였다.

④ 2008년 4월 4일자 진술서는 당시 증인의 말을 토대로 안천식 변호사가 타이핑을 하고, 다시 증인이 재차 확인한 후 날인하였으며, 증인이 직접 공증인가 법률사무소에 가서 인증하였다.

⑤ 안천식 변호사는 2008년 4월경 증인에게 사문서 위조로 고소를 당할 수 있다고 하였고, 기을호는 이 건에 대하여 협조만 해 준다면 평생 먹고살 수 있게 해 주겠다고 회유하였다.

⑥ 기을호의 회유는 2008년 3월 30일경 안천식 변호사와 통화가 끝난 직후 바로 '평생 먹고살 수 있게 해 줄 테니까 협조해 달라'고 하였다.

⑦ 증인은 기을호의 얼굴은 보지 못하였고 목소리도 그날 처음 들었다.

⑧ 증인은 기을호의 그런 말에 속아서 협조해 준 것이다.

⑨ 증인은 2008년 6월경에 안천식 변호사 사무실을 방문한 적이 있고, 2008년 8~9월경에는 방문하지 않았다.

⑩ 증인이 2008년 6월경 안천식 변호사를 마지막으로 찾아간 것은, 기을호가 증인에게 제의한 것에 대하여 얼마를 받을 수 있는지 확인하려는 차원에서 기대심으로 가 보았던 것이다. 증인은 안천식 변호사에게 돈을 차용해달라는 이야기는 하지 않았다.

⑪ 기을호가 얼마를 지급하겠다고 금액은 이야기하지 않았으나 2~3억 원 정도 되지 않을까 생각했고, 이를 확인차 안 변호사를 찾아간 것이다.

⑫ 안천식 변호사를 마지막으로 찾아간 것은 마침 서울에 일이 있었기 때문에 검사검사 찾아간 것이지, 전날 미리 전화를 하지는

않았다.

⑬ 증인은 기을호를 두 차례 만난 사실이 있는데, 2008년 4월 4일
과 2008년 7~8월경이다.

⑭ 증인이 2008년 7~8월경에 기을호를 찾아간 것은, 안천식 변호
사에게 찾아갔을 때 기을호에게 직접 이야기할 사항이지 대신
이야기해 줄 사항이 되지 않는다고 하였기 때문에, 증인이 당시
다니던 회사 사장님과 함께 확인 차 찾아간 것이다.

⑮ 기을호는 협조를 해달라는 이야기만 하였고, 약정을 하지는 않
았다.

⑮ 증인은 2008년 7월경 H건설의 〈증인B〉를 부천 다방에서 만
났다.

⑰ 증인은 〈증인B〉에게, 기을호가 평생 먹을 것을 보장해 주었다
고 이야기하였고, 안천식 변호사가 고소를 하겠다고 하여 어쩔
수 없이 허위진술서를 작성해 주었다고 이야기하였다.

⑱ 증인은 이지학 사장으로부터 군인 장교 출신 친구가 있다는
이야기를 들었고, 기을호의 아버지가 기노걸라는 이야기도 들
었다.

⑲ 지난 형사 법정에서 기노걸을 전혀 모르는 사람이라고 한 것은,
이름만 알고 있지 직접 만난 사실은 전혀 없었다는 의미이다.

⑳ 증인은 1999~2000년 당시 이지학이 주택개발 사업에 필요한
주민동의서 작성을 위하여 향산리 주민들의 막도장을 큰 비닐
봉지에 넣고 다녔던 사실에 대하여는 기억이 없다.

㉑ 지난 형사법정 증인신문 시 증인이 "당시 이지학은 주민동의서

작성을 위하여 향산리 주민들의 막도장을 가지고 있었다"라고 진술하였는데, 이는 잘못된 기억이다. 이지학이 도장을 가지고 다녔는지는 보지 못하였기 때문에 모른다.

【 H건설 측 반대신문에 대한 답변 】

㉒ 2008년 4월 4일 안천식 변호사 사무실에 가서 진술서를 작성할 당시에는 안천식 변호사로부터 심리적인 압박을 받았고, 한편으로는 돈을 주겠다는 기을호의 제의가 있었기 때문에 협조를 해달라고 이야기 한 것이 가슴에 와 닿았다. 그래서 그 당시에는 이지학 사장이 그 자리에서 도장을 찍었다고 진술서를 작성해 주었는데, 지금에 와서 생각을 해 보니까 그것은 사실이 아니다. 왜냐하면 증인이 W공영에 있을 때 향산리 지주작업을 하면서 업무의 편의와 효율성을 위해서 계약서의 인적 사항은 미리 작성해 가는 경우가 상당히 많이 있었고, 영수증 자체도 그렇게 써 가는 경우가 있었다. 만약 당시에 이지학이 도장을 직접 찍었다면 기노걸의 계약을 위해서 수시로 기노걸을 찾아가서 애타게 계약을 해달라고 하지 않았을 것이고, 나중에 2000년 가을쯤 계약이 체결되었다면서 자축하는 의미의 회식도 하지 않았을 것이다. 그러므로 처음에 진술서를 작성할 당시에는 잘못 생각했던 것뿐이고, 나중에 H건설 측에 그 진술이 잘못된 것이라는 이야기를 하였다.

㉓ 증인이 〈증인B〉를 처음 만났을 때 안천식 변호사 사무실에 가서 인증서를 공증 받은 때의 내용과 방배경찰서 조사과에 가서 받

왔던 조서 내용에 대해서 물어보았는데, 〈증인B〉로부터 정황 설명을 듣고 난 후 이지학이 W공영 사무실에서 날인을 한 것이 아님을 알게 되었다. 그리고 이지학이 계약을 하기 위해 했던 수많은 노력과 시간들로 비추어보아 그 당시에는 작성하지 않았고, 그 자리에서 날인을 하였다면 사문서 위조가 되는 사항이다.

㉔ 이지학이 향산리 주민들의 도장을 가지고 다녔는지에 대해서는 모르고, 계약은 당사자 간에 이루어지는 것으로 알고 있다.

【기을호 측 재주신문에 대한 답변 】

㉕ 증인이 H건설에 작성해 준 2008년 12월 18일자 진술서는 〈증인B〉가 어느 정도 초안을 만들어온 상태에서 증인이 작성하였다.

㉖ 증인이 형사 법정에서 증인으로 출석하였을 때, "당시 이지학이 주민동의서 작성을 위하여 향산리 주민들의 막도장을 가지고 있었던 것은 맞나요"라는 검사의 질문에, 증인은 "네" 라고 대답하였는데, 이는 잘못된 기억이다.

(2008. 9.경 안천식─〈증인C〉의 대화 녹취록 제시)

㉗ 문 증인은 위 녹취록 4페이지에서, "그러니까 어차피 진짜 정의를 위해서 올바른, 진짜 어떻게 보면 거짓말 치는 사람이 큰소리치는 사회잖아요. 그거를 어떻게 좀 제대로 해 볼까 하는 그런 심정에서 이렇게 해 드렸던 부분인데"라고 하였고, 증인이 안천식 변호사에게 온 이유가 "200만 원을 빌려 달라"고 하기

위한 것이라고 되어있는데, 아닌가요?

답 그런 기억은 없고, 기을호의 제안을 확인하기 위해서 안천식 변호사를 찾아갔던 것이고, 안천식 변호사도 서울에 올 일이 있거나 궁금한 사항이 있으면 항시 방문을 하라는 이야기를 했기 때문에 불쑥 찾아간 것입니다.

㉘ 문 녹취록 뒤 부분에는, "제가 어제 전화로도 말씀드릴 수도 있는 부분이지만, 예의도 아닌 것 같고 또 민감하고 그렇기 때문에 한번 이렇게 온 겁니다"라고 되어 있는데, 아닌가요?

답 그래서 증인이 전화를 하지 않고 불쑥 찾아간 것입니다.

【H건설 재 반대신문에 대한 답변 】

㉙ 안천식 변호사가 제출한 녹취록에는 2008년 8월 20일이라고 되어 있으나, 증인이 안천식 변호사를 만난 것은 2008년 6월경이다.

㉚ 〈증인B〉를 만나서(2008년 7월) 진술서 내용이 사실과 다르다는 이야기를 한 후, 그 이후로는 안천식 변호사를 찾아간 사실이 없다.

【재판장 직권신문에 대한 답변 】

㉛ 〈증인B〉를 만난 이후 안천식 변호사를 찾아간 적이 있다. 조금 전에 찾아간 적이 없다고 한 것은 시점이 잘 기억나지 않아서이다.

㉜문 녹취록에 보면 증인이 안천식 변호사에게 찾아가서 돈을 달라는 이야기를 한 것으로 되어 있는데, 사실인가요?

답 그것이 아니라, 기을호가 제의한 금액이 얼마나 되는지 확인하기 위해서 간 것입니다.

㉝ 당시 W공영 사무실에는 증인과 이지학만 있었고, 증인이 기재한 것은 분명히 기노걸의 것과 허창의 것밖에는 없다.

㉞문 허창은 자신이 도장을 찍지 않았다고 하는데, 어떤가요?

답 모르겠습니다.

㉟문 허창이 직접 찍지 않았다면, 이지학의 관여 없이 도장이 찍힐 수는 없지요?

답 그것은 증인이 알 수 없는 부분입니다.

㊱ 증인이 안천식 변호사 사무실에 가서 진술서를 작성할 때, 계좌번호를 증인이 기재하였다는 것은 이지학이 증인에게 글씨를 쓰게 한 것으로 글씨체가 맞기 때문에 사실대로 진술서에 기재한 것이고, 이지학이 도장을 찍었다는 부분은 사실이 아니지만 기을호가 돈을 준다고 하였기 때문에 진술서를 써준 것이다.

㊲ 증인이 진술서를 쓴 목적은 오로지 돈을 받기 위한 것이었다.

㊳ 증인은 안천식 변호사가 기을호에게 직접 이야기하라고 하여 기을호를 찾아갔는데, 금액에 대하여는 이야기하지 않았고, 기을호가 보장해주겠다는 금액이 얼마이고, 시기는 언제인지 노골적으로 물어보았다.

㊴ 기을호는 정확한 답변을 하지 않았고, 협조를 해 주면 은혜를 잊지 않겠다고 하였다.

㊵ 안천식 변호사에게 간 것은 〈증인B〉를 만나기 전에 최종적으로 간 것이다.

㊶ 안천식 변호사 사무실에 2008년 6월에 가서 돈 이야기를 하였더니 기을호에게 가서 이야기를 하라고 하였고, 2008년 7월경에 〈증인B〉를 만난 것이다.

㊷ 이지학이 도장을 날인한 것이 사실이 아니라는 것은 〈증인B〉를 만나기 전부터 알고 있었다.

㊸ 안천식 변호사의 사무실에서 진술서를 작성해 줄 때, 이지학이 도장을 찍었다는 부분은 사실이 아닌 것을 알았지만 기을호가 돈을 준다고 하기에 도장을 찍어 준 것이다.

㊹ 〈증인B〉를 처음 만났을 때 이지학이 도장을 찍어준 것은 사실이 아니라는 이야기를 모두 하였다.

㊺ 증인은 2008년 7월 〈증인B〉를 처음 만난 자리에서 〈증인B〉에게, 기을호가 증인에게 평생 먹고살 수 있는 만큼의 돈을 주겠다는 이야기를 하였다고 알려주었다.

㊻ 증인이 기을호에게 〈증인B〉를 만났다고 하였더니, 기을호는 "H건설 놈들 하는 일이 맨날 그렇고, 사기만 치려고 그런다"라고 하였다.

㊼ 증인은 기을호에게 돈을 언제까지 얼마를 줄 것인지에 대해서 확답을 들으려고 간 것인데, 기을호가 대답을 회피했기 때문에 〈증인B〉에게 2008년 12월 18일자 사실확인서를 작성해 준 것이다.

㊽ 증인은 기을호에게는 돈을 요구하였지만, H건설에게는 돈을

요구하지 않았다.

【H건설 재재반대신문에 대한 답변 】

㊾문 증인은 〈증인B〉를 처음 만났을 때 바로 진술서를 작성해 주
었나요?

답 아닙니다.

㊿문 〈증인B〉가 진술서를 써달라고 증인에게 이야기하였는데 증
인이 연락이 잘 안 되었고, 연락이 되어 만나도 〈증인B〉가 초안
을 만들어 온 것을 증인이 자꾸 수정을 하였고, 그러다가 2008
년 12월 18일에서야 증인으로부터 진술서를 받았는데, 증인이
피고로부터 돈을 받을 수 있을까 해서 H건설 측에 진술서를 작
성해 주지 않고 있었던 것인가요?

답 예, 증인은 평생을 먹고살 수 있게 해 주겠다는 피고의 말에
그랬던 것입니다.

2009년 10. 14, 〈증인C〉의 증인신문조서(서울고등법원 2009재나372호)

〈증인B〉의 증언 내용

같은 날 이루어진 H건설의 〈증인B〉에 대한 신문 내용 중 〈증인
C〉의 진술과 관련되는 부분은 다음과 같다.

【기을호 측 주 신문에 대한 답변 】

① 증인은 2000년 3월경 회의 진행 중에, 기노걸이 유일하게 계약
서를 먼저 작성하지 않고 돈을 가지고 와야 계약서를 작성해 준

다는 이야기를 들었다.

② 증인은 2000년 3월 기노걸의 계약이 성립할 거라고, 협의 완료되었다고 하여 잔금을 달라고 한 사실이 있는데, 내용을 확인해 보니까 세입자인지 점유자인지가 5채, 직접 거주하고 있는 건이 1채 있어서 지불을 하지 않았다.

③ 2000년경에는 원래 계약조건이 철거 후 명도 한다는 것이었는데, 너무 가혹한 것 같아서 철거 상태만 되면 H건설이 대부분 철거하였다.

④ 문 부동산매매계약서 제6조 후단을 보면, "을(H건설)은 일반 구조물 철거를 책임지고 철거한다"라고 되어 있는데 어떤가요?

답 그 경우는 계약 상대방에 따라 약간씩 다릅니다. 그 당시 일반적인 생각은 철거가 가능하도록 비워주고 멸실 신고서나 구비서류만 갖추어주고, 또 이전 서류를 갖추어주면 건설회사인 H건설이 직접 철거하였습니다.

⑤ 문 매수협의가 다 되었다고 하면서 2000년 3월경 잔금 지급을 요구해왔다고 하였는데, 그렇다면 잔금 지급을 하면 그만 아닌가요?

답 그러면 잔금이 나가고 난 뒤의 부담이 원고 측에 오기 때문에 그렇게 할 수는 없었습니다.

⑥ 문 잔금을 지급한 후에 나가지 않을까 걱정이 되어 잔금 지급을 하지 않았다는 것인가요?

답 증인이 현장 확인을 해 보니까 6채가 전혀 나갈 준비가 되어 있지 않고 명도 할 기미가 보이지 않아서 지급하지 못하였습니다.

⑦ 문 돈을 주면 나가지 않나요?

답 얼마를 받기로 했다고 이야기하였다면 그 자리에서 같이 처리하는데, 그런 상황이 아니었습니다.

⑧ 문 매매대금에 대해 이견이 있어서 지급하지 못하였다는 것인가요?

답 점유 상태가 해결이 되어 있지 않았기 때문에 잔금을 지불할 필요가 없어서 지불하지 않은 것입니다. 당사자가 아니라 세입자들이 나가지 않고 버티고 있었습니다.

⑨ 문 승계계약을 하였다고 하는 D건설 계약서 제16조를 보면, "세입자 5가구는 매수자가 책임진다. 단, 이주비용은 잔금에서 지불한다"라고 되어 있는데, 어떤가요?

답 위 토지매매 약정서는 기노걸과 D건설 사이의 계약입니다. H건설 측에서는 그 내용을 알고 그대로 승계하지 않고 따로 만들어 별도의 계약서를 인정해달라고 하여 협의가 지연되었던 것입니다.

⑩ H건설은 2008년 8월 29일경 세입자 5명을 상대로 인천지방법원 부천지원에 "각 건물을 철거하고 그 부지를 인도하라"는 취지의 소송을 제기하였다.

⑪ 문 세입자 중 이성택은 H건설이 제기한 소송에서 무변론 패소를 당한 뒤, 안천식 변호사에게 나머지 절차를 부탁하고 며칠 뒤 자살한 사실을 알고 있나요?

답 자살하였다는 이야기는 듣고 조사를 해 보았더니 이 사건으로 인해서 자살한 것이 아니라, 집안에 여러 가지 복잡한 이유로 괴롭게 있다가 자살한 것으로 알고 있습니다. 이 소송은 보상을 받기 위한 것이기 때문에 이 소송이 자살의 직접적인 원인은 아닐 것으로 보고 있습니다.

⑫ H건설은 위 각 세입자들에게 건물보상금으로 6,000만 원씩을 각 지급하는 조건으로 사건을 마무리 지었다.

⑬ 증인은 이 사건 계약서가 이지학에 의하여 작성되었다는 사실도 이지학의 사후에야 비로소 알게 되었다.

⑭ 증인은 이 사건 계약서의 계좌번호 란이 이지학이 기재한 것이 아니라, 〈증인C〉에 의하여 기재된 사실도 2008년 7월경 〈증인C〉를 만나고 나서 알게 되었다.

⑮ 증인은 변호사로부터, 〈증인C〉가 자기 글씨로 계약서를 작성하였다는 내용의 진술서를 제출하였다는 이야기를 듣고 사실 확인 차원에서 〈증인C〉를 찾으려고 하였는데, 전혀 찾을 수도 없었고 연락도 되지 않았다. 그래서 〈증인C〉의 동생에게 부탁하여 〈증인C〉로부터 전화가 와서 만나게 되었다.

⑯ 증인이 〈증인C〉에게 시점이 맞지 않는다는 설명을 계속하였고, 〈증인A〉가 이야기하는 것과 전혀 맞지 않는다고 이야기하면서 도장을 찍는 것을 직접 보았느냐고 물어보았더니 굉장히 곤혹스러워하는 표정을 지었다. 2000년 7~8월경에 Y종합건설에서 계약을 빨리 해달라고 독촉하는 내용증명까지 기노걸에게 보냈는데, 그 전에 도장을 찍었다면 Y종합건설 측에서 내용증명을 보낼 리가 없다. 〈증인C〉는 굉장히 곤혹스러워하고 답변을 제

대로 하지 않고, 증인을 상대하지 않으려고 하였다. 그래서 증인이 우리도 가만히 있지 않고 어떤 것이 정확한 것인지 밝히겠다고 하였다.

⑰ 증인이 〈증인C〉를 처음 만났을 때 그로부터, "안천식 변호사가 협박을 하였고, 기을호가 회유를 하였다"는 이야기는 전혀 듣지 못했다.

⑱ 증인은 그 후에도 〈증인A〉와 함께 〈증인C〉를 2~3번 정도 만났는데, 정확한 시점은 모른다.

⑲ 2008년 12월 18일자 사실확인서는 〈증인C〉가 직접 초안을 잡아서 작성하였다. 증인이 보기에 명확하지 않아서 도장을 찍지 않았다는 부분이 핵심이니까 그 부분을 정확하게 써달라고 하였다.

⑳ 증인은 2000년 2월 1일자 정일석, 권이숙, 김세준, 임네선 명의의 계약서가 위조되었다는 부분에 대하여, 배○○(농협 직원)가 사실인정을 하는 바람에 포기하였다.

㉑ 당시 증인은 위 정일석, 권이숙, 김세준, 임네선 명의의 매매계약서를 이지학, 〈증인A〉로부터 건네받았고, 계약이 원만히 진행된 것으로 알고 가처분을 하였다.

㉒ 그 후 배○○가 위조된 것이라고 자백하였고, 이 사람들이 말로만 한 것을 이렇게 도장을 찍어서 동의를 받아놓은 것이라는 사실을 알았다.

㉓ 〈증인A〉가 증인으로 서게 된 이유는, Y종합건설에서 아는 사람이 〈증인A〉밖에 없기 때문이다.

㉔ 증인은 2000년 3월경에 기을호를 만난 사실이 없다.

【H건설 반대신문에 대한 답변 】

㉕ 증인은 〈증인C〉가 진술서를 써서 법정에 제출하였다고 하고, 또 〈증인C〉가 자신의 필체라고 인정하였다고 하기에 어떻게 알고 기을호를 찾아갔는지 궁금하였고, 이지학이 도장을 찍어주었다는 부분에 대해서 〈증인A〉로부터 들은 이야기와 상반되기 때문에 명확하게 하려고 만난 것이다. 〈증인C〉가 처음에는 자신이 써준 진술서가 사실이라고 계속 우기다가 증인이 집요하게 시점에 대해서 따지고 〈증인A〉가 이야기한 내용도 모두 이야기하니까 상당히 곤혹스러워하였고 답변을 회피하였다. 그래서 뭔가 있는 것 같기에 증인이 계속 추궁하였다.

㉖ 기노걸이 과거에 D건설과 작성했던 계약서와는 달리, H건설이 승계 받은 조항은 지상물 철거 등에 관한 것이 모두 매도인의 책임으로 되어 있다(이는 사실이 아니다. 이 사건 계약서 제6조에는 지상물 철거는 매수인의 책임으로 되어 있다).

【재판장 직권신문에 대한 답변 】

㉗ 문 앞선 증언에서, 〈증인C〉가 도장을 찍어주었다는 부분은 사실대로 이야기하면서, 사실은 피고가 평생 먹고살 만큼의 돈을 주겠다고 하여 그렇게 작성해 준 것이라고 증인에게 이야기하였다고 증언하였는데, 그런 이야기를 들은 사실이 있나요?

답 H건설 측에 진술서(2008년 12월 18일자)를 써주고 한참 뒤에 들었습니다.

㉘ 〈증인C〉는 H건설에게 돈을 요구하지도 않았고, H건설 측에서도 그것을 해줄 만한 상황이 되지 않았다.

2009년 10. 14. 〈증인B〉의 증인신문조서(서울고등법원 2009재나372호)

〈증인C〉, 〈증인B〉 증언의 정리

〈증인C〉의 증언 내용은 그 자체로 모순 덩어리였고, 거짓말을 하는 것이 뚜렷하게 나타났다. 정리하면 다음과 같다.

진술서 작성 후의 〈증인C〉의 행적에 대한 증언

이 부분에 대한 〈증인C〉의 증언 내용은 다음과 같다.

"〈증인C〉는 2008년 6월경 마침 서울에 일이 있어, 미리 전화도 없이 겸사겸사 안천식 변호사 사무실을 마지막으로 방문하였는데, 당시 기을호가 증인에게 제의한 것에 대하여 얼마를 받을 수 있는지 확인하려는 차원에서 방문하였다. 당시 증인은 안천식 변호사에게 돈을 차용해 달라는 말은 하지 않았다. 2008년 7월경 H건설 차장 〈증인B〉를 만난 후에는 안천식 변호사를 찾아간 적이 없다" (〈증인A〉의 9, 10, 12, 27, 29, 30, 32번, 40번 신문사항).

그런데 이러한 진술들은 모두 거짓임이 곧 드러났다.

즉, 나는 〈증인C〉가 마지막으로 찾아왔을 때의 대화 내용을 모두 녹음하였고, 그 녹취록 내용에는 〈증인C〉의 방문이 2008년 9월 경이며, 6월경에 H건설 〈증인B〉를 만난 사실도 나와 있다. 반면 녹 취록에는 〈증인C〉가 기을호가 약속한 돈을 얼마나 받을 수 있는지 알아보기 위해 찾아왔다는 내용은 전혀 없고, 오히려 지금 당장 너 무 어려우니 돈 200만 원을 차용해 줄 것을 요구하는 내용이 기록 되어 있다.

① 현재의 직장이 일용직 비슷한 단순 근무직인데, 이 사건과 관련 하여 며칠 동안 회사를 빠지다 보니 퇴직 당하였다. 그래서 새 로운 직장을 들어갔는데 그곳도 월급이 제대로 나오지 않아서 무척 어렵다.

② 처음 기을호(피고)로부터 전화를 받았을 때 기을호가, "나를 한 번 도와주면 나도 선생을 도와주겠다"는 말을 해서 2008년 7~8 월에 두 번 찾아갔는데, 기을호는 금전적으로 어떻게 하는 것은 지금 어렵다고 하였다.

③ 2008년 4월 4일자 진술서를 써주면서 진짜 정의를 위해서, 올 바른, 어떻게 보면 거짓말 치는 사람이 진짜 큰소리치는 사회를 어떻게 좀 해 볼까 하는 그런 심정에서 이렇게 해드렸던 부분이 었다.

④ 그러나 나는 지금 당장 너무 절박한 심정이다. 오늘 방문한 목 적은 변호사님이 여유가 있으면 200만 원만 차용해 주었으면 좋겠다.

⑤ 나중에라도 기을호에게 잘 말해 달라.

⑥ 어제 전화로도 말할 수 있는 부분이지만 예의도 아닌 것 같고 또 민감하고 그렇기 때문에 이렇게 찾아왔다.

2008. 9.경 녹음내용(안천식 - 〈증인C〉)ㅡ

나는 위 재판과정에서 녹취록까지 제출하며 〈증인C〉의 법정증언을 탄핵하였음에도, 〈증인C〉는 자신의 거짓증언을 고집하였다. 이로써 〈증인C〉의 당해 법정에서의 증언은 전혀 믿을 수 없는 것임이 명백해졌고, 이를 통하여 부인하려는 자신의 2008년 4월 4일자 진술서 내용과 2008년 4월 18일자 방배경찰서의 진술조서의 내용은 오히려 상당한 증명력을 회복하였다고 생각하였다.

〈증인B〉를 처음 만났을 때
진술서 내용이 거짓임을 말해 주었는지 여부

〈증인C〉는 이 부분에 대하여, "증인은 2008년 7월 초경에 H건설의 차장 〈증인B〉를 처음 만났을 때, 기을호가 평생 먹을 것을 보장해 주고, 안천식 변호사가 고소를 하겠다고 협박하여 어쩔 수 없이 허위 내용의 2008년 4월 4일자 진술서를 작성해 주었으나, 사실은 이지학이 이 사건 계약서에 도장을 찍은 것은 아니라는 점을 말해 주었다"라고 하였다(〈증인C〉의 17, 45번 신문사항).

첫째, 그런데 정작 같은 변론기일에서 증언한 H건설의 〈증인B〉는 이러한 〈증인C〉의 진술 내용을 전면 부인하고 있었다. 즉, 〈증인B〉는 같은 변론기일에서, "〈증인C〉를 처음 만났을 때 안천식 변호사가 협박을 하였고 기을호가 회유하여 거짓진술서를 작성해 주었다는 말은 전혀 들어보지 못하였고, 오히려 〈증인C〉는 자신의 진술이 맞다고 우기면서 곤혹스러워 하였고, 만나주지도 않았으며, 〈증인B〉는 그 후에도 〈증인A〉와 함께 〈증인C〉를 2~3차례 만나서 집요하게 따졌다"고 하였다(〈증인B의 16, 17, 18, 25, 27번 신문사항 참조). 즉, 두 사람의 말은 정면으로 엇갈렸고, 누구의 증언이 진실인지 상식적인 사람이면 모두 알 수 있는 상황이었다.

둘째, H건설의 〈증인B〉는 변호사로부터 〈증인C〉가 자기 글씨로 이 사건 계약서를 작성하였다는 내용의 진술서를 제출했다는 이야기를 듣고, 2008년 7월경에 〈증인C〉를 찾게 되었다고 하였다(〈증인B〉의 15번 신문사항).

그렇다면, H건설 변호사는 어떻게 〈증인C〉가 진술서를 작성하여 제출하였다는 사실을 알게 되었을까? 나는 당시 〈증인C〉의 진술서를 방배경찰서와 서울고등법원 재정신청부에 각각 제출하였다. 그런데 형사소송법 제262조의 2에 의하면 재정신청 사건의 심리 중에는 관련 서류 및 증거물을 열람 또는 등사할 수 없다고 규정하고 있다. 수사 진행 중에 상대방이 제출한 증거를 열람할 수 있는 방법도 없다.

H건설의 변호사는 어떻게 〈증인C〉가 진술서를 작성하여 이를 법원과 수사기관에 제출하였다는 사실을 미리 알아낸 다음, 이에

대비하기 위하여 〈증인B〉로 하여금 〈증인C〉를 찾아가게 하였단 말인가? 이러한 행위들이 과연 정당한 형사법 절차 내에서 이루어질 수 있는 일인가? 경찰 혹은 법원 내에서 미리 증거제출 정보를 H건설 변호사에게 알려주고 대비하도록 하였다는 것인데, 과연 있을 수 있는 일인가? 변호사가 이런 일을 하는 사람인가? 이런 일을 할 수 있는 변호사는 도대체 어떤 변호사인가?

2008년 4월 4일자 진술서 작성 당시 인장 관련 진술이
거짓임을 알고 있었는지 여부에 대한 〈증인C〉의 증언 내용

이 부분에 대한 〈증인C〉의 증언 내용은 다음과 같다.

2008년 4월 4일 안천식 변호사 사무실에서 진술서를 작성할 때, 이지학이 도장을 찍었다는 부분은 사실이 아니지만, 기을호가 돈을 준다고 하였기 때문에 거짓진술서를 써준 것이다. 진술서를 써준 목적은 오로지 기을호가 돈을 준다고 하였기 때문이었다. 이지학이 도장을 날인한 것이 사실이 아니라는 것은 〈증인B〉를 만나기 전부터 알고 있었다. 2008년 3월 30일경 기을호가 전화로 협조해주면 평생 먹을 것을 보장해 주겠다고 하였고, 기을호의 그 말에 속아서 거짓진술서를 작성해 준 것이다. 그날 기을호의 목소리를 처음 들었다(〈증인C〉의 6, 8, 36, 37, 43번 신문사항).

이러한 〈증인C〉의 증언이 사실일까? 조금만 살펴면 모두 거짓임을 금방 알 수 있다.

첫째, 〈증인C〉는 2008년 3월 30일 이전에 기을호를 한 번도 만난 사실이 없고, 대화를 나눈 적도 없다. 그날 처음으로 기을호의 전화를 받았다고 하였다. 그런데 전혀 모르는 누군가가 단 한 번의 전화 통화로 '협조해 주면 평생 먹을 것을 보장해 주겠다'고 하였다고 이를 그대로 믿고 명백히 기억에 반하는 거짓진술서를 작성해 줄 사람이 있다는 말인가?

둘째, 〈증인C〉는 2008년 4월 18일 방배경찰서 참고인 조사에서도 '이 사건 계약서의 도장은 이지학이 날인한 것이다'라고 진술하였다. H건설의 〈증인B〉의 증언에 의하면, 2008년 7월경 〈증인C〉를 처음 만났을 때 자신이 작성한 진술서 내용이 맞다고 우겼고 〈증인B〉를 만나주려고도 하지 않았다고 하였다. 2008년 9월경 안천식 변호사를 찾아왔을 때에도 "진짜 정의를 위해서, 올바른, 어떻게 보면 거짓말 치는 사람이 진짜 큰소리치는 사회를 어떻게 좀 해볼까 하는 그런 심정에서 이렇게 해드렸던 부분이다"라고 하였고, 기을호가 〈증인C〉에게 전화하였을 때도, "나를 도와주면 나도 선생을 도와주겠다"라고만 하였다고 했다. 안천식 변호사의 협박이나, 기을호의 '평생 먹을 것을 보장해 주겠다'는 말은 전혀 없었다. 도대체 기을호의 어떤 말에 어떻게 속았다는 것인가? 그렇다면 착오로 잘못 진술하였다는 말은 무슨 말인가? 오히려, 2008년 7월 이후 H건설의 〈증인B〉가 지속적으로 찾아오면서 따지자 욕심이 발동한 것은 아닌가? H건설로부터 매수를 당하였을 가능성은 전혀 없는 것인가?

〈증인C〉의 법정증언은 모두 거짓임은, 당시 변론기일에 있었던 사람은 모두 알 수 있는 것이었다. 의도적으로 H건설에만 유리하게 진술하려고 애쓰는 모습이나, H건설 소송대리인의 눈치를 보는 모습이나, 그 자체로 반대되고 모순되는 진술태도 등에 의하면 사건을 전혀 모르는 사람도 〈증인C〉가 H건설에 매수되어 허위진술을 한다는 것을 금방 알 수 있는 상황이었다. 오죽하면, 증인신문과정을 방청하던 다른 변호사조차도 〈증인C〉의 증언태도에 한숨을 내쉬며, 나에게 힘을 내라고 격려를 해 주기까지 하였을까? 무엇보다도 변호사인 내가 협박을 하였다는 아이디어는 누구의 머리에서 나왔는지 궁금하다. 적어도 〈증인C〉가 스스로 만들어 낸 것은 아닐 것으로 짐작된다.

셋째, 〈증인C〉는 위 증언 과정 중 H건설 소송대리인의 반대신문에서, "2008년 4월 4일 안천식 변호사에게 진술서를 작성해 줄 당시에는 이지학 사장이 도장을 찍었다고 진술하였는데, 지금에 와서 생각해 보니 사실이 아니다"라고 하였다. "진술서를 작성할 당시에는 잘못 생각을 했던 것뿐"이라고도 하였다.

결국, "사실이 아니지만 기을호가 돈을 준다고 하였기 때문에 거짓진술서를 써준 것이다", "진술서를 써준 목적은 오로지 기을호가 돈을 준다고 하였기 때문이었다"는 증언이 허위라는 점을 자인하고 있는 것이다. 이러한 전후 모순된 〈증인C〉의 증언 중 어떤 부분을 믿어야 한다는 말인가?

이지학이 향산리 주민들의 막도장을 가지고 있었는지
여부에 대한 진술

〈증인C〉는 지난 서울중앙지방법원 2008고단3739호 형사법정
에서의, "당시 이지학은 주민동의서 작성을 위하여 향산리 주민들
의 막도장을 가지고 있었다"고 진술하였다. 그런데 〈증인C〉는 이
번 변론기일에서는 위 형사 법정에서의 증언은 "잘못된 기억이다.
이지학이 도장을 가지고 다녔는지는 증인이 보지 못하였기 때문에
모른다."고 스스로 증언한 내용까지 부인하고 있다(〈증인C〉의 20, 21,
26번 신문사항).

〈증인C〉는 주식회사 W공영의 회계 및 총무로 근무하였다. 주로
각종 납부금, 영수증 처리 등의 업무를 맡고 있었다. 대표이사인 이
지학의 회계 및 일반 행정과 관련하여 가장 가까이에서 업무를 담
당하고 보좌하였던 자이다. 이런 〈증인C〉가 지난 형사 법정에서
묻지도 않는 질문에 '이지학이 주민동의서 작성을 위하여 향산리
주민들의 막도장을 가지고 있었다'라고 증언하였다. 그런데 약 10
개월이 지난 시점에서는 그 기억이 잘못된 것이라고 한다. 그 이유
는 말하지 않는다. 아마도 그렇게 부인해야 H건설에 유리하기 때
문일 것이다. 그렇다면 그 전 법정에서의 〈증인C〉의 기억은 어떻
게 된 것이란 말인가? 의도적으로 H건설에게 불리한 기억만 사라
지는 현상이 가능하다는 말인가? 이러한 진술 태도에서 〈증인C〉는
이미 H건설에게 매수되어 왜곡된 증언을 하고 있다는 의심은 전
혀 할 수 없는 것인가?

〈증인B〉도 〈증인A〉가 정일석 등의 부동산매매계약서를 위조한 사실을 인정하고 있었다

〈증인B〉는 신문사항 20번, 21번, 22번에서, 2000년 2월 1일자 정일석, 권이숙, 김세준, 임네선 명의의 계약서가 위조되었다는 사실을 인정하고 있고, 위와 같이 위조된 계약서를 이지학과 〈증인A〉로부터 건네받았다는 점까지 인정하고 있다. 그런데 위조된 정일석 등 명의의 계약서의 매도인 란에 기재된 성명, 주소, 계좌번호 등 필체는 바로 〈증인A〉의 필체로 기재되어 있음이 육안으로도 확인되는 사항이었다(당시 기록에는 〈증인A〉의 필체가 탄원서, 증인 서약서 등 여러 곳에 편철되어 있었고, 나는 이를 대조하면서 동일필체임을 주장하였다).

결국, 〈증인A〉의 계좌번호 기재에 대한 위증사실까지 참작한다면, 적어도 다른 객관적인 증거의 뒷받침 없이 단지 〈증인A〉의 증언에만 의지하여 이 사건 계약서가 기노걸의 의사에 의하여 작성되었음을 인정할 수 없다고 할 것이다.

소결

〈증인C〉와 〈증인B〉에 대한 증인신문은 오후 4시부터 시작하여 8시가 넘어서까지 진행되었다. 〈증인C〉는 시종일관 H건설 소송대리인의 눈치를 살폈고, H건설 소송대리인은 〈증인C〉를 신문하던 중간에 벌떡 일어나 "왜 간신같이 이쪽으로 왔다 저쪽으로 갔다하였느냐!"고 큰 소리로 호통을 치는 장면도 연출했다. 〈증인C〉가 너무도 명백하게 거짓증언을 하면서, 변호사인 내가 협박까지 하였다고 하는 등 너무도 뻔뻔한 태도를 취하자 이를 지켜보던 다른 사건 변호사조차도 한숨을 쉬면서 나에게 힘을 내라고 격려해 주기도 하였다.

두 사람의 증인신문을 통하여, 나는 승소를 확신하였다. 〈증인C〉의 법정 증언 내용은 그 자체로 너무도 편파적이고 모순투성이였으며, 심지어는 〈증인B〉의 증언과도 정면으로 배치되었다. 무엇보다도 제출된 녹취록과는 정반대의 증언을 하였고, 녹취록에는 2008년 4월 4일자 진술서는, "진짜 정의를 위하여, 거짓말 하는 사람이 오히려 큰소리치는 그런 사회를 어떻게 해 볼까 하는 심정"에서 작성한 것이라는 내용까지 기록되어 있었다. 이는 이 사건 계약서는 이지학에 의하여 위조된 것이라는 2008년 4월 4일자 진술서가 진실임을 말하는 것이다.

또한 〈증인B〉도 정일석 등 4인의 부동산매매계약서가 위조되었다는 점을 인정하고 있는데, 그 계약서는 〈증인A〉의 필적으로 작성된 것이었다. 결국 〈증인C〉의 법정증언은 모두 거짓임이 드러났고, 오히려 이 사건 계약서가 위조되었다는 2008년 4월 4일자 진술서 내용이 사실이라는 점이 밝혀졌으며, 이 사건 계약서의 진정성립에 관한 〈증인A〉의 증언은 전혀 신빙성을 인정할 수 없을 것이라고 생각하였다.

다섯 차례의 조정 절차

판결 선고기일은 2009년 10월 28일로 정해졌다. 그런데 선고기일을 즈음하여 돌연 조정에 회부되었다. 다섯 차례의 조정 절차가 진행되었다.

2009년 11월 10일 제1회 조정기일에서, 주심판사 겸 수명법관인 L판사는 만일 조정이 되지 않으면 주심판사로서 곧바로 판결문을 작성할 것이라고 하였다. 조정이 성립될 것 같다고도 하였다. 특히, H건설에게는 조정 권한이 있는 임원급 이상의 당사자가 참석해 줄 것을 권유하였다.

2009년 11월 18일 제2회 조정기일에는, H건설 측에서 소송대리인만 참석하였다. 조정 절차는 진행되지 않고 연기되었다.

2009년 12월 1일 제3회 조정기일에도 H건설 측은 소송대리인만 참석하였다. 이에 수명법관은 실질적인 조정 권한이 있는 임원의 참석을 권유하였다. 한편, 수명법관은 양 당사자로 하여금 최대한 양보할 수 있는 한도를 자신의 e메일로 보내줄 것을 권유하였고, 양측의 입장은 수명법관을 통하여 각 상대방에게 전달되었다.

2009년 12월 22일 제4회 조정기일에는, H건설 측 상무이사가 함께 참석하였다. H건설 상무이사는 H건설이 부동산매매계약서를 위조하지 않았을 것이라고 하면서 조정에 부정적인 의견을 표명하였다. 수명법관은 또다시 각자 조정안을 수정하여 제출할 것을 권유하였다.

2010년 1월 19일 제5회 조정기일에는, H건설 측에서 〈증인B〉가 담당자로 참석하였다. 서로의 공방이 이어지는 가운데 〈증인B〉는 수명법관을 향해 손가락질까지 하면서 큰 소리로, "사건을 잘 알지도 못하면서 함부로 판단하려고 하지 말라"고도 하였다.

H건설 차장 정도가 되면 고등법원 판사에게 저렇게 훈계조로 말을 해도 되는가 싶었다. 나는 발끈하여 〈증인B〉의 거짓진술을 조목조목 말하면서 계약서의 진정성립을 인정할 증거가 어디 있느냐고 따졌다. 조정실은 순식간에 아수라장이 되었다. 수명법관은 양측을 조용히 시킨 뒤, 다음 조정 일정은 메일로 통보하겠다고 하였다.

얼마 뒤 수명법관으로부터 메일이 도달하였다. 더 이상의 조정은 어려워 보이므로 그동안 제출된 참고서면의 진술을 위해 각자 변론재개신청을 할 것을 권유하였다. 자신은 법관 인사 일정으로 사건에서 손을 떼겠다는 것이었다. 결국 주심판사로 사건 진행을 하고, 수명법관으로서 다섯 차례나 조정절차를 진행한 L판사는 사건에서 배제된 것이다.

판결의 선고

한 차례 변론갱신 절차를 거친 후 2010년 3월 24일, 기을호의 재심청구는 또다시 기각되었다. 이유는 다음과 같다.

① 민사소송법 제451조 제1항 제7호 소정의 재심 사유인 '증인의 거짓진술이 판결의 증거가 된 때'라 함은 증인의 거짓진술이 판결주문에 영향을 미치는 사실인정의 자료로 제공되어 만약 그 거짓진술이 없었더라면 판결주문이 달라질 수 있는 개연성이 인정되는 경우를 말하는 것이므로, 그 거짓진술이 사실인정에 제공된 바 없다거나 나머지 증거들에 의하여 쟁점 사실이 인정되어 판결주문에 아무런 영향을 미치지 않는 경우에는 비록 그 거짓진술이 위증으로 유죄 확정판결을 받았다하더라도 재심 사유에 해당하지 않는다.

② 제1심 증인인 〈증인A〉의 증언 내용 중, "토지 매매계약서 상의 계좌번호는 계약서 작성 당시 기노걸로부터 직접 듣고 이지학이 기재한 것으로 기억한다. 계좌번호는 기노걸로부터 듣고 현장에서 적은 것이다. 기노걸이 불러주는 대로 이지학이 적는 것을 틀림없이 봤다. 증인이 참여한 가운데 기노걸이 불러주는 계좌번호를 기재하였기 때문에 이지학이 임의로 기재했다는 것은 있을 수 없는 것으로 알고 있다. 증인이 옆에서 보고 있었고 이지학이 직접 썼다"는 부분에 대하여는 위증으로 판명되었으나, "당시 기노걸은 노환으로 몸이 불편하여 서랍에서 도장을 가져

와 이지학에게 주었고, 이지학은 건네받은 도장으로 기노걸의 이름과 주소, 주민등록번호를 미리 기재하여 가지고 온 토지 매매계약서에 날인을 하였으며, 증인은 옆에서 이를 모두 지켜보았다. 기노걸이 서랍에서 꺼낸 도장은 막도장이었다. 기노걸이 피고의 친구인 이지학에게 반말로 도장이 여기 있으니 찍으라고 하였다. 기노걸이 도장을 준 것이 맞다"라는 부분에 대하여는 증거불충분으로 무죄가 선고되었다.

③ 이 사건 계약서의 진정성립을 인정하기에 이른 경위와 위에서 본 제1심 증인인 〈증인A〉의 증언, 그 중 무죄로 된 진술 내용 및 유죄로 인정된 허위진술 내용에 비추어보면, 〈증인A〉의 증언 중 허위의 진술로 인정된 부분은 이 사건 계약서의 진정성립에 관한 간접적인 사항으로서 토지 매매계약서에 기재된 계좌번호가 당시 이미 폐쇄된 계좌의 번호임이 밝혀져 그 증명력이 약한 반면, 오히려 무죄로 된 진술내용은 이 사건 계약서의 직접적인 사항으로서 증명력이 높은 것이어서 유죄로 인정된 〈증인A〉의 허위진술 부분을 제외한 나머지 증언 및 변론 전체의 취지에 의하더라도 그 진정성립을 인정하기에 충분하므로, 결국 〈증인A〉의 위증 부분은 재심대상 판결의 사실인정과 판결주문에 아무런 영향을 미친 바 없다.

④ 한편, 이 사건 계약서가 위조되었다는 피고(기을호)의 주장에 부합하는 〈증인C〉의 2008년 4월 4일자 진술서와 2008년 4월 18일자 참고조서의 각 기재는 재심 후 당심 증인인 〈증인C〉의 증언 및 2009년 12월 18일자 인증서(진술서)의 기재에 비추어 믿

판결의 비판

너무도 형식적인 판결이었다!

나는 재심청구를 통하여 일관되게 강조한 것은, 〈증인A〉 증언
은 신빙성 없어 이 사건 계약서의 진정성립을 인정하는 증거가 될
수 없다는 것이었다. 즉, 사문서의 진정성립에 관한 증명방법은 신
빙성이 있는 것이어야 하고, 증인의 증언에 의하여 처분문서(계약
서)의 진정성립을 인정하는 경우 증언 내용의 합리성, 증인의 증언
태도, 다른 증거와의 합치 여부, 증인의 사건에 대한 이해관계, 당
사자와의 관계 등을 종합하여 그 신빙성을 판단하여야 한다(대법원
2004다40306 판결 등).

그런데 이 사건에서 〈증인A〉는 명백한 거짓진술을 하는 등 증언
의 합리성을 인정하기 어렵다. 또한 〈증인A〉는 자칭 유일한 목격자
라고 하면서 일방적으로 H건설에게 유리한 진술을 하고 있다. 또
한 〈증인A〉는 H건설의 용역 업체인 Y종합건설의 최대주주 겸 전
무이사로서 사실상 이 사건 계약서의 진정성립에 관하여 직접적으

로 책임을 지는 이해당사자이다. 그 자체로도 공정한 진술을 기대하기 어려운 자이다. 또한 이 사건 계약서는 위조된 계약서로 판명된 허창- H건설 명의의 부동산매매계약서와 동일한 필적으로 기재되어 있고, 동일한 형태의 한글 막도장이 날인되어 있으며, 동일하게 1997년경에 예금계약이 해지되어 폐쇄된 통장의 계좌번호가 기재되어 있다.

더구나 정일석 등 4인 명의의 부동산매매계약서가 위조되었다는 사실은 H건설의 〈증인B〉도 인정하고 있는데, 위조된 부동산매매계약서가 〈증인A〉의 필체로 작성되었다는 점에서, 〈증인A〉는 이미 2000년경에 부동산매매계약서 위조에 깊숙이 관련되어 있는 자이다.

결국 〈증인A〉의 증언은 이 사건 계약서의 진정성립을 인정할 신빙성 있는 증명방법이 될 수 없다는 것이다. 그런데 판결서에는 단지 위증죄의 유죄 판결을 받은 〈증인A〉의 허위진술이 이 사건계약서의 진정성립과 직접적인 관계인지, 간접적인 관계인지 여부만을 지극히 형식적으로 판단하고 있을 뿐이었다.

판결이유는 〈증인A〉의 증언이 신빙성 있는 증거방법인지에 대하여는 단한 마디의 언급도 없었다

〈증인A〉가 2000년 2월경에 정일석 등 4인 명의의 부동산매매계약서를 위조하였다는 사실은 애써 외면하면서 언급조차 없었다.

오로지 〈증인A〉의 형사 위증사건에서 유죄로 선고되어 거짓진술로 판명된 부분은 이 사건 계약서의 진정성립에 관한 간접적인 사항으로서 당시 이미 폐쇄된 계좌임이 밝혀져 그 증명력이 약하고, 오히려 증거불충분으로 무죄로 된 진술 내용은 이 사건 계약서의 직접적인 사항으로서 증명력이 높기 때문에, 유죄로 인정된 〈증인A〉의 거짓진술을 제외하더라도 그 진정성립을 인정하기에 충분하다는 것이다.

판결의 증거가 된 증인의 거짓진술이 유죄의 확정판결로 되어 재심이 청구되었을 때, 재심 법원이 할 일은 오직 유죄로 확정된 거짓진술이 요증사실에 대한 간접적인 증거인지 직접적인 증거인지 구별하여, 간접적인 증거임이 밝혀지면 종전 판결주문에 아무런 영향을 미치지 않기 때문에 재심청구를 기각하면 된다는 것이다. 재심제도는 종국판결의 법정 안정성을 후퇴시켜서라도 구체적인 정의를 실현하여 국민의 기본권을 구제하려는 취지라는 점은 전혀 고려할 필요도 없다는 것이다.

제1, 2심 판결이유에서 "이 사건 당시 75세의 고령으로서 병석에 누워있던 기노걸이 착오로 계좌번호를 불러줄 가능성도 존재하는 점"이라는 지극히 비상식적인(경험칙에 반하는) 설시가 기재된 연유가 무엇인지에 대하여는 전혀 살필 필요조차도 없다는 것이다.

〈증인A〉의 도장 관련 진술이 신빙성 있는 증거방법이라는 점은 어떻게 얻은 결론이란 말인가? 어떻게 법관의 자유심증으로 〈증인 A〉의 수많은 거짓진술에도 불구하고 도장 관련 진술만은 진실임을 확신할 수 있단 말인가? 어떻게 도장 관련 진술이 허위일 개연성이 조금도 없다는 말인가? 법관이 그렇게도 전지전능한 능력을 가졌다는 말인가? 헌법이 그렇게 전지전능의 권한까지 행사할 수 있도록 위임하였단 말인가?

이 사건 계약서의 진정성립을 인정하게 된 경위를 참작하였다고 하였는데, 무엇을 참작하였다는 것인지 의문이다

제1, 2심 판결이 이 사건 계약서의 진정성립을 인정하게 된 경위는, 제1심 증인인 〈증인A〉가 재차 소환된 2006년 11월 28일자 증인신문 과정에서 "계약서 작성 당시 기노걸이 불러주는 대로 이지학이 적는 것을 보았다는 것은 틀림이 없다"라고 무려 10여 차례나 분명하게 진술하였기 때문이었다.

그 결과 제1, 2심 재판부는 그 판결이유에서 "이 사건 당시 75세의 고령으로서 병석에 누워 있던 기노걸이 착오로 계좌번호를 불러줄 가능성도 존재하는 점"이라는 지극히 비상식적인 판결이유까지 설시하였다. 그리고 〈증인A〉의 도장 관련 진술의 증언을 신빙성 있는 증거방법으로 채택한 것이다.

그런데 위와 같은 〈증인A〉의 증언은 모두 허위이고 거짓으로 밝혀졌다. 즉, 도장 관련 진술에 신빙성을 인정하게 된 기초적 사실관

계가 모두 거짓으로 드러난 것이다. 그런데 이러한 모든 거짓증언들을 "이 사건 계약서의 진정성립을 인정하게 된 경위"라는 단 한 줄의 문장으로 모두 요약하여 정반대의 의미로 해석하고 있다. 그야말로 머리는 다 자르고 꼬리만 남긴 상태에서 사실관계를 축소 · 왜곡하고 있는 것이다. '이 사건 계약서의 진정성립을 인정하기에 이른 경위'를 참작하면 거짓으로 판명된 〈증인A〉의 증언 부분이 판결주문에 영향을 주었음은 분명하게 알 수 있다. 그럼에도 담당재판부는 아무런 영향을 미치지 않았다고 한다. 왜 그런지에 대하여는 아무런 설명이 없다. 그냥 그렇다는 것이다. 법관은 자유심증에 의하여 그렇게 사실을 확정할 수 있다는 것이다. 판결의 권위에 끝내 굴복하라는 것이다. 설득과 소통이 아닌 헌법이 법관에게 부여한 힘과 권위에 복종하라는 것이다. 어떻게 이러한 판결에 마음으로 승복하기를 기대한단 말인가?

판결이유에서는 '허위의 진술로 인정된 계좌번호 관련 진술은 이미 폐쇄된 계좌의 번호임이 밝혀져 그 증명력이 약하다'라고 하고 있다

과연 그럴까? 제1심 판결 변론기일 중에 계약서에 기재된 계좌번호가 이미 예금계약이 해지된 통장의 계좌번호임이 밝혀진 것은 사실이다. 나는 〈증인A〉의 2006년 7월 25일자 변론기일 이후에 기노걸의 계좌번호를 확인한 결과 이러한 사실을 알아냈고 이를 참고자료로 제출하면서 〈증인A〉의 증언은 신빙성이 없다고 하였다.

그러자 담당재판부는 직권으로 변론을 재개하여 다시 〈증인A〉를 소환하였던 것이다. 소환된 〈증인A〉는 2006년 11월 28일자 변론기일에서 무려 10여 차례나 "(2000년 9~10월경에) 기노걸이 불러주는 대로 이지학이 계약서의 계좌번호 란에 직접 계좌번호를 적어 넣는 것을 분명히 보았다"라고 증언하였다. 이에 담당재판부는 판결이유에서 "75세 기노걸의 착오 가능성"까지 언급하였던 것이다. 그만큼 2006년 11월 28일자 변론기일에서 〈증인A〉의 분명한 진술태도를 신뢰하였다는 것이다.

그런데 재심법원에서는 전혀 다른 판단을 하고 있다. 이미 1997년 9월경에 예금계약이 해지되어 폐쇄된 통장의 계좌번호임이 밝혀져 그 증명력이 약하다고 한다. 그러면 제1심 재판부는 왜 직권으로 변론을 재개하여 〈증인A〉를 증인으로 소환하였으며, 그 판결이유에 "75세 기노걸의 착오 가능성"까지 언급하였다는 말인가? 도무지 말이 되지 않는다. 왜 이런 어처구니없는 판단을 반복되는 것일까? 이것도 자유심증의 범위 내라는 말인가? 논리칙과 경험칙은 오로지 법관만이 이해할 수 있는 상식이란 말인가?

증거불충분으로 무죄로 된 도장 관련 〈증인A〉의 진술은 증명력이 높다는 판결이유는 도대체 무슨 말인가?

증거불충분을 이유로 한 무죄판결은, 검찰이 공소사실을 입증하지 못하였다는 의미일 뿐, 공소사실의 부존재를 증명하는 것은 아니다(대법원 2006다27055 판결 등). 형사소송에서 유죄의 입증책임이 있는 검사가 유죄의 확신에 이를 정도로 입증을 하지 못하였다는 의미다. 즉, 도장 관련 〈증인A〉의 진술이 사실인지 거짓인지 잘 모르겠지만, 거짓이라고 90~100% 단정할 수 없다는 의미이다. 거짓일 개연성이 없다는 것이 아니다. 오히려 판결이유를 종합하면 상당부분 거짓일 개연성을 인정하고 있다.

반면, 민사소송에서 계약서의 진정성립에 대한 입증책임은 이를 주장하는 자에게 있으므로, H건설은 이 사건 계약서가 기노걸이 작성하였다는 점을 합리적인 의심이 없을 정도로 명확히 입증하여야 하는 것이다. 그런데 서울고등법원 2009재나372호재판부는 형사판결에서 〈증인A〉의 도장 관련 진술이 90% 이상 거짓이라고 단정할 수 없다는 판단을, 도장 관련 진술은 90%이상 진실임이 분명하다는 의미로 곡해하여 판단하고 있다. 어려운 법률용어를 퍼즐처럼 엮어놓는 과정을 통하여, 어느덧 진실을 덮어버리는 법리로 왜곡되고 있었다.

재심소송 변론기일에서 〈증인C〉의 증언에 비추어 종전 2008년 4월 4일자 진술서, 2008년 4월 18일자 참고인 조서의 내용을 믿지 못하겠다는 판시는 도저히 자유심증의 범위 내라고 할 수가 없다

〈증인C〉는 2008년 4월 4일 서초동에 있는 나의 사무실에서, "이 사건 계약서는 2000년 1월경 김포 W공영 사무실에서 이지학의 지시에 의하여 작성하였고, 이지학이 가지고 있던 기노걸의 막도장을 날인하였다"라는 진술서를 작성해 주었다. 또한 2008년 4월

18일경에는 방배경찰서에 출석하여서도, "이 사건 계약서에 날인된 도장은 2000년 1월경 이지학이 가지고 있던 기노걸의 막도장을 찍은 것이 분명하다. 지학은 당시 향산리 주민들의 막도장을 가지고 있었다"라고 진술하였다.

〈증인C〉는 2008년 9월경 갑자기 서초동에 있는 나의 사무실로 왔었고, 당시까지도 이 사건 계약서에 도장을 찍은 사람은 이지학이 아니라든가, 2008년 4월 4일자 진술서 내용이 허위로 작성되었다는 말은 일체 없었다. 오히려 "진짜로 정의를 위하여, 거짓말 치는 사람이 오히려 큰소리치는 그런 사회를 어떻게 해 볼까 하는 심정"에서 작성해 주었다고 하면서, 나에게 돈 200만 원을 차용해 달라고 하였다.

2009년 1월 21일 〈증인C〉는 서울중앙지방법원 2008고단3739호 공판기일에 출석하여, 2008년 4월 4일자 진술서의 도장 날인 부분은 당시 착각한 것이다. 안천식 변호사가 협박하였고 기을호가 회유하였다. 이지학이 도장을 찍었다는 말도 하지 않았는데 안천식 변호사가 임의로 기재해 넣었다. 안천식 변호사에게 이지학이 도장을 날인한 것 같다고 말한 것은 사실이다. 당시 이지학이 향산리 주민들의 막도장을 이용하여 주민동의서 작성하는 것과 착각하였다. 이지학은 당시 향산리 주민들의 막도장을 가지고 있었다."라고 하면서 그 자체로 반대되고 모순된 진술을 하였다.

2009년 10월 14일 〈증인C〉는 서울고등법원 2009재나372호 변론기일에 출석하여서는, "① 안천식 변호사가 협박을 하고 기을호는 이 건에 대하여 협조해 주면 평생 먹을 것을 보장해 주겠다고 회유하였다. ② 처음부터 진술서의 도장 관련 내용이 허위인 줄을 알고서 작성해 준 것이다. ③ 오로지 돈을 받기 위하여 허위 내용의 진술서를 작성해 준 것이다. ④ 2008년 7월경 〈증인B〉로부터 정황 설명을 듣고 난 후 이지학이 도장을 날인한 것이 아니라는 것을 알게 되었다. ⑤ 2000년 당시 이지학이 향산리 주민들의 막도장을 가지고 있었는지는 모른다. ⑥ 안천식 변호사 사무실을 마지막으로 찾아간 것은 H건설 〈증인B〉를 만나기 전인 2008년 6월경이다. ⑦ 당시 기을호가 증인에게 제의한 것에 대하여 얼마를 받을 수 있는지 확인 차 기대심으로 갔다. ⑧ 안천식 변호사에게 돈 200만 원을 차용해 달라는 말을 한 적이 없다. ⑨ 그 후 2008년 7월경에 H건설 〈증인B〉를 만나게 된 것이다"라고 증언하였다.

그런데 위 진술 ②, ③번과 ④번은 그 자체로 모순되는 것이었고, ⑦번 진술도 서울중앙지방법원 2008고단3739호 공판기일에의 증언과 정반대의 것이었다. 특히, 당해 변론기일에서 제출된 2008년 9월경 안천식 변호사-〈증인C〉의 녹취록에 의하여, ⑥, ⑦, ⑧, ⑨번의 각 진술이 모두 허위라는 사실이 곧바로 확인되었다.

즉, 〈증인C〉는 2008년 7월경 H건설의 〈증인B〉를 만나기 전에 안천식 변호사를 마지막으로 찾아온 것이 아니라, 〈증인B〉를 만난 후 2008년 9월경에 안천식 변호사를 마지막으로 찾아왔었던 것이며, 대화 내용 중에는 "당시 기을호가 증인에게 제의한 것에 대하여 얼마를 받을 수 있는지 확인"하는 내용은 전혀 없었다는 점이 확인되었으며, 오히려 안천식 변호사에게 개인적으로 돈 200만 원을 빌려달라는 내용이 뚜렷이 기재되어 있었다. 이로써 H건설과 〈증인C〉가 기을호와 안천식 변호사를 모함하려는 의도는 모두 발각되고 탄로가 난 것이었다.

사정이 이러한데도 법정에서 뚜렷하게 거짓증언을 하고, 뚜렷하게 상대방과 그 소송대리인을 거짓으로 모함하고 있는 〈증인C〉의 증언을 이유로, 〈증인C〉의 2008년 4월 4일자 진술서와 2008년 4월 18일자 경찰에서의 진술조서의 내용은 믿을 수 없다고 판단하고 있다. 도무지 이해할 수 없다. 이것이 재판의 독립이고 법관의 자유심증이란 말인가?

만일, 당시 내가 〈증인C〉의 부탁에 따라 돈 200만 원을 빌려주기라도 하였다면 어떻게 되었을까? 아마도 H건설은 지금쯤 기을호와 나를 200만 원의 거금으로 〈증인C〉를 매수하였다고 하면서 교도소에 보내 버렸을지도 모르겠다. H건설은 이미 2003년경 기을호와 M건설 사이에 500만 원씩, 1000만 원의 계좌이체 기록을 근거로, 이를 기노걸이 H건설로부터 받은 잔금이라고 주장하였고, 제1심 제2심 법원은 이를 그대로 받아들여 이 사건 계약서의 진정성립에 대한 간접증거로 채택하였다.

- 이 사건 계약서의 존재도 모른 기을호가 2003년경 M건설이 도와주겠다는 호의를 받아들여 우연히 계좌이체로 받은 돈이, 어떻게 이 사건 계약과 관련하여 H건설이 기노걸에게 지급한 잔금이 될 수 있다는 말인가?
- 계약의 존재도 모르는 기을호가 농장비용으로 2003년경에 M건설로부터 받은 돈이, 어떻게 2000년경에 작성되었다고 하는 이 사건 계약서의 진정성립의 근거가 될 수 있다는 말인가? 2000년경에 위조된 이 사건 계약서가 2003년에 갑자기 요술(?)을 부려 진정한 계약서가 될 수 있다는 것인가?
- 어떻게 983,000,000원이나 되는 잔금을 500만 원씩, 1000만 원씩(잔금의 0.5~0.1%) 계약당사자도 아닌 자들끼리 주고받으면서, 부동산 매매계약의 베테랑인 H건설이나 M건설이 '잔금 영수증' 하나 받아 두지 않았단 말인가?

그럼에도 제1심, 제2심 법원은 〈증인A〉의 증언과 함께, 2003년경에 M건설이 기을호에게 500만 원, 1000만 원씩 합계 4000만 원의 계좌이체기록을 이 사건 계약서의 진정성립에 대한 간접증거로 채택하였다. H건설이 제시하는 주장과 증거는 그야말로 법원을 설득하는 탁월한 능력을 발휘하였고, 그것이 어디로부터 유래한 것인지는 도저히 가늠할 수 조차도 없다.

대법원은, "사람이 경험한 사실에 대한 기억은 시일이 경과함에 따라 흐려질 수는 있을지언정 처음보다 명료해진다는 것은 이례(異例)에 속하는 것이고, 경찰에서 처음 진술할 시 내용을 잘 모른다고 진술한 사람이 후에 검찰 및 법정에서 그 진술을 번복함에는 그에 관한 충분한 설명이 있어야 하고 그 진술을 번복하는 이유에 관한 납득할 만한 설명이 없다면 그 진술은 믿기 어려운 것이다"라고 판시하고 있다(대법원92도2884 판결).

〈증인C〉는 2008년 4월 4일자 진술서, 2008년 4월 18일자 진술조서의 내용을 번복함에 있어서 어떠한 납득할 만한 이유도 제시하지 못하였다. 오히려 그 자체로 모순되고 반대되는 진술들이 있었을 뿐이었고, 기을호와 그 소송대리인을 모함하려는 의도까지 발각되었다. 그런데도 단지 법정에서 종전 H건설에게 불리한 진술을 번복하였다는 단 하나의 사실만으로 H건설에게 불리한 〈증인C〉의 종전 진술에 대한 증거능력은 모두 배척되었다. 증거에 대한 법관의 자유심증은 어떠한 한계도 없다는 말인가?

조정기일 중에 L판사의 혼잣말

2009년 11월경부터 L수명법관 주제로 다섯 차례의 조정절차가 진행되었다. 양 당사자 간에 격론과 언성이 높아지기도 하였다. 제5회 조정기일에서 L주심판사는 혼잣말로 이렇게 중얼거리고 있었다.

"〈증인C〉가 이렇게 이상하게 증언하고 있는데 이걸 어쩌란 말인가⋯⋯."

나는 당시 이것을 단지 조정을 성립시키기 위한 심리적 압박이라고 생각하였었다. 그러면서도 너무도 명백한 〈증인C〉의 거짓증언은 증거로서의 가치가 전혀 없다고 확신하고 있었던 것이다. 결국 L판사는 그 판결서에 자신의 이름을 올리지 않았다. 너무도 뚜렷하게 거짓말을 하는 〈증인C〉의 증언을 증거로 채택하는 판결서를 작성할 수 없었던 것은 아닐까? 형식적으로는 법관 정기인사를 이유로 들고 있다. 하지만 실질적인 이유가 별도로 있을 것만 같다. 개인적인 짐작이자 기대이다.

나중에 안 사실이지만, L판사는 서울중앙지법 단독판사 시절에 H건설과 허창 사이의 양수금사건(서울중앙지법 민사단독 2008가단 154065호)에서 담당 재판장으로 사건을 진행한 사실이 있었다.

통 고 서

수신인 ○○건설 주식회사
        서울 종로구 ○○ 140-2
        대표이사 심 ○ 영

발신인 성 명 정 ○ 석 (430000-1200000)
        주 소 김포시 고촌면 향산리 000-14

- 내 용 -

1. 귀사가 통고인의 토지(김포시 고촌면 향산리   -14)에 관하여 한 부동산
   처분금지가처분(인천지방법원 2000카단18241)과 관련입니다.

2. 통고인은 귀사와 통고인의 토지에 대한 매매계약을 체결한 사실이 없고
   귀사가 통고인과의 사이에 작성하였다는 통고인의 토지에 대한 매매계약
   서에 대하여는 전혀 알지 못하며, 매매계약서에 날인된 인장도 통고인의
   인장도 아닐뿐더러 귀사가 매매계약에 따른 계약금을 입금하였다는 계좌
   는 통고인이 개설한 적이 없는 전혀 알지 못하는 계좌입니다.

3. 따라서 귀사가 위 가처분신청의 근거서류로 제출한 부동산매매계약서에
   관하여 아래와 같은 몇가지 의문점을 질의하오니 이에 대하여 회답하여
   주시기 바랍니다.

   가. 이 사건 매매계약서가 어떤 경위로 작성된 것인지.
   나. 이 사건 매매계약서를 실질적으로 작성한 귀사의 직원은 누구인지

이 우편물은 2001/08/31 제 199252
호에 의하여 내용증명우편물로
발송하였음을 증명함
김포우체국장

증거자료 11-1: 정일석이 H건설에게 보낸 통고서

향산리 주민 정일석 등 4명은, 누군가가 자신들 명의의 부동산매매계약서를 위조하여 당해 부동산에 처분금지가처분을 하였
다는 사실을 알게 되어, 2001년 7월과 8월 경에 두 차례에 걸쳐서 이에 항의하는 통고서를 H건설에게 발송하였다. 왼쪽 하
단에 2001년 9월 4일자 H건설의 접수인이 날인되어 있다.

다. 매매계약서 매도인란의 매도인의 성명과 주소를 기재하고 인장을 날인
한 사람이 누구인지.

라. 매도인 명의의 인장의 출처

마. 이 사건 매매계약에 관하여 통고인의 의사를 확인한 사실이 있는지.
(있다면) 누구에게 어떤 방법으로 확인하였는지.

바. 귀하가 송금한 예금계좌에 대한 자료는 누구로부터 받은 것인지.

4. 위 3.항에 대한 답변을 2001. 9. 15.까지 주시기 바라며 위 기일까지
이에 대한 답변을 주지 않으면 통고인으로서는 이 사건 매매계약서의
작성명의자인 귀사의 대표이사가 통고인의 명의를 함부로 모용하여 이
사건 매매계약서를 위조한 것으로 볼 수 밖에 없어 귀사의 당시 대표이사
를 사문서 위조 및 동행사죄로 고소할 수 밖에 없음을 알려드리니 서로간
에 불미스러운 일이 발생하지 않도록 사실관계를 밝혀 주시기 바랍니다.

2001. 8. 31

통고인   정 ○ 석

증거자료 11-2 : 정일석이 H건설에게 보낸 통고서 제2면

위조된 부동산매매계약서에 매도인의 주소 등을 기재한 사람이 누구인지, 매도인 명의의 인장이 어디서 난 것인지 등에 대
한 답변을 촉구하고 있다.

감 정 사 진 제 3 호

지증(知證)필적자료-을제42호증의70 탄원서(1,2,3)

감정자료 증

※ 점선(點線)부분은 감정대

증거자료 12-1 : 필적감정서 감정사진 제3호

〈증인A〉는 자신의 위증 형사사건에서 자필 탄원서를 제출하였는데, 그 자필 탄원서의 필체는 위조된 것으로 보이는 정일석 등 명의의 부동산매매계약서에 기재된 필체와 동일한 필체임이 드러난다.

감 정 사 진 제 4 호

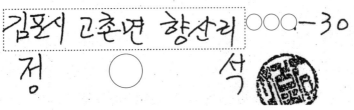

문증[을제44호증1 계약서 매도인 부분]필적

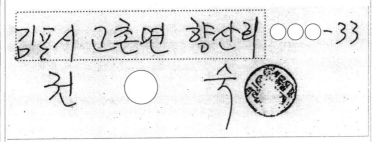

문증[을제44호증2 계약서 매도인 부분]필적

문증[각(各) 계약서 매도인 부분]필적

문증(問證)[각(各) 계약서 매도인 부분

※「적색(赤色)점선은 유사(類似)하게 나

위조된 것으로 보이는 정일석 등 명의의 부동산매매계약서에 기재된 인적사항에 대한 필체이다. 이는 한 눈에 보아도 제1심에서 H건설 증인으로 출석한 〈증인A〉의 필체임을 확인할 수 있다. 재심 담당 재판부는 이러한 점을 전혀 참작하여 주지 않았고, 필적감정신청도 받아주지 아니함에 따라, 직접 사설 문서감정원에 필적감정을 의뢰하여 상고심 재판부에 제출하였다.

제9장

⚖️

무력화 無力化(심리불속행)

1차 재심 상고심

대법원 2010다32085호 재심 상고심

서울고등법원 2009재나372호 재심사건 기각판결은 충격적이었다. 법정에서 뚜렷하게 거짓말을 하는 〈증인C〉의 증언, 계약서 계좌번호와 관련한 〈증인A〉의 유죄확정 판결, 위증 형사사건에서 또 다시 허위진술을 한 〈증인A〉의 탄원서와 피고인신문조서, 위조된 것으로 확인된 정일석 등 4명의 부동산매매계약서에 기재된 〈증인A〉의 필적, 2000년경 H건설이 직접 건물 등을 철거하였다는 고촌면 향산리 주민들의 사실확인서가 모두 증거로 제출되었고, 〈증인A〉의 기을호에 대한 무고죄로 벌금 300만 원의 약식 명령장까지 참고자료로 제출되었다.

이 사건 계약서의 진정성립을 인정하는 증거자료는 단 한 가지, 이를 지켜보았다는 자칭 유일한 목격자 〈증인A〉의 증언밖에 없었다. 같은 변론기일에서의 증언 중 계좌번호에 관한 증언은 위증죄의 유죄판결이 확정되었고, 〈증인A〉의 도장 관련 증언에 대하여 유죄를 단정할 수 없다는 판단은 형식적으로는 〈증인C〉 번복진술 때문이라고 하였으나, 이어진 재심사건에서의 〈증인C〉의 증언은 그 자체로 논리적·사실적으로 허위이고 모순 덩어리임이 재판과정에서 명백히 밝혀졌다.

그리고 이 사건 계약서가 기노걸의 의사에 의하여 작성되었다는 객관적인 증거는 전혀 없다. 오히려 같은 필적, 같은 형태의 한글 막도장, 동일하게 1997년경에 예금계약이 해지되어 폐쇄된 통장의 계좌번호가 기재된 허창-H건설 명의의 부동산매매계약서는 위조임이 확인되었다. 그런데도 이미 같은 변론기일에서의 계좌번호 관련 진술에 대하여 위증죄의 유죄가 확정된, 자칭 유일한 목격자인 〈증인A〉의 도장 관련 증언은 이 사건 계약서의 진정성립을 인정하기에 충분하다고 한다. 종전 〈증인C〉의 일관된 진술서와 경찰에서의 진술조서는 그 진술을 번복하였으므로 이를 믿을 수 없다고 한다. 2000년 2월경에 위조된 정일석 등 4인 명의의 위조된 부동산매매계약서에 기재된 〈증인A〉의 필적에 대하여는 일언반구의 언급도 없다.

〈증인A〉 증언의 신빙성에 대하여는 아예 판단조차 없었다. 다만

〈증인A〉는 이지학이 도장을 찍는 것을 보았다고 증언하고 있고, 이 점에 관하여 위증죄의 유죄 확정판결이 없으니 증명력이 있다는 것이다. 말이 되는가? 나는 설마 재판부가 이렇게까지 판단할 수 있을 것이라고는 상상조차 하지 못하였다. 기을호도 너무나 충격을 받은 듯하였다. 나는 판결서를 찬찬히 읽어보았다. 너무도 형식적인 판결서였다. 내가 중요하게 다룬 주장 내용은 깡그리 무시되었다. 판결서에 기재된 내용은 단지 〈증인A〉의 증언 중 위증죄 유죄판결이 확정된 진술 부분이 계약서의 진정성립에 대한 직접적인 진술인지 간접적인 진술인지만을 판단하였을 뿐이었다. 재심 법정에서 한 〈증인C〉의 증언에 비추어 그동안 일관된 〈증인C〉의 진술은 믿을 수 없다고만 되어 있다.

왜 명백히 모순되고 반대되는 〈증인C〉의 법정 거짓증언들은 믿을 수 있고, 법정증언 이전까지 일관되게 진술한 내용은 믿을 수 없다는 말인가? 나는 기을호에게 판결이유의 모순을 조목조목 설명하면서 상고하자고 설득하였다. 기을호는 어렵게 상고를 결심하였다.

상고이유서의 작성

나는 상고이유서 작성에 들어갔고, 이를 요약하면 다음과 같다.

첫째, 재심 재판부는 민사소송법 제451조 제1항 제7호가 규정하는 '증인의 거짓진술이 판결의 증거가 된 때'라는 재심사유의 의미를 잘못 해석하였다는 것이다.

즉, 대법원은 '증인의 거짓진술이 판결의 증거가 된 때'라는 재심사유에 대하여 '판결의 증거로 된 증인의 허위진술이 직접증거가 된 때뿐만 아니라 대비증거로 사용되어 간접적인 영향을 준 경우'도 포함된다고 해석하고 있다. 또한 '만약 그 허위진술이 없었더라면 판결의 주문이 달라질 수도 있을 것이라는 일응의 개연성'만 있으면 된다고 하였다.

다른 한편, 판결주문이 달라질 수도 있을 것이라는 일응의 개연성 여부를 판단함에 있어서도 '재심 전 증거들과 함께 재심 소송에서 조사된 각 증거들까지 종합하여 그 판단'의 자료로 삼아야 한다고 해석하고 있다.

유죄로 확정된 〈증인A〉의 허위진술 내용, '즉 〈증인A〉는 2000년 9월경 이 사건 계약서를 작성하는 자리에 입회하였고 당시 기노걸이 불러주는 계좌번호를 이지학이 현장에서 기재하여 넣었다'는 증언은 이 사건 계약서 진정성립에 관한 간접적인 사항이다. 〈증인A〉는 재차 소환된 2006년 11월 28일 변론기일에서 무려 10여 차례나 위와 같은 진술을 하였고, 담당재판부는 〈증인A〉의 위와 같은 증언을 증거로 채택하여 그 내용을 판결서에 설시하기까지 하는 등, 이 사건 부동산 매매계약 체결의 가장 핵심적인이고 관건적인 정황증거로 채택하였던 것이다. 그런데 이와 같이 가장 핵심적이고 관건적인 증거로 채택된 〈증인A〉의 증언이 대부분 허위로 판명되었고, 이와 관련하여 위증죄의 유죄판결까지 확정된 것이다.

그 외 2000년 2월경에 위조 작성된 정일석 등 4인 명의의 부동산매매계약서는 〈증A〉의 필적이 기재되어 있다는 점, 위조된 허창 명의의 부동산매매계약서와의 관계 등 제반 사정에 비추어 〈증인A〉 도장 관련 증언 역시 그 신빙성이 매우 의심스러운 상황이다. 그럼에도 재심 법원은 단지 유죄로 확정된 〈증인A〉의 진술은 이 사건 계약서의 진정성립에 간접적인 사항으로서 증명력이 약하다고 판단한 것은 민사소송법 제451조 제1항 제7호에 관한 대법원 판결의 법리를 오해한 것이다.

둘째, 문서의 진정성립에 관한 채증법칙을 위반한 것이다.
사문서의 진정성립에 관한 증명방법에 관하여는 특별한 제한이 없으나 그 증명방법은 신빙성이 있어야 하고, 증인의 증언에 의하여 그 진정성립을 인정하는 경우 그 신빙성 여부를 판단함에 있어서는 증언 내용의 합리성, 증인의 증언 태도, 다른 증거와의 합치 여부, 증인의 사건에 대한 이해관계, 당사자와의 관계 등을 종합적으로 검토하여야 한다(대법원 2004다40306 판결 등).

이 사건 계약서의 진정성립을 인정하는 직접적인 근거는 자칭 유일한 증인이라고 하는 〈증인A〉의 증언뿐이다. 그런데 〈증인A〉는 이 사건 계약서의 계좌번호 기재 과정에 관하여 두 차례의 변론기일에서 거짓진술을 하여 위증죄로 처벌받았다는 점에서 증언 내용의 합리성이 의심되고, 자칭 생존하는 유일한 증인이라고 주장하는 점에서도 그 신빙성이 의심된다. 즉, 〈증인A〉가 도장 관련 증언 등 다른 부분에 대하여 거짓증언을 하더라도 이를 확인할 방법이 없다.

또한 〈증인A〉는 두 번씩이나 법정에 증인으로 출석하여, '기노걸이 통장을 보고 불러주는 계좌번호를 이지학이 현장에서 직접 계약서에 기재하여 넣는 것을 보았다'는 자신의 법정 증언은 분명한 사실이라고 강조하면서, "기자 출신으로 그것만은 틀림이 없다"라고 하는 등 H건설에 적극적으로 우호적인 진술만을 하는 태도를 보였다.

그런데 이러한 진술이 모두 거짓으로 판명되었다. 그 외 위조된 허창-H건설 명의의 부동산매매계약서와의 관계, 위조된 정일석 등 4인 명의의 부동산매매계약서와의 관계 등을 종합하면 〈증인A〉의 증언은 그 자체로 신빙성이 없어, 이 사건 계약서의 진정성립을 인정할 증거로 사용될 수 없는 것이다. 그럼에도 재심 법원은 이 점을 전혀 살피지 아니한 잘못이 있는 것이다.

셋째, 증거불충분을 이유로 한 무죄판결의 증명력과 관련한 채증법칙을 위반하였다.

위증 형사 판결에서는 〈증인A〉의 인장 관련 진술에 관하여 증거 불충분으로 유죄임을 단정할 수 없다고 하였을 뿐이다. 즉, 〈증인 A〉의 인장 관련 진술이 실체진실에 부합한다는 의미가 아니라 유죄의 확신을 가질 정도로 입증이 되지 않았다는 취지에 불과한 것이다. 반면 민사소송에서는 이 사건 계약서의 진정성립은 H건설에서 입증해야 하는 것이다. 즉, 다른 반대증거에도 불구하고, 〈증인A〉의 인장 관련 진술이 실체진실에 부합한다는 점을 합리적으로 의심이 없을 만큼 설명할 수 있어야 한다. 단지 고집만 부리는 것으로는 안 된다.

그런데 재심 법원은 단지 〈증인A〉의 인장 관련 진술 부분이 증거불충분으로 무죄 판결이 되었다는 점을, 마치 인장 관련 진술이 실체관계에 부합한다는 의미로 해석하였다. 그 외 반대증거들에 대하여 합리적인 침묵을 명할 수 있는지 여부에 대하여는 아무런 판단조차도 하지 않고 있다. 결국, 증거불충분을 이유로 한 무죄 판결의 증명력을 오해한 것이다.

넷째, 재심 법정에서 뚜렷하게 거짓진술을 하는 〈증인C〉의 증언을 증거로 채택하여 다른 일관된 진술서의 증명력을 배척하는 것은 증거가치에 대한 채증법칙을 위반한 것이다.

〈증인C〉의 재심 법정에서의 증언은 기존에 일관되던 진술 내용을 번복하는 것이었고, 그 후 오히려 재심 법정에서의 진술이 대부분 거짓임이 재판과정에서 모두 밝혀졌다. 또한 〈증인C〉는 법정에서 뚜렷하게 H건설에게 일방적으로 유리한 진술을 하는 태도를 보였었다. 그런데 이렇듯 뚜렷하게 편파적으로 거짓증언을 하는 〈증인C〉의 법정 증언을 근거로, 그동안 일관된 이 사건 계약서 작성과정에 대한 〈증인C〉의 다른 진술을 배척하는 것은 도저히 이해할 수가 없다.

상고이유서의 제출(심리불속행 기각)

법관에게 어찌 신의 능력을 기대할 수 있을까? 그렇다면 자칭 생존하는 유일한 목격자로서 진실만을 말하겠다고 선서한 〈증인A〉가, 이 사건 계약체결 과정에 대하여 두 번의 변론기일에서 10여 차례씩이나 허위진술까지 하였던 사실을 어떻게 판단해야 한단 말인가? 결단코 '기노걸이 불러주는 계좌번호를 이지학이 기재하는 현장을 지켜보았다'고 10여 차례나 확실하게 증언하였으나 이것이 모두 허위였다면, 〈증인A〉의 나머지 증언이 진실인지 여부를 어떻게 담보할 수 있다는 말인가?

그런데 재심재판부는 다른 객관적인 증거의 뒷받침 없이도 이미 허위진술을 한 〈증인A〉의 도장 관련 진술은 진실하다고 판단하고 있다. 법관의 자유심증으로 그것을 알 수 있다고 한다. 이미 소송기록은 4,000페이지를 넘어가고 있었고, 이를 정리하는 것도 쉬운 작업이 아니었다. 나는 약 70여 페이지의 상고이유서를 작성하여 2000년 5월 25일자로 대법원에 제출하였다.

2010년 6월 15일경 H건설은 T 법무법인을 소송대리인으로 선임하고 답변서를 제출하였다. 통상 고등법원에서 승소한 사건은 상고심에서 소송대리인을 교체하지 않는다. 굳이 승소한 사건에서 그 내용을 모르는 다른 소송대리인을 선임할 필요가 없기 때문이다. H건설은 서울고등법원 2009재나372호 재심 사건에서 승소하였다. 그런데 상고심에서는 새로운 소송대리인, 즉 T 법무법인을 소송대리인으로 선임하였다. 담당 변호사는 약 4개월 전에 대법원 재판연구관을 역임한 변호사를 주축으로 하고 있었다. 소위 말하는 잘나가는 전관 변호사였다.

나는 H건설이 제출한 답변서를 2010년 7월 7일경에야 열람하였다. 그리고 이에 대한 상고이유 보충서를 작성할 즈음인 2010년 7월 15일경에는 이미 사건은 심리불속행으로 기각되었다. 실체진실을 제대로 밝혀주는 법관이 한 명 정도는 있을 것으로 기대한 나의 소망은 결국 이루어지지 않았다. 애초부터 법원을 통하여 실체진실을 밝힌다는 것 자체가 기적인지도 모른다. 그런데 헌법은 왜 법원을 통하여만 실체진실을 밝히라고 하고 있는 것인가? 국민들의 사법불신은 아무런 근거도 없는, 단지 법에 대한 무지 때문일까?

제10장

⚖️

창업교육

너무 힘들었다. 변호사라는 사실이 부끄러웠고, 이와 같은 현실에서 변호사로 일한다는 것 자체가 무의미하게 여겨졌다. 더 열심히 노력할수록 오히려 더 억울한 사법 피해자만을 양산할 것이라는 생각이 들었다. 나는 기을호에게 〈증인C〉의 위증에 대하여 또 다시 고소를 하자고 권유하였다. 기을호는 거절하면서 이렇게 말했다.

"이 사건의 계약서가 위조되었다는 사실은 나도 알고, 안 변호사도 알고 있고, H건설도 알고 있으며, 재판부도 알고 있습니다. 그런데 판결은 이렇게 났어요! 이런 현실에서 어떻게 더 이상의 소송을 하란 말입니까? 여기에서 어떻게 또 〈증인C〉를 고소하고 처음부터 다시 시작하란 말인가요? 나도 연로하신 어머님을 부양하고 처자식들과 어떻게든 살아야 하지 않겠습니까?"

　더 이상 권유할 힘도, 명분도 남아 있지 않았다. 잠을 제대로 이룰 수가 없었다. 새벽녘에서야 잠깐 잠이 들었다가 아침에 출근을 하는 일이 반복되었다. '대한민국의 사법 현실이 이런 것 이었구나'하는 자괴감이 들었다. 현실도 모르면서 혼자서 진실을 밝혀보겠다고 쇼(?)를 하고 있었던 것이었다. 이런 나의 모습을 지켜보면서 구경꾼들이 얼마나 재미있어 하며 비웃었을까 하는 생각이 들었다.

　변호사업을 정리하기로 하였다. 무엇보다 더 이상 법정에 서는 것 자체가 공포의 대상이었고 두려웠다. 그러던 어느 날, 수원 중소기업청에서 창업교육생을 모집한다는 광고를 보았다. 교육신청서를 작성하여 제출했다. 며칠 뒤 교육 승인이 되었다는 소식이 날아들었다. 친구들이나 동료들과의 만남도 가급적 피했다. 2005년부터 빠지지 않고 나가던 합창단 모임에도 나가지 않았다. 사건을 맡기러 온 사람이 있으면 상담만 하고 돌려보내거나, 다른 변호사를 소개해 주었다. 남은 사건이 정리되는 대로 다른 일을 찾아볼 요량이었다. 더 이상 변호사 일을 한다는 것이 무의미하게 느껴졌다. 희망 없이 살아가는 삶이란 얼마나 무익한 삶이던가! 무엇이든 내 힘으로 땀 흘려서 보람을 느낄 수 있는 일을 찾아보기로 하였다.

　창업교육은 일주일에 두 번씩 저녁시간을 이용하여 이루어졌다. 약 3개월 코스였다. 기술창업자도 있었고, 이미 상당부분 사업의 성과를 내고 있는 사람도 있었다. 물론 소규모 창업을 목적으로 하는 사람도 있었다. 교육은 주로 창업에 있어서 미리 고려할 사항과 각종 정책지원금을 어떻게 신청하여 활용할 것인지를 중심으로 진행되었다. 많은 도움이 되었지만, 기술적인 부분에 대해 조언을 구하려던 애초의 나의 목적과는 조금씩 엇나가는 것을 느끼고 있었다.

교육이 끝나갈 무렵인 2011년 10월 중순경 기을호로부터 연락이 왔다. H건설에서 세입자 5가구에게 건물보상금으로 지급한 3억 원에 대한 구상금 청구가 들어왔다는 것이다. 앞서 서울고등법원 2009재나372호 사건 변론 과정에서 〈증인B〉는 H건설은 D건설과는 새로운 계약서, 즉 건물 부분까지 H건설이 모두 책임지기로 하는 계약서를 작성하였다고 증언한 바 있다. 이는 결국 세입자 건물 부분에 대한 책임은 H건설이 지겠다는 것이었다. 그리고 H건설은 세입자 5가구를 상대로 건물철거 소송을 하였고, 세입자 소유건물을 각 6,000만 원에 매수하는 의미로 각 건물당 6,000만 원씩, 합계3억 원의 건물보상금을 지급하는 것으로 강제 조정을 하였다. 그런데 이제 와서 건물보상금으로 지급한 합계 3억 원을 기을호가 책임져야 한다고 하면서 구상금 청구 소송을 제기한 것이다. 종전 변론기일에서 H건설 〈증인B〉가 새로운 매매계약서를 작성하였다는 주장과는 상반된 것이었다.

나는 용기를 내서 다시 한 번 기을호를 설득하였다. 비록 〈증인B〉가 서울고등법원 2009재나372호 사건 변론기일에서 세입자 건물 부분은 H건설이 책임지겠다는 취지로 증언을 하였지만, 이러한 증언이 재판에서 참작되기는 어려울 것이라고 하였다. H건설이 청구한 3억 원의 구상금은 사실적으로나 논리적으로 부당한 것이 틀림없다. 그럼에도 결국 기을호가 승소하기는 어려울 것이다. 이는 이제까지 우리가 경험한 재판과정을 통하여 쉽게 짐작할 수 있는 일이다. 법관들은 어느 집단보다도 판결에 대한 자부심과 내부적 결속력이 강하다. 서울고등법원 2009재나372호 판결이 아무리 잘못되었다고 하더라도 결단코 이를 인정하지 않으려 할 것이다. 그동안의 실체관계는 모두 정리되었다고 판단할 것이다. 더 이상 들여다볼 여지도 주지도 않을 것이다. 여기에는 어떠한 논리적이고 이론적인 설득도 끼어들 여지가 거의 없다. 이는 이제까지의 경험으로도 충분히 알 수 있는 것이다.

결국 가장 쉽고 원론적인 해결방법은 재심 변론기일에서 명명백백하게 허위증언을 한 〈증인C〉를 위증죄로 고소하여 유죄 판결을 받는 것이다. 그리고 이를 근거로 또다시 재심을 청구하고 사안의 진상을 밝혀야 한다. 새로운 증거도 다시 수집하고 확보하여야 한다. 어렵고 힘들지만 이것이 정도(正道)이고 가장 빠른 길이다. 당연히 힘들고 어렵겠지만 극복해야 하는 것이다. 나는 모든 사건 진행을 책임지고 처리하겠다고 기을호를 설득하였다.

기을호는 고민하였다. 또다시 소송의 격랑 속에 빠져 들어가는 데 대한 두려움이 가득 서린 듯하였다. 결국 그는 승낙하였다. 시가

약 40억 원이 넘는 부동산을 약 9억 4,000만 원에 억울하게 빼앗겼
는데, 또다시 그 가운데 3억 원과 이자를 내놓으라고 하니 어쩔 수
도 없었을 것이다. 나는 그날로 〈증인C〉에 대한 고소장 작성에 들
어갔고, 3억 원에 대한 구상금 청구소송에 대한 변론도 준비하기
시작하였다.

제11장

이성택의 죽음 및
구상금 사건

이성택의 자살 사건

건물 철거에 대한 집행불능

H건설은 기을호와의 소송에서 최종 승소한 뒤, 2008년 1월경에 기을호 명의의 토지는 모두 H건설 명의로 소유권이전등기를 마쳤다. 그런데 문제는 건물이었다. 당시 이 사건 토지 위에는 기노걸 명의의 주택 외에 세입자 5명이 각기 건물을 신축하여 등기까지 마쳐서 생활하고 있었다. 보통 토지 소유권이전 및 건물철거 소송을 진행하는 자는, 토지 소유자에게는 토지의 소유권이전과 인도를, 건물 소유자에게는 건물의 철거를 구하는 것으로 소장을 작성

한다. 그런데 이 사건의 경우 토지의 소유자는 기을호이나, 건물의 소유자는 기노걸과 세입자 5명의 각 소유로 등기가 되어 있었다. 따라서 H건설로서는, 기을호에게는 이 사건 토지의 소유권이전과 인도청구를, 그 외 건물 소유자들에게는 각 건물의 철거를 구하는 내용으로 소장을 작성하였어야 하는 것이었다.

그런데 H건설은 기을호 1명에게 기을호 소유의 토지의 소유권 이전과 세입자 5명이 각기 소유하는 각 건물에 대한 철거청구까지 함께 청구하였다. 즉, 건물철거와 관련해서는 애초부터 당사자를 잘못 특정(지정)하였던 것이다. 따라서 건물의 소유자가 아닌 기을호에 대한 건물철거 청구는 그 자체로 피고적격이 없어 각하되거나, 이유가 없어 기각되어야 할 사항이었다. 그런데 H건설의 소송 대리인과 담당재판부는 이를 간과하였다. 기을호의 소송대리를 맡았던 나 역시 이 사건 계약서가 위조되었다는 점에 집중하였을 뿐, 건물철거와 관련한 당사자 적격에 대하여는 정면으로 쟁점화 시키지 못하였다.

결국 담당재판부는 판결주문에서, "기을호는 토지소유권을 이전하고, 6채의 건물(기노걸과 세입자 5명 소유)을 각 철거하라"는 판결을 하였고, 그 후 확정되었다. H건설은 기을호의 토지에 대하여는 확정판결을 원인으로 곧바로 소유권 이전등기를 마칠 수 있었다. 그러나 기을호의 소유가 아닌 6채의 건물에 대하여는 기을호에 대한 확정판결을 원인으로 하여서는 강제집행할 방법이 없었다.

즉, "기을호는 …6채의 건물을 각 철거하라"는 판결은 기을호에게만 효력이 있을 뿐(기판력의 주관적 범위), 각 건물의 소유자인 세입자 5명에게는 효력이 없는 것이다. 결국 이러한 판결문으로는 세입자 5명 소유의 건물에 대한 강제집행이 불가능하였다. 즉, 세입자들에는 판결의 효력으로서 기판력과 집행력이 미치지 않는 것이다. 그렇다고 기을호에게 남의 건물(세입자들 소유)을 철거하라고 강제할 수도 없다. 기을호는 세입자들 소유의 건물을 철거할 권한 자체가 없기 때문이다. H건설은 기을호에 대해 승소판결문이 있었음에도, 후에 세입자 5명을 상대로 다시 건물철거 소송을 제기한 것도 기을호에 대한 판결문으로는 강제집행이 불가능하였기 때문이다. 결국 H건설의 기을호에 대한 승소판결문 중 세입자 5명의 건물 철거와 관련한 판결 주문은 아무런 효력도 발생할 수 없는 주문이었던 것이다.

더구나 위 판결의 근거가 된 H건설-기노걸의 부동산매매계약서 제6조에서는 "갑(기노걸)은 부동산 상의 지장물(미등기 건축물, 농작물 등) 일체를 잔대금 지불기일 전까지 철거하여야 하고, 을(H건설)은 일반구조물 (등기된 건물, 교량)철거를 책임지고 철거한다"라고 되어 있었다. 즉, 이에 의하더라도 건물철거는 애초부터 기을호가 아닌 H건설에서 책임져야 하는 것이었다.

기을호에 대한 건물철거 최고

H건설도 기을호에 대한 판결문으로는 세입자 등 소유 건물을 강제로 철거할 수 없다는 것을 나중에야 알았을 것이다. 뒤늦게 건물철거 소송의 상대방을 잘못 지정하였다는 것을 알았을 것이다.

2008년 2월 13일 H건설은 기을호에게 세입자 등 소유의 건물에 대한 철거를 요구하는 최고서를 보내왔다. 아마도 기을호에 대한 판결문으로는 세입자들 소유 건물철거에 대한 강제집행이 불가능한 것을 알고 나름대로의 꼼수를 부린 것 같았다. 그런데 최고서에 첨부된 서류에는 이 사건 계약서 제6조의 내용을 이렇게 변조하고 있었다.

"갑(기노걸)은 부동산 상의 지장물(미등기 건축물, 농작물 등) 일체를 잔대금 지불기일 전까지 철거하여야 한다. 만일 갑(기노걸)이 이를 위반 시 을(H건설)이 임의로 이를 철거하고 이에 투입되는 비용은 토지대금에서 상계 처리한다."

즉, 이 사건 계약서 제6조 후단에 기재된 "을(H건설)은 일반 구조물 철거를 책임지고 철거한다"는 부분은 감쪽같이 지워버리고, 이에 추가하여 "만일 갑(기노걸)이 이를 위반 시 을(H건설)이 임의로 이를 철거하고 이에 투입되는 비용은 토지대금에서 상계 처리한다"는 내용을 추가하는 방법으로 계약서 내용을 변조하고 있었다.

너무도 얄량한 속셈이 드러나는 최고서였다. 나는 기을호를 대신하여 건물철거의 근거가 잘못되었다는 점을 지적하면서, 기을호는 세입자들의 건물을 철거할 의무가 없다는 답변을 하였다.

H건설의 세입자 5명에 대한 건물철거 소송

H건설은 어쩔 수 없이 2008년 7월경 서울중앙지방법원에 세입자 5명 등을 상대로 건물철거 소송을 제기하였다. 기을호에 대한 확정판결로는 세입자 소유의 건물철거를 강제할 방법이 없음을 알았기 때문일 것이다.

세입자들은 H건설이 제기한 건물철거 소장을 받고서 깜짝 놀라, 직접 H건설을 찾아가서 항의하였다고 한다. 그러자 H건설은 세입자들에게 기을호와의 소송에서 승소하였으므로 기을호와 협의하여 건물을 철거하라고 하였다고 한다. 세입자 5명과 그 가족들은 다시 기을호를 찾아와서 항의하였다. 기을호는 H건설이 개별적으로 세입자들을 상대로 소송을 하는 것을 자기로서도 어떻게 할 수 없다고 하였다. 이 말을 듣고 세입자들은 웅성거리며 돌아갔다. 그 중에는 나중에 힘을 합하여 기을호를 상대로 소송을 하겠다고 하는 사람도 있었다.

H건설이 세입자들 소유 건물에 대한 철거 청구는 그 자체로 이유가 없는 것이었다. 즉, 세입자들은 각기 등기된 건물을 소유하고

있었고, 종전 토지 소유주인 기노걸과의 정당한 토지 임대차계약을 통하여 각기 건물의 대지를 사용하고 있었다. 등기된 건물의 소유를 목적으로 하는 토지임대차계약은 제3자에게도 효력이 있으므로, 토지 소유자가 H건설로 변경되었다고 하더라도 H건설은 종전 세입자들의 등기된 건물에 대한 철거를 청구할 수 없는 것이다. 즉, H건설이 세입자들의 건물을 별도로 매수하지 않는 한, 토지 소유자라는 이유만으로 등기된 건물의 철거를 요구할 수는 없는 것이었다.

나는 세입자들에게 H건설의 건물 철거 소송은 그 자체로 이유가 없다는 것을 설명하였으나, 세입자들은 이를 들으려고 하지도 않았다. 오히려 자기들끼리 힘을 합하여 기을호를 상대로 소송을 하겠다고 하였다. 나중에 확인한 바로는 세입자들이 개별적으로 H건설과의 강제조정을 통하여 건물 보상비로 6,000만 원씩을 받고 건물에서 퇴거하였고, H건설이 각 건물을 철거하였다고 들었다.

죽음을 부른 H건설의 막무가내식 소송

① 이성택은 1990년경부터 기노걸 소유 토지(김포시 고촌면 향산리 67-1 지상)에 목조 슬레이트 지붕 단층주택을 짓고 가족과 함께 생활하던 사람이다. 남의 땅에 건물을 짓고 살고 있으니 당연히 토지세를 내야 했다. 이성택은 매년 쌀 반 가마니 정도를 토지세로 땅주인인 기노걸에게 지급하고 있었다. 비록 남의 땅에 지은 건물이

지만 토지주인인 기노걸의 허락을 받아 정상적인 절차를 통하여 건물을 신축하였고 건물 등기도 하였던 것이었다.

② 2008년 7월경 H건설은 이성택에게도 그 소유의 건물 철거에 관한 소송을 제기하였다. 정당한 권원 없이 타인의 토지를 이용하고 있으므로 그 지상건물을 철거하고, 철거할 때까지 매월 30만 원의 지대를 지급하라는 것이었다. 당시 이성택의 나이는 70세였고, 병으로 누워 있는 처와 반 알코올 중독 상태에 있는 40대의 아들과 함께 생활하고 있었다. 딸 하나는 결혼하여 따로 살고 있었다. 다시 말해 70세의 이성택은 병으로 누워 있는 처와 생활능력이 없는 아들을 부양하면서 힘겹게 생활하고 있었던 것이다.

나는 예전에 세입자들과의 한 차례 대화를 하면서 이성택을 만난 사실이 있었다. 이성택은 매우 침착하고 반듯한 인상이었다. 다른 세입자들과 달리 기을호에게도 매우 호의적이었다. 나는 그가 그렇게 어려운 처지에서 가족들의 생계를 책임지고 있을 줄은 꿈에도 생각지 못하였다. 돌아보면, 대한민국의 대다수 서민들이 그처럼 어렵게 생활하고 있을 것이다.

③ 그 즈음 세입자 중 한 사람인 이지철의 자녀가 법원 직원을 잘 알고 있다는 말을 하였다고 한다. 그래서 이성택을 비롯한 세입자들은 이지철에게 부탁하여 서울중앙지방법원으로 제기된 건물철거 소송을 인천지방법원 부천지원으로 이송신청하게 하였다. 그

런데 이성택은 단지 이송신청만을 이지철의 자녀가 대신해 준다는 말을, 세입자 5가구의 모든 소송을 이지철이 대신해 준다는 것으로 오해한 것 같았다. 2008년 11월 21일경 사건을 이송 받은 인천지방법원 부천지원 2008가단42845호 담당재판부는 이성택에게 무변론 선고기일 통지서를 발송하였으나, 이성택은 그게 무슨 뜻인지도 모르고 있었던 듯하다.

④ 무변론판결 선고일로 지정된 2008년 12월 11일 이성택은 한 번도 가 본 적이 없는 인천지방법원 부천지원 353호 법정에 출석하였다고 한다. 그는 무서워서 맨 뒷자리에 앉은 채 당사자석에는 나가지도 않았다고 하였다. 담당판사는 무변론패소 판결을 선고하였고, 이성택은 그 의미도 모른 채 그냥 집으로 돌아왔던 것이다.

2008년 12월 19일 이성택에게 무변론 판결서가 송달되었다. 그 소유의 건물을 철거하고, 철거 때까지 매월 30만 원의 지대를 지급하라는 내용이었다. 이성택은 그제야 깜짝 놀라서 이웃에게 그 의미를 물었고, 건물을 철거하고 매월 30만 원의 돈을 내야 한다는 뜻이라는 말을 들었다. 하늘이 무너지는 것을 느꼈을 것이다. 나는 그 즈음 이성택으로부터 급한 전화를 받았다. 아는 변호사라고는 없었던 이성택은 기을호를 통하여 나에게 전화를 한 것이다. 이성택은 세입자 5가구를 대표해서 이지철의 자녀가 모두 처리하는 것으로 알고 있었다고 하였다. 그러면서 어쩌면 좋겠냐고 하소연을 하였다.

⑤ 나는 판결서와 건물 등기부 등본을 살펴본 뒤, 이성택의 건물은 등기가 되어 있기 때문에 철거할 이유가 없다는 것을 알려주었다. 즉, 토지를 점유할 정당한 점유 권원이 있으므로 항소하면 어떠한 불이익도 받지 않을 것이라고 알려주었다. 이성택은 눈물로 하소연하면서 항소를 부탁하였다. 나는 곧바로 항소장을 법원에 제출하였다(인천지방법원 2009나167호). 그로부터 몇 주일 뒤 나는 기을호로부터 비보를 접하였다. 이성택이 농약을 먹고 자살을 하였다는 것이다.

사망 소식을 접한 며칠 뒤, 나는 이성택의 집을 방문하였다. 마침 이성택의 결혼한 딸(이현희)이 병으로 일어나지도 못하는 어머니에게 자신의 집으로 가자고 독촉하고 있었다. 그런데 어머니는 집을 버리고 어디를 가느냐고 하면서 울고 있었다. 술에 취한 채 울면서 H건설을 원망하는 이성택의 아들도 보였다.

이성택은 병으로 누워 있는 처와 알코올 중독자인 아들을 부양하면서 가장으로서 힘겹게 살아가고 있었던 것이다. 그런데 갑자기 살고 있는 집까지 철거하고 돈까지 내라는 법원 판결서를 받고 나서 심한 우울증과 스트레스에 시달렸을 것이 뻔하다. 결국 자신만 바라보는 가족에 대한 막막함과 미안함에 스스로 목숨을 끊은 것이다. 비록 변호사에게 항소를 부탁하였고, 무변론 판결의 의미와 정당한 점유 권원에 대한 설명을 들었지만, 이미 H건설에게 수차례 무참하게 패소를 당한 변호사의 말이 그다지 미덥지 못하였을 것이다. 또,

하루가 다르게 중장비를 동원하여 집을 부수고 있는 H건설이 두려 웠을 것이다. 나는 이성택의 딸에게 그간의 소송 진행 경과를 설명 하면서, H건설에게 건물을 매도하기 전에는 건물을 철거할 하등의 이유가 없다는 점을 설명하였고, 이웃 세입자들의 소송 진행 상황도 알려주었다. 이현희는 나에게 고마움을 표시했다.

그 후 2009년 4월 말경 나는 이현희로부터 한 통의 전화를 받았 다. 사연인즉, H건설에서 소송대리인으로 선임된 나를 부담스럽게 생각하고 있으므로 사임해 주었으면 좋겠다는 것이었다. 나는 이미 필요한 사실관계와 법리관계를 정리하여 항소이유서를 제출한 상 태였다. 나는 이현희에게 앞으로 재판진행에 필요한 사항과 다른 세 입자들의 재판 결과를 알려주고 사임서를 제출할 수밖에 없었다. 결 국 6,000만 원 정도에 강제조정이 될 것이라는 사실도 알려주었고, 나중에 위 금액으로 조정이 성립되었다는 소식도 들었다.

비판

이른바 '배운 도둑'이라는 말이 있다. 많이 배운 사람이 그 배운 지식으로, 배우지 못한 사람들의 무지를 이용해 재산과 기본권을 유린하는 것을 일컫는 말일 것이다.

H건설의 이성택 등 세입자들에 대한 건물 철거 소송은 그 자체 로서 청구이유가 없는 것이었다. 즉, 민법 제622조는, "건물의 소유

를 목적으로 한 토지 임대차는 이를 등기하지 아니한 경우에도 임차인이 그 지상건물을 등기한 때에는 제3자에 대하여 임대차의 효력이 생긴다"라고 규정하고 있다. 이성택의 건물은 등기된 건물이고, 종전 토지소유자인 기노걸과는 정상적인 토지 임대차계약이 성립되어 있었다. 따라서 새로 토지소유권을 취득한 H건설에게도 종전 토지 임대차계약으로서 대항할 수 있는 것이다. 이성택은 민법 제622조에 의하여 그 토지를 사용하고 점유할 정당한 권원이 있는 것이다.

그런데 H건설은 이성택 등 세입자들에게 그 토지를 점유할 아무런 권원이 없다고 하면서 건물철거 소송을 제기하였다. 정당한 점유 권원이 있는 자에게 점유 권원이 없다고 하면서 소송을 제기한 것이다. 즉, 건물 소유자인 세입자들과 건물매수 협의를 했어야 할 사항임에도, 무조건 철거소송을 제기한 것이었다. 법리를 잘 모르고 있을 세입자들에게 겁을 주고자 한 것이다. 그로 인하여 한 사람이 스스로 목숨을 끊었다.

법원으로서도 이와 같은 소장 내용은 그 자체로 이유가 없는지 여부를 살펴보았어야 할 것으로 보인다. 적어도 곧바로 무변론 판결 선고기일까지 지정할 사항은 아닌 것으로 보인다. 최소한의 기록과 법리만 살펴보았어도 알 수 있는 내용이었다. 아마도 H건설과 같은 대기업이 소송을 제기하였기 때문에 이를 너무 쉽게 믿었을지도 모르겠다.

구상금 청구 사건

H건설은 세입자 5명에게 각 6,000만 원씩, 합계 3억 원의 건물 보상금을 지급한 후, 2010년 8월 25일경 기을호에게 3억 원에 대한 구상금 청구소송을 제기하였다. 기을호는 2010년 10월 5일경에야 소장을 송달받았고, 고민 끝에 다시 나를 찾아왔던 것이다. 그리고 소송이 진행되었다.

제1심(서울중앙지방법원 2010가합87493호 구상금)

H건설의 주장

H건설의 주장은 다음과 같았다.

① H건설은 기을호를 상대로 서울중앙지방법원 2005가합99041호 사건에 승소하여, "피고는 원고에게 이 사건 토지의 소유권 이전 등기절차를 이행하고, 위 토지 위 6채의 각 건물을 철거하라"는 판결을 받았고, 그 후 위 판결은 확정되었다.

② 위 판결에 따라 H건설은 기을호에게 건물철거를 요청하였으나 기을호는 이에 응하지 않았다.

③ 이에 H건설은 위 토지 상의 건물 소유자인 김순희, 이성택, 이성탁, 이지철, 이인제 등 5명을 상대로 건물철거 소송을 제기하여, 각 건물 소유자에게 6,000만 원씩 합계 3억 원을 지급하는 것으로 조정하고, 각 건물을 철거하였다.

④ 위 건물 철거는 기을호가 이행할 사항을 H건설이 대신한 것이

므로, 기을호는 H건설에게 철거비용으로 지출한 합계 3억 원을 구상해 주어야 할 의무가 있어 이 사건 소로서 이를 청구하는 바이다.

기을호의 주장

이에 대한 기을호의 답변(항변)은 다음과 같았다.

① 서울중앙지방법원 2005가합99041호 판결은 기노걸-H건설의 부동산매매계약서가 진정하게 성립되었다는 전제에서의 판결인데, 위 계약서는 위조된 것이다.

② 서울중앙지방법원 2005가합99041호 확정판결의 주문 중 "기을호는 … 6채의 건물(기노걸과 세입자 5명 소유)을 철거하라"는 부분은 그 자체로 무효로서 어떠한 효력도 발생할 수 없다.

"건물을 철거하라"는 주문은 그 건물의 소유자 또는 점유자를 상대로만 가능한 것인데, 위 각 건물의 소유 및 점유자는 기을호가 아닌 이지철 등 5명의 세입자들이다. 즉, 애초부터 기을호에 대한 건물철거 소송은 피고적격을 결한 것이었고, 이러한 주문은 확정되더라도 판결로서의 효력을 발생할 수 없는 것이다. 이는 부부가 아닌 자를 상대로 한 이혼 청구가 확정되더라도 이혼의 효력이 발생할 수 없는 것과 마찬가지다.

H건설은 기을호에 대한 판결문에서 "…6채의 건물을 철거하라"라는 판결을 받았음에도, 또다시 세입자들에게 건물 철거 소송

을 별도로 제기한 것도 위와 같은 판결주문으로는 강제집행을 할 수 없는 등 아무런 효력이 없기 때문이다.

③ 또한 H건설이 건물 소유자 김순희 등 5명의 세입자들을 상대로 건물 철거 소송을 제기한 후 각 6,000만 원에 조정에 이른 것도, 철거비용에 관한 것이 아니라 '건물 보상금(건물 매수금, 민법 제643조)'에 관한 것이다. 이는 H건설과 각 세입자들 사이의 건물매매와 관련된 문제일 뿐이다. 따라서 H건설은 기을호에 대한 구상채권 자체가 존재하지 않는다.

제1심 법원의 판단

나는 첫 변론기일에서 구두로, 종전 서울중앙지방법원 2005가합 99041호 판결을 비롯한 관련 판결들은 특권과 차별과 반칙에 의한 것으로서 그 형식적인 면에서나 내용적인 면에서나 도저히 판결로서의 효력을 인정할 수 없다고 하였다. 담당재판부는 1회 변론기일을 끝으로 변론을 종결하고, 곧 판결을 선고하였다. 판결 결과는 H건설의 전부 승소인데, 그 이유가 파격적이었다. 즉, H건설은 구상금 청구를 하였을 뿐인데, 재판부는 부당이득금 3억 원과 이자를 지급하라고 판시하였다.

① 기을호는 이 사건 확정판결에 따라 H건설에게 이 사건 건물을 철거할 의무가 있고, H건설로부터 계속하여 위 철거 의무를 이

행하라는 요청을 받았음에도 이를 이행하지 아니하였으며, 이에 H건설이 부득이 기을호의 위 의무를 대신 이행한 사실을 인정할 수 있는 바, 위 인정사실에 의하면, 기을호는 법률상 원인 없이 자신의 철거 의무가 목적달성으로 소멸되는 이익을 얻었고 H건설에게 이 사건 건물의 철거를 위한 비용을 지출하게 하는 손해를 가하였다.

기을호가 위와 같은 이익을 얻을 당시 기을호는 H건설로부터 수차례 철거 요청을 받았음에도 이를 이행하지 아니한 점 등에 비추어볼 때 악의라고 봄이 상당하다. 따라서 기을호는 H건설에게 민법 제741조, 제748조 제2항에 따라 부당이득으로 합계 3억 원 및 그 이자를 지급할 의무가 있다.

② 기을호는 이 사건 확정판결 중 건물철거와 관련된 주문을 무효라고 주장하나, 판결서 기재에 의하면 계약상 이행의무 청구에 따른 의무로 보이므로 이를 무효라 할 수 없고, 위 판결이 재심에 의하여 취소되지 아니하는 한 기을호의 주장은 이유가 없다.

③ 기을호는 H건설이 세입자들에게 지급한 비용은 건물 철거비용이 아닌 건물 보상비이므로 구상할 수 없다고 주장하나, D건설과의 계약서 등 관련 자료와 법원의 강제조정 결정에 의하면, 위 금원은 H건설이 이 사건 건물의 철거를 위하여 기을호가 이 사건 건물의 소유자들에게 지급할 건물 보상비를 지급한 것이므로 이 사건 건물의 철거를 위하여 지급한 비용으로 봄이 상당하다.

서울중앙지방법원 2010가합87493호 판결서

이는 명백히 변론주의에 반하는 판결이었다. 민사소송에서 주요 사실은 당사자가 변론에서 주장해야 하며, 당사자에 의해 주장되지 아니한 사실은 판결의 기초로 삼을 수 없다. 이것이 변론주의다. 즉, 법관은 당사자가 변론에서 주장하지 않은 사항을 별도로 심리하여 판단할 수 없는 것이다.

H건설이 제기한 소의 명칭은 '구상금청구 소송'이었고, 소장과 준비서면에서 기을호에 대한 구상채권이 있다고 하면서 합계 3억 원의 구상금을 청구하였다. 그러나 구상채권이 무엇인지 특정하지는 못하였다. H건설은 소장 등에서 부당이득과 관련한 주요사실(민법 제741조)에 대하여 단 한 마디의 주장도 하지 않았다. 수익자의 악의 여부(민법 제748조)에 관해서도 단 한 마디의 언급도 없었다.

기을호를 대리한 나 역시 H건설이 주장하지 아니한 부당이득의 요건사실에 대하여 어떠한 항변이나 방어도 하지 못했다. 결국 당사자들은 부당이득과 관련하여 어떠한 주장이나 항변도 없었고, 구상채권의 특정 여부에 관하여만 공격과 방어를 하였던 것이다.

그런데 판결은 구상채권에 대하여는 전혀 판단하지 않고, 양 당사자가 전혀 주장하지도 않은 부당이득에 관한 요건사실을 언급하면서 3억 원의 부당이득금과 그 이자를 지급하라는 것이었다.

결국 양 당사자는 법정에서 공허한 주장만 하였던 것이고, 오로지 담당 재판부 혼자서만 당사자들의 주장하지도 않은 부당이득에 대하여 직권으로 판단한 것이다. 어떻게 이런 판결이 가능하단 말인가? 나는 허수아비였단 말인가? 소장과 준비서면은 왜 제출하게 하고 상대방에게 송달까지 하는 것인가? 법관 혼자서 알아서 판단하면 될 일이 아니었던가?

판결문을 받아들고 나니 너무도 어이가 없었다.

통상 판결서의 이유는 "① 기초사실 ② 원·피고의 주장 ③ 판단"의 순서로 작성한다. 그런데 서울중앙지방법원 2010가합87493호 판결서 이유에는 ① 기초 사실과 ③ 판단만이 있을 뿐이었다. 특히, ② 원고 H건설의 주장은 판결이유에서 전혀 찾아볼 수가 없었다. H건설은 소장 등에서 부당이득에 관하여 어떠한 주장도 하지 않았기 때문에 이를 기재할 수가 없었을 것이다. 결국 H건설이 주장하지도 않은 법률 요건사실을 재판부가 알아서 판단해 준 것이다. 어떻게 이런 판결이 있을 수 있단 말인가?

제2심(서울고등법원 2011나42067호, 구상금 제2심)

기을호의 주장

① 제1심 판결은 변론주의를 위반하였다. H건설은 부당이득에 관한 주장을 하지 않았고 기을호는 이에 대하여 어떠한 방어권도 보장받지 못했다. 그럼에도 재판부가 알아서 부당이득에 관하여

판단을 하였다.

② 구상채권 자체가 존재하지 않는다. 구상채권은 '주는 채무'에 대하여 구상채권자가 대신 변제할 때 발생하는 것인데, 건물철거는 '하는 채무'이므로 구상채권 자체가 성립될 수 없다.

③ 건물철거와 관련한 판결주문은 효력이 발생하지 않는다. '건물을 철거하라'는, 판결주문은 건물의 소유자 또는 점유자에게만 할 수 있는 주문이다. 기을호는 건물의 소유자도 아니고 점유자도 아니므로 그 판결주문은 집행력도, 기판력도 발생할 수가 없다. 만약 채권적인 약정에 의한 의무이행으로서 건물철거를 명한 것이라면 그 판결주문은 '건물철거 약정의무를 이행하라'고 표시하여, 채권적인 약정에 기한 철거 의무임을 명확히 하였어야 한다. '건물을 철거하라'는 판결주문과는 전혀 다른 의미이다.

④ 판결주문의 근거가 된 기노걸-H건설 명의의 부동산매매계약서 제6조에도 건물 철거는 H건설이 책임지기로 되어 있다. 또한 지난 소송에서 H건설 직원 〈증인B〉는 기노걸 H건설 명의의 매매계약서는 종전 기노걸-D건설 매매계약서와 전혀 다른 것이라고 증언한 사실도 있다. 결국 건물철거와 관련한 종전 판결주문은 효력이 없고, 실체적으로 따지더라도 이유가 없는 것이다.

H건설의 주장

내가 항소심에서 변론주의 위반을 주장하자, 담당 재판부는 H건설에게 채무불이행이나 손해배상 등 다른 법률적 주장도 할 것을 촉구하였다. 이에 H건설은 단 한 문장의 주장만을 추가하였는데, 이를 그대로 옮기면 다음과 같다.

① 기을호가 철거 의무를 이행하지 아니하여 H건설이 이를 이행하기 위하여 철거 보상비를 지급함으로써 손해를 배상하여야 한다는 손해배상의 법리, ② 기을호가 철거의무를 이행하기 위하여 지불하여야 할 철거 보상비를 H건설이 대신 변제함으로써 갖게 되는 대위변제로 인한 구상금 청구의 법리, ③ 다음으로 원심 판결이 인정한 부당이득 반환청구권의 법리를 각 선택적으로 주장합니다.

제2심 법원의 판단

2심 법원은 제1심 판결을 취소하였으나, 다시 다른 이유로 H건설의 청구를 인용하였다. 다음과 같다.

① 기을호가 건물 소유자들에게 어떤 의무를 직접적으로 부담하지 않는 이상 그로 인하여 기을호가 무슨 이득을 얻었다고 하기는 곤란하고, H건설이 민법 제480조, 제481조에 의하여 이 사건 건물 소유자들을 대위할 수 있다고 할 수 없다. 제1심 판결을 취소한다.

② 다만, H건설은 기을호가 약정에 따른 철거 의무를 이행하지 않

는 바람에 이 사건 건물을 철거하기 위하여 건물 소유자들에게 철거 보상비를 지급함으로써, 같은 금액 상당의 손해를 입었다고 할 것이고, 그 보상 액수도 적정하다고 할 것이므로 기을호는 그 합계액 3억 원을 지급할 의무가 있다.

③ 기을호는 이 사건 건물의 소유자가 아니어서 H건설에 대하여 건물철거 의무를 부담할 까닭이 없다고 주장하나, 기을호가 H건설에게 부담하는 의무는 확정판결에 명시된 바와 같이 채권적인 약정에 따른 것이므로, 위 주장은 도저히 받아들일 수 없다.

서울고등법원 2011나42067호 판결서

비판(기판력의 객관적 범위에 반하는 판결)[1]

결국 2심 판결은, 종전 판결주문에 기재된 "기을호는 …6채의 건물(기노걸과 세입자 5명 소유)을 철거하라"는 판결주문의 의미는 그 판결 이유에 명시된 바와 같이 "기을호는 별지목록 건물(6채)을 철거하여야 할 채권적인 약정의무를 이행하라"는 의미라는 것이다. 그런데 기을호는 약정에 따른 철거 의무를 이행하지 아니하였고, 이로 인하여 H건설은 이 사건 건물을 철거하기 위하여 그 소유자들

---

1   제2심 재판부는 변론주의 위반에 대하여는 판단을 회피하고 있었다. 즉, 제1심 법원은 민법 제741조, 제748조 제2항(악의의 부당이득)에 의하여 3억 원 및 그 이자를 지급할 의무를 인정하였는데, 제2심 판결은 '기을호가 무슨 이득을 얻었다고 하기는 곤란하고'라고 하면서 부당이득에 관한 제1심 판단의 부당함을 지적하는 동시에 구상금청구에 관한 주장(민법 제480조, 제481조)을 배척하면서도, 변론주의 위반에 대한 제1심 법원의 잘못에 대해서는 침묵하고 있었다.

(세입자들)에게 철거보상비 3억 원을 지급하는 손해를 보았으니, 기을호는 이러한 손해를 배상하여야 한다는 것이다. 나로서는 판결의 논리를 도저히 이해할 수가 없다. 한 번 따져보자.

첫째, 민사소송법 제216조는 기판력의 객관적 범위라는 제목으로, "확정판결은 주문에 포함된 것에 한하여 기판력을 가진다"라고 규정하고 있다.

판결의 주문은 재판의 결론에 해당하는 부분이고 기판력의 객관적 범위를 정하는 원칙적 기준이다. 따라서 판결의 주문은 그 자체의 기재에만 의하여 그 의미가 정확히 밝혀지도록 명확하게 특정하여 기재하여야 한다(대법원 2005다60239 판결, 민사소송법 제216조 제1항). 판결의 결론에 해당하는 주문을 불명확하거나 다의(多意)적으로 기재하면 판결 자체의 효력범위를 특정하지 못하여 이를 집행하지 못하게 된다. 결국 법정안정성을 해치게 되는 것이다. 따라서 재판의 결론에 해당하는 판결주문은 그 기재 자체만으로 의미가 명확하도록 특정하여 기재하여야 하는 것이다. 이것을 '주문의 자족성(自足性)'이라고 한다.

그런데 종전 확정판결 중 건물철거와 관련한 판결주문은 "기을호는 별지목록 기재 건물(6채)을 철거하라"는 것이다. "건물을 철거하라"는 판결주문의 객관적인 의미 내용은 '건물의 소유권을 종국적으로 소멸시켜라'는 것이다[2]. 다시 말하면 건물을 부수어 없애버리라는 것이다. 그래서 토지소유권을 방해하지 못하게 하라는 것이다. 건물철거와 관련한 수많은 재판 실무가 이렇게 판결주문을 작성하고 있고, 이는 일의(一意)적이고 객관적으로 명확한 의미로 해석되어 왔다.

이러한 판결주문을 유독 이 사건에서만 "건물을 철거할 채권 약정상의 의무를 이행하라"는 의미로 해석할 수 없다. 이것은 판결주문의 자족성(自足性)에 반한다. "건물을 철거하라"는 주문은 사실행위에 대한 것이고, "건물을 철거할 채권약정 상의 의무를 이행하라"는 법률행위에 대한 것으로서, 두 주문이 전혀 다른 의미임은 너무도 명백하다.

그런데 제2심 재판부는 유독 이 사건에서만 "기을호는 별지 기재 건물(6채)을 철거하라"는 의미를 "기을호는 별지 기재 건물을 철거하기로 약정한 의무를 이행하라"는 의미로 해석해야 한다고 한다. 왜 같은 내용의 판결주문의 의미를 유독 이 사건에서만 다르게 해석해야 한다는 것인가? 특별히 이 사건에서만 차별을 하여야 할 이유가 무엇인가? 이것은 억지 중의 억지가 아닌가?

둘째, "건물을 철거하라"는, 판결주문의 객관적인 의미는 '건물

---

[2] 양창수 '타인의 토지 위에 있는 건물', 민법 산고(98. 12), 124~141면 참조.

의 소유권을 종국적으로 소멸시켜라'라는 것임을 앞서 살펴보았다. 그렇다면 건물 소유권을 종국적으로 소멸시킬 수 있는 자는 누구인가? 바로 건물을 처분할 권한이 있는 소유자 또는 점유자이다. 대법원 65다685 판결은 "토지와 독립하여 소유권의 대상이 되는 건물의 철거를 구하는 소송은 현재의 건물 소유자를 상대로 하여야 한다"고 판시하고 있다.

대법원 2002다61521 판결도, "건물철거는 그 소유권의 종국적 처분에 해당하는 사실행위이므로 원칙적으로 그 소유자에게만 철거처분권이 있고, 예외적으로 건물을 전 소유자로부터 매수하여 점유하고 있는 등 건물에 대한 법률상 또는 사실상 처분을 할 수 있는 지위에 있는 자에게도 그 철거처분권이 있다"고 판시하고 있다. 결국 건물철거는 그 소유권의 종국적인 처분(소멸)에 해당하는 사실행위이므로, 건물철거를 구하는 소송은 그 철거처분권한이 있는 소유자 또는 점유자를 상대로 하여야 한다는 것이다.

기을호는 위 건물의 처분권자(소유자 혹은 점유자)가 아니다. 특히 위 별지 건물(5채)의 소유자 겸 점유자들은 5명의 세입자들이다. 그들은 각 건물을 등기까지 하였다. 그런데 H건설은 건물 소유자가 아닌 기을호에게 건물철거 소송을 제기하였고, 법원은 아무 생각 없이 이를 인용하였다.

결국 건물에 대한 아무런 처분 권한도 없는 기을호에게 남의 건물을 철거하라고 판결한 것이다. 즉, 건물을 종국적으로 소멸시킬 권한이 없는 기을호에게 남의 건물을 부수어 없애버리라고 판결한 것이다. 형법상으로는 남의 건물에 대한 재물손괴죄의 기수범이 되라고 명한 것이다. 어떻게 이런 판결이 효력이 있다고 할 수 있단 말인가? 차라리 남의 집에 들어가서 물건을 훔쳐오라는 판결이 더 쉬울 것이다. 하늘의 별을 따오라는 판결을 하여도 효력이 있다는 말인가? 이는 그 자체로서 실현할 수 없는 판결이다. 애초에 소송 자체가 잘못되었고, 판결 자체가 잘못된 것이다. 잘못된 판결주문 내용을 억지로 올바른 판결이라고 왜곡해서는 더더욱 안 되는 것이다.

셋째, 제2심 재판부는 종전 확정판결 이유에 채권적인 약정에 기한 철거 의무가 기재되어 있으므로 판결주문도 이에 따라야 한다고 해석하는 것 같다. 하지만 이는 너무도 위험하고 주객이 전도된 판단이다.

판결의 효력은 그 결론인 주문에 포함된 것 자체에만 미치는 것이지, 판결이유에서 설시된 그 전제가 되는 법률관계의 존부에까지 미치는 것은 아니다(대법원 2008다48742 판결). 법률에도 나와 있고 대법원 판결도 그러하며, 이는 민사소송법의 기본 중의 기본에 해당하는 것이다.

종전 확정판결 이유에 기재된 기노걸과 H건설의 채권적인 약정에 관한 기술이 판결로서의 효력을 발생하기 위해서는 그 판결의

주문도 그러한 채권적인 약정에 부합하는 것이어야 한다. 즉, '기을
호는 별지 건물에 대한 채권약정 상의 철거 의무를 이행하라'고 명
확하게 판결주문을 특정하였어야 한다. 그래야 판결주문이 명확하
고 오해의 소지가 없는 것이다.

그런데 종전 확정판결 주문은 "기을호는 별지 건물을 철거하라"
고만 하였다. 이는 기을호에게 그 건물을 종국적으로 소멸시키라
는 것이다. 절대로 약정에 기한 건물철거 의무를 이행하여야 한다
는 의미로 해석할 수가 없다. 이는 정확하고 명확하다. 지금까지 수
많은 건물철거 판결주문이 그러했다.

결국 판결주문에 반하는 이유는 아무런 효력이 없다. 잘못 기술
된 판결이유의 효력을 살리기 위하여 판결주문의 의미를 변경시킬
수는 없다. 이는 주객이 전도된 것이다. 애초 H건설은 소장에서 약
정상의 철거의무를 구하지도 아니하였다. 그런데 제2심 재판부는
판결이유에 잘못 기재된 '약정에 기한 철거 의무'를 이유로 명확하
게 기재된 판결주문의 의미를 변경시켜야 한다고 한다. 객관적으
로 명확한 판결주문을 이렇듯 마음대로 변경시켜도 된다는 말인
가? 다른 판결에서도 그렇게 할 수 있는가? 법관마다 판결주문을
달리 해석하면 법적 안정성은 어떻게 담보할 수 있다는 말인가? 도
대체 말이 되지 않는다.

넷째, 건물 철거와 관련한 종전 판결주문이 아무런 효력이 없다

면, 실체적인 권리관계는 어떠한가? 결론적으로 실체적인 권리관계에 있어서도 H건설의 주장은 이유가 없다.

종전 확정판결의 기초가 된 기노걸-H건설 명의의 부동산매매계약서 제6조는 건물철거를 H건설이 책임지기로 되어 있다. 나는 계속해서 건물철거와 관련한 종전 확정판결은 아무런 효력이 없음을 주장하면서, 이 사건을 실체관계에 따라 판단해 줄 것을 주장했다. 그러나 제2심 재판부는 이러한 나의 주장을 전혀 받아들이지 않았다. 오히려 판결이유에 잘못 기재된 채권적 약정을 근거로 판결주문의 의미 내용을 변경시키고 있었다. 아무리 아우성쳐도 내 말은 허공만 맴돌 뿐이다. 결국 제2심 재판부의 판결만 남았다. 기을호는 억울하게 땅을 빼앗기고 돈까지 빼앗긴 것이다.

다섯째, H건설과 건물 소유자들이 임의로 약정한 건물 보상비 총 3억 원을 기을호가 철거의무 위반으로 배상해야 할 손해액으로 적정하다는 것도 이해할 수 없다.

제2심에서 H건설이 손해배상에 대하여 주장한 것이라곤, "기을호가 철거 의무를 이행하지 아니하여 H건설이 이를 이행하기 위하여 철거보상비를 지급함으로써 손해를 배상하여야 한다"는 딱 한 문장밖에 없었다. 이 한 문장으로써 기을호의 철거의무 위반은 물론, 그로 인한 배상액에 대한 주장, 입증까지 다하였다는 것이다. 너무도 파격적이다.

기노걸은 D건설과 계약할 때도 세입자들의 이주 보상비를 총 2억 원으로 약정했다. H건설과의 계약서(위조된 것이지만)에는 이마저도 없다. H건설 직원인 〈증인B〉는 D건설과 달리 별도로 다른 계약을 했기 때문이라고 하였다. 그렇다면 H건설과의 계약에서는 이주 보상비에 대한 어떠한 근거조차도 없는 것이다. 그런데 느닷없이 H건설과 세입자들 사이에 합의된 금액을 약정상의 철거의무 위반을 이유로 기을호가 배상하여야 한다는 것이다.

기을호는 1997년 D건설과 계약을 하고 잔금 9억 8,300만 원에 대하여 9년 동안 이자 한 푼도 받지 못했다. 부동산 가격이 폭등하였음에도 그랬다. 그런데 기을호에게 세입자들의 건물 보상비는 50%나 증액된 3억 원을 철거보상비로 지급하라고 한다. 그게 적정하다고 한다. H건설과 건물 소유주들이 마음대로 정한 금액을 기을호가 지급하여야 한다고 한다. 과연 대기업이 좋긴 좋다. 마치 감히 대기업에 대항하는 자는 이렇게 된다고 법원이 경고하는 것 같다. 세상이 그러하고 법원이 아직은 그런 세상을 따라가고 있는 듯하다. 어찌하랴!

상고심(대법원 2011다108002호, 구상금 제3심)

나는 다시 상고이유서를 작성해 제출하였다. 이는 사실판단의 문제가 아닌 명백한 법리의 문제였다. 변론주의에 관한 문제였고, 기판력의 객관적 범위에 관한 문제였고, 건물철거 소송에서의 피고 적격의 문제였다. 그러나 상고심은 곧 기각되었다. 이유는 아무런 법리적인 문제가 없다는 것이다.

"건물을 철거하라"는 판결주문을 유독 이 사건에서만 '약정에 기하여 건물을 철거할 의무를 이행하라'라는 의미로 해석할 수는 없다. 나는 제2심 판결 및 대법원의 판단이 잘못된 것이라고 확신한다. 결국 판결이 법전 속의 법리를 죽은 시체로 만들어 놓았다. 대한민국 사법부 구성원은 누구보다 똑똑하고 엘리트이다. 위신이 있고 자존심도 강할 것이다. 그렇다고 잘못된 판결을 끝까지 고집하는 것이 그들의 위신이고 자존심일까? 힘없는 자의 지혜가 관철되지 못하는 일이 어찌 이뿐이겠는가? 기을호만 불쌍하다.

〈증인B〉에 대한 고소 사건

나는 2010년 10월경 〈증인C〉에 대한 위증 고소장을 작성하였고, 다른 한편 H건설이 기을호에게 제기한 구상금 청구 사건을 진행하고 있었다. 한편, 나는 이 사건의 내용이 H건설이 내세운 〈증인A〉, 〈증인B〉, 〈증인C〉의 거짓증언에 의하여 좌우되고 있다는 점을 주목하였고, 그 중 H건설의 〈증인B〉가 모든 것을 주도하고 있을 것으로 생각되었다.

그렇다면 새로운 재심청구를 위하여 〈증인B〉의 위증 행위를 확인하여 둘 필요가 있을 것으로 생각하였다. 〈증인B〉는 이미 여러 변론기일에서 논리적으로 모순되는 증언을 여러 차례 하였는데,

그동안의 재판과정에서 이러한 점을 아무리 주장·적시하여도 담당 재판부는 전혀 참작조차 하지 않았었다. 따라서 〈증인B〉의 모순된 증언에 대하여는 별도의 고소 절차를 통하여 위증 행위임을 명확하게 할 필요가 있을 것으로 생각되었다.

나는 2011년 3월경 기을호와 함께 H건설의 차장인 〈증인B〉에 대한 위증 혐의의 고소장을 작성하여 검찰에 접수하였다. 그런데 그 결과는 참으로 어처구니가 없었다. 대략 한번 살펴보자.

〈증인B〉에 대한 위증고소 사실

〈증인B〉는 2006년 7월 25일경 서울중앙지방법원 2005가합99041호 사건 변론기일에 증인으로 출석하여, "기을호 및 기노걸은 2000년 3월경에 H건설에게 소유권 이전이 협의되었다고 하면서 매매잔금 9억 8,300만 원을 청구하였으나, 지장물 철거 등 잔금 지불 전 이행사항이 완료되지 않아서 지불하지 않았다"는 취지로 증언하였다.

〈증인B〉는 2009년 1월 21일 서울중앙지방법원 2008고단3739호 〈증인A〉의 위증 형사사건 공판기일에 출석하여서도, "기노걸이 2000년 3월경에 Y종합건설을 통하여 H건설과 승계계약이 체결되었으니 잔금 9억 8,300만 원을 지급해 달라고 H건설에 요청하였다"는 취지로 증언하였다.

위 〈증인B〉의 증언이 허위(위증)인 이유

첫째, Y종합건설은 기노걸에게 2000년 7월 28일 경, "귀하가 매매계약 승계를 거부함에 따라 사업이 지연되므로 부득이 토지수용권을 발동하려 한다"는 내용의 통고서를 발송한 객관적인 사실이 있다. 따라서 "기을호 또는 기노걸이 2000년 3월경에 소유권 이전이 협의되었다고 하면서 잔금 9억 8,300만 원을 청구하였다"는 〈증인B〉의 위 증언은 논리적으로 사실일 수가 없다.

둘째, 〈증인B〉는 서울고등법원 2009재나372호 재심사건 2009년 10월 14일자 변론기일에 출석하여, "증인은 2000년 3월경에는 기을호를 만난 사실이 없다"라고 분명하게 증언하였다. 즉, 〈증인B〉는 2000년 3월경에 기을호가 잔금을 청구하였다는 취지의 증언은 거짓진술임을 스스로 자인한 것이었다.

셋째, 이 사건 계약서 제6조에는 "을(H건설)이 일반 구조물(건물, 교량 등)의 철거를 책임지기로 한다"라고 기재되어 있다. 즉, 건물 철거는 잔금 지불 전 이행사항이 아니었다. 따라서 지상물 철거 등 잔금 지불 전 사항이 이행되지 않아서 잔금을 지불하지 않았다는 〈증인B〉의 증언 역시 허위인 것이다.

경찰의 불기소 의견, 검찰의 불기소 처분

〈증인B〉의 고소 사건은 서대문경찰서에서 담당하였다. 나는 고소인 조사를 받으면서 〈증인B〉의 진술은 논리적으로 거짓임이 명백하다고 강조하였다. 특히 〈증인B〉는 서울고등법원 2009재나 372호 재심사건 중 2009년 10월 14일자 변론기일에서 스스로 "증인은 2000년 3월경에는 기을호를 만난 사실이 없다"라고 진술하고 있음을 강조하기도 하였다. 논리적으로 명확한 것이므로 대질신문 자체도 필요가 없을 것으로 보였다. 그러나 서대문경찰서 담당조사관은 〈증인B〉와 고소인 기을호에 대한 대질신문을 하였다. 그 후 사건을 인천 계양경찰서로 이송하여 〈증인C〉에 대한 참고인 조사를 실시하였다. 그리고 사건을 불기소 의견으로 검찰에 송치하였다.

나중에 확인한 바에 의하면, 경찰의 불기소 의견서는 서울중앙지방법원 2005가합99041호 판결문, 서울고등법원 2007나5221호 판결문 및 종전 〈증인B〉에 대한 위증 고소에 대한 불기소처분의 결과로 보아, 〈증인B〉의 위증을 인정할 수 없다는 것이었다. 불기소 의견서는 위 민사소송 판결문 이유를 이리저리 섞어놓아서 무슨 말인지조차도 알 수 없도록 작성하고 있었다.

〈증인B〉에 대한 고소 사실에 대한 근거가 되는 서울고등법원 2009재나372호 재심사건 변론기일에서의, "〈증인B〉는 2000년 3월경에는 기을호를 만난 사실이 없다"라는 증언과 논리적으로 배치된다는 점은 교묘하게 피해가고 있었다. Y종합건설이 2000년 7월 28일자로 기노걸에게 발송한 통고서의 내용도 마찬가지였다. 참으로 해괴한 논리였다. 논리가 아니라 철저한 무시이고 회피였다. 당사자 외에 누구도 관심을 두지 않는 사건은 이렇게 철저하게 무시되고 있었다. 그리고 검찰은 이를 그대로 받아들여 불기소처분을 하였다.

나는 사건이 검찰로 송치되었다는 소식을 문자로 전송받고, 담당검사에게 전화를 해서 직접 방문하여 사건에 대해 설명을 하겠다고 하였다. 하지만 담당검사는 방문할 필요가 없다고 하였다. 일언지하의 거절이었다. 오히려 대리인이 마치 당사자처럼 사건에 집착하는 것이 수상하다고 하였다. 어디선가 들어본 이야기다. 마치 누군가로부터 귀띔이라도 들은 것 같은 느낌이었다. 사건의 실체를 문제 삼는 것이 아니라 변호사가 사건을 열심히 파고드는 의도를 문제 삼고 있었다. 변호사가 고소인을 위하여 열심히 일하는 것이 사건의 실체를 덮는 이유가 될 수 있다는 말인가? 그리고 얼마 뒤 불기소 처분서가 날아들었다.

힘 있는 자에게는 여러모로 편한 세상이고, 힘없는 자에게는 열심히 일하는 것 자체가 문제가 되는 세상이다. 어느 한 개인의 문제가 아니라 우리가 살아가고 있는 사회 자체가 그러한 세상이었다. 나는 즉각 검찰 항고를 하였으나 기각되었다. 기소유예도 아닌 증거 불충분으로 인한 불기소 처분이었다. 재항고를 해봐도 소용없었다.

建設株式會社

주 택 영 업 본 부

(TEL:031-986-1852 / FAX:031-985-0643)

현건(향산) : 제08-02-01 호   2008. 02. 13.

수   신 : 김포시 고촌면 신곡리 1052 숲속마을 103-203

         기 ○ 호 귀하

제   목 : 법원 판결 이행 최고

　　　　1. 귀하의 가정에 건강과 행운이 있으시길 기원합니다.

　　　　2. 귀하와 당사간 대법원 2007다 74607 소유권이전등기 등 소송 관련
입니다.

　　　　3. 당사는 위 대법원 판결(상고 기각)에 의한 원심판결인 서울중앙지방
법원 2005가합 99041 소유권이전등기 등의 판결문에 따라 소유권이전등기절차를
이행하고, 토지를 인도 및 지상건물의 철거를 2008. 02. 29까지 이행하여 주시길 바
라며,

　　　　4. 상기일까지 이를 이행치 않을시에는 귀하의 의무사항에 대한 법적
강제집행과 이행 지체에 따른 손해배상(부동산매매계약서 제6조 다항)등 법적조치를
진행할 것이오니, 이점 양지하시어 귀하의 재산상 및 신용상 피해가 없도록 하시기
바랍니다.

※ 별   첨 : 1. 부동산 매매계약서 관련 조항 1부.
　　　　　　2. 현황 사진 1부. 끝.

이 우편물은 2008-02-13
제 3409981000347호에 의하여
내용증명우편물로 발송하였음을 증명함
고촌우체국장

서울시 종로구 ○○ 140-2

○ ○ 건 설 주 식 회 사
대 표 이 사 이 ○ 수

증거자료 13-1: H건설이 기노걸에게 보낸 건물철거 이행 최고서

H건설은 기을호를 상대로 승소한 서울중앙지방법원 2005가합99041호 확정판결로써 그 지상건물을 철거할 수 없게 되자,
기을호에게 이 사건 계약서 제6조의 내용을 변조한 건물철거 이행 최고서를 발송하여 자진 철거를 요청하였다.

<부동산 매매계약서 관련 조항>

第 6 條 (農作物 等 支障物에 관한 事項)

가. '갑'은 표시 부동산상의 지장물 일체(입목, 무허가 및 미등기 건축물, 분묘 및 기타 농작물과 지하구조물을 포함한다.)를 제4조 잔대금 지불기일전까지 '갑'의 책임과 비용으로 이식, 철거, 이장, 거주자의 토거 및 건물의 멸실 등을 완료하여 토지 명도에 하등의 지장이 없도록 조치하여야 한다.

나. 만약 '갑'이 상기 '가'항 기한 내에 소정의 조치를 완료하지 못 할 경우 '갑'의 중대한 계약 위반사항으로 간주하며, 필요시 '을'이 임의로 '갑'을 대위하여 '갑'의 명의等을 사용하여 이식, 벌목, 철거, 퇴거조치, 이장 등 일체의 행위를 하여도 '갑'은 민형사상 하등의 이의를 제기할 수 없으며 이에 투입되는 모든 비용은 '갑'의 부담으로 하여 토지 대금에서 상계처리하기로 한다.

다. 본 계약의 이행과 별도로 상기 ○○항의 지장물 일체의 처리가 잔대금 지불기일까지 완료되지 못할 시 그 처리가 완료될 때까지 '을'은 '갑'에게 지불할 잔금 지급을 연기(연체료는 부담하지 않는다)할 수 있으며, '갑'은 매지체일수에 대하여 계약금 및 중도금등 '을'로부터 기수령한 금액의 1/1000에 해당하는 금액을 1일 손해배상액으로 정하여 '을'에게 지급하기로 하며, '을'은 위 손해배상금을 '갑'에게 지불할 토지대금에서 상계 처리할 수 있다.

증거자료 13-2: H건설이 기을호에게 보낸 변조된 계약서 제6조의 내용

H건설은 기을호에게 건물의 철거를 촉구하면서, 이 사건 계약서 제6조 가 항과는 전혀 다른 내용(매도인의 건물철거 의무, 매수인의 대체철거 및 상계처리권, 매수인의 잔대금 지급연기 및 지체상금청구권 등)으로 변조된 계약조항을 내용증명 우편으로 발송하였다(증거자료 1-3, 계약조항 6조 가항 참조).

제12장

검찰의 실수(?)

〈증인C〉에 대한 위증고소

고소장 작성

2010년 10월경 기을호를 설득한 나는 곧바로 〈증인C〉에 대한 위증 혐의의 고소장 작성에 들어갔다. 서울중앙법원 2008고단 3739호 위증사건 공판기일에서의 〈증인C〉의 증언과 서울고등법원 2009재나372호 재심사건에서의 〈증인C〉의 증언, 그리고 2008년 9월경의 녹취록의 진술 내용을 차분하게 비교 분석했다. 명백하게 사실에 반하거나 논리적으로 전후 모순된 진술들을 추려서 정리했다. 특별히 "안천식 변호사의 협박으로 2008년 4월 4일자 진술서를 작성했다"라는 증언 내용에 대하여도 고소사실에 추가하였다. 이는 나와 직접 관계된 일이기도 하였기에 나는 공동 고소인으로 이름을 올렸다.

고소 내용1(서울고등법원 2009재나372호 법정에서의 위증)

먼저 서울고등법원 2009재나372호 사건에서 〈증인C〉의 진술에 대한 고소 내용은 다음과 같았다.

첫째, 서울고등법원 2009재나372호 재심사건에서 〈증인C〉는, "안천식 변호사에게 2008년 4월 4일자 진술서를 써준 것은, 거짓 내용인 줄 알고 있었지만 오로지 돈을 받을 목적으로 쓴 것이다. 안천식 변호사가 협박하고 기을호가 회유하여 돈을 받기 위하여 허위 내용의 진술서를 작성해 준 것이다"라고 증언하였다.

그런데 서울중앙지방법원 2008고단3739호 사건에서 〈증인C〉는, "당시 안천식 변호사가 증인이 진술한 내용을 토대로 진술서를 작성한 것은 사실이고, 도장 관련 이야기가 오간 것도 사실이다. '인장은 이지학이 가지고 있던 막도장을 날인한 것으로 기억한다'라고 말한 것도 사실이다. 그런데 나중에 생각해보니 착각한 것 같다"라고 하였다. 이는 논리적으로 전혀 상반된 증언이다. 둘 중 하나는 허위인 것이다.

둘째, 〈증인C〉는 서울고등법원 2009재나372호 사건에서, "안천식 변호사를 마지막으로 찾아간 것은 2008년 6월경으로서 H건설의 〈증인B〉를 찾아가기 전이었다. 기을호가 약속한 돈을 얼마나 받을 수 있을지 알아보기 위해 간 것이다. 안천식 변호사를 만나서 돈

200만 원을 빌려달라는 말을 한 사실은 없다. 가기 전에 전화로 미리 약속을 하지도 않았고, 마침 서울 나가는 길에 검사검사 찾아간 것이다"라고 증언하였다.

그런데 나는 2008년 9월경에 〈증인C〉와의 대화를 녹음한 사실이 있었고, 그 대화의 녹취록에는 위와 같은 증언과 정반대의 내용이 기록되어 있다. 즉, 녹취록에서 〈증인C〉는 "제가 진술서를 써준 것은 거짓말 치는 사람이 오히려 큰소리치는 현실을 어떻게 바르게 해 볼까 그런 생각에서 해 준 것이다. 지금이 9월인데 8월에 내가 기을호를 두 차례 방문했다. 지금 너무 힘드니 돈 200만 원을 빌려 달라. 나중에 기을호에게 잘 말해 달라. 민감한 일이라 어제 미리 전화를 드리고 온 것이다"라고 진술하고 있었다.

특히 〈증인C〉가 그렇게 강조했던, "약속한 돈을 얼마나 받을 수 있을지에 대한 대화"는 전혀 없었다. 8월에 기을호를 두 차례 방문한 뒤 9월에 방문하였다는 사실도 기록되어 있었다. 방문 시기, 방문 목적, 대화 내용 등 모든 게 허위인 것이었다.

셋째, 〈증인C〉는 서울고등법원 2009재나372호 재심 사건에서, "2008년 7월경 H건설 차장인 〈증인B〉를 처음 만났을 때, '기을호가 평생 먹을 것을 보장해 주겠다고 했고, 안천식 변호사가 고소를 하겠다고 하여 어쩔 수 없이 2008년 4월 4일자의 허위진술서를 작성해 주었다. 이지학이 도장을 찍었다는 내용은 사실이 아니다'라고 모두 말해 주었다"라고 하였다.

그런데 같은 날 〈증인C〉 뒤에 증인으로 나온 H건설 차장인 〈증인B〉는, "2008년 7월경 〈증인C〉를 처음 만났을 때, 〈증인C〉는 굉장히 곤혹스러워하며 답변을 제대로 하지 않았다. 증인을 상대하려고도 하지 않았다. 당시 〈증인C〉로부터 '안천식 변호사가 위협을 하였고 기을호가 평생 먹을 것을 보장해 주었다'는 말은 전혀 듣지 못하였다"라고 하였다. 완전히 정반대의 진술이다. 둘 중 누구 하나는 거짓말을 하고 있는 것이다. 〈증인B〉가 H건설에게 불리한 허위 진술을 할 리는 없을 것이다.

넷째, 〈증인C〉는 서울고등법원 2009재나372호 재심 사건에서, "1999년 내지 2000년경 이지학이 주택개발 사업에 필요한 주민동의서의 작성을 위하여 향산리 주민들의 막도장을 가지고 있었던 점에 대한 기억은 없다. 이지학이 도장을 가지고 다녔는지도 증인은 보지 못하였기 때문에 모른다"라고 증언하였다.

그런데 〈증인C〉는 서울중앙지법 2008고단3739사건에서 이미, "2008년 4월 4일자 진술서에 '이지학이 도장을 찍었다'는 부분은 향산리 주민동의서에 찍은 것과 착각하고 그렇게 진술한 것이다. 당시 이지학이 주민동의서 작성을 위하여 향산리 주민들의 막도장을 가지고 다니고 있었던 것은 맞다"라고 증언하였었다. 둘 중 하나는 거짓말이다.

고소내용2(서울중앙지방법원 2008고단3739호 법정에서의 위증)

서울중앙지방법원 2008고단3739호 법정에서의 〈증인C〉의 증언에 대한 위증 관련 고소내용을 다음과 같다.

첫째, 〈증인C〉는 서울중앙지방법원 2008고단3739호 위증 사건 공판기일에서, "이지학이 이 사건 계약서에 도장을 날인하는 것은 본 적이 없다. 안천식 변호사 사무실에서는 이지학이 직접 도장을 날인하였다고 했는데, 이는 잘못된 진술이다"라고 하였다.

그러나 〈증인C〉는 2008년 4월 4일자 안천식 변호사 사무실에서 뿐만 아니라, 2008년 4월 18일 방배경찰서 참고인 진술을 하면서도 "이지학이 기노걸의 막도장을 소지하고 있었고, 틀림없이 기노걸의 계약서에 찍는 것을 보았다"라고 수차에 걸쳐서 진술하였다. 그리고 2008년 9월경 안천식 변호사 사무실에 찾아왔을 때도, "진짜 정의를 위해서 진술서를 써준 것이다"라고 하였다. 그런데 2008년 7월경에 H건설 측의 〈증인B〉, 〈증인A〉를 만난 이후 갑자기 진술이 바뀌었다.

둘째, 〈증인C〉는 서울중앙지방법원 2008고단3739호 위증 사건 공판기일에서, "기을호는 이 건에 대하여 협조해 주면 평생 먹을 것을 보장해 주겠다고 하였고, 안천식 변호사는 협조해 주지 않으면 신상에 불이익이 있을 것이라고 하였다"라고 하였다.

그런데 〈증인C〉는 같은 증인신문기일에서 "착오로 잘못 기억한 것이다"라고 하면서 전혀 다른 의미로 진술하였다. 회유와 협박에 의한 것과 착오에 의한 것은 전혀 다른 의미다. 회유와 협박은 외부적인 자극이 있었다는 것이고, 착오는 내부적인 인식의 문제였다는 것이다. 논리적으로 둘 중의 하나는 거짓이다.

셋째, 〈증인C〉는 서울중앙지법 2008고단3739호 사건 공판기일에서 재판장의, "안천식 변호사에게 이지학이 도장 찍는 것을 본 것 같다고 말을 했나요, 안 했나요"라는 질문에, "그런 말을 안 했습니다. 그런 말을 안 했는데 안천식 변호사가 타이핑해온 진술서에 그 내용이 포함되어 있었고, 이를 자세히 못 읽고 도장을 찍은 것이다"라고 하였다.

그런데 〈증인C〉는 그 후에, "안천식 변호사에게 인장 관련 말을 한 것이 사실이다"라고 스스로 거짓임을 자인하였다(이 부분은 동일 변론기일에서 인장 관련 말을 했다고 하였으므로 위증죄가 될 수 없다고 판단하였다).

넷째, 〈증인C〉는 서울중앙지방법원 2008고단3739호 공판기일에서, "안천식 변호사에게 준 진술서에 이지학이 도장 날인한 것을 보았다는 내용이 기재되어 있는 것은, 2008년 6월 말경 〈증인B〉와 전화 통화를 하고 알게 되었다"고 하였다.

그러나 〈증인C〉는 당시 진술서를 작성하고 그 내용을 일일이 수정한 뒤 다시 확인까지 하였다. 그리고 사무실 여직원과 함께 인근 공증 사무실에 가서 공증까지 받았다. 그런데도 〈증인C〉는 착오로 잘못 작성하였다고 하였다. 논리적으로나 사실적으로나 허위임이 분명하다.

수사 및 기소

고소 사건에 대한 수사는 1차적으로 인천 계양경찰서에서 이루어졌고, 이를 바탕으로 인천지방검찰청에서 다시 수사가 진행되었다. 2011년 7월 1일 검찰은 〈증인C〉를 위증 혐의로 기소하였는데, 기소범위는 다음과 같았다.

(1) 서울고등법원 2009재나372호 재심 사건에서 〈증인C〉의 증언 중, "안천식 변호사를 마지막으로 찾아간 것은 2008년 6월경이다"라는 둘째 고소사실과, "1999년 내지 2000년경 이병환은 향산리 주민들의 막도장을 가지고 있었다는 점에 대한 기억이 없다"는 넷째 고소사실만을 기소범위에 포함시켰다.

특히 "안천식 변호사가 협박하고 기을호가 회유하여 오로지 돈을 받기 위하여 2008년 4월 4일자 거짓 내용의 진술서를 작성해주었다"는 첫째 고소사실은, 안천식 변호사가 여러 번 전화한 것을 협박으로 오인할 수도 있고 기을호가 사례를 약속하였을 수도 있다는 이유에서 기소범위에서 제외하였다. "2008년 7월경 〈증인B〉를 만나, 협박과 회유에 의하여 거짓진술서를 안천식 변호사에게 작성해 주었다고 모두 말해주었다"는 셋째 고소사실도, 〈증인B〉와 〈증인C〉 중 누가 거짓말을 하는지 알 수 없으므로 기소범위에서 제외한다고 하였다.

결국 이와 관련하여 공소장에 기재된 〈증인C〉의 거짓진술은, ① "2008년 9월경 안천식 변호사에게 돈을 차용해달라고 하지 않았다. 기을호가 제의한 것에 대하여 얼마나 받을 수 있을지 확인하기 위하여 기대심으로 가보았던 것이다"라는 부분과, ② "1999년 내지 2000년경 이지학이 주택개발사업에 필요한 주민동의서의 작성을 위하여 향산리 주민들의 막도장을 가지고 있었던 점에 대한 기억은 없다. 이지학이 도장을 가지고 다녔는지도 증인은 보지 못하였기 때문에 모른다"라는 부분만이 공소사실에 기재되었다.

(2) 서울중앙지방법원 2008고단3739호 공판기일에서의 〈증인C〉의 증언과 관련한 기소범위는 보다 넓었다.

첫째, 판사와 검사의 질문과 〈증인C〉의 진술을 하나하나 공소사실에 기재하면서, 기노걸-H건설 명의의 부동산매매계약서의 날인과정에 대하여 〈증인C〉가 잘 알고 있으면서, 거짓말을 하였다는 취지로 공소사실이 꾸며졌다.

둘째, "안천식 변호사에게 이지학이 도장 찍는 것을 본 것 같다는 말 자체를 하지 않았다"는 진술에 대하여도 공소사실에 포함시켰다.

셋째, "안천식 변호사에게 준 진술서에 이지학이 도장 날인하는 것을 보았다는 내용이 포함되어 있는 것은 2008년 6월 말경 〈증인B〉와 전화통화를 하고서야 알게 되었다"는 부분도 공소사실에 포함시켰다.

판결의 선고

사건은 인천지방법원 2011고단3402호(제1심)로 진행되었고, 〈증인C〉를 위하여 1년 전에 같은 법원 단독판사를 역임하고 퇴직한 변호사가 담당 변호인으로 선임되었다.

2011년 11월 3일 동 법원은 서울고등법원 2009재나372호 사건과 관련하여 공소사실에 기재된, "안천식 변호사를 마지막으로 찾아간 것은 2008년 6월경이다", "2000년경 이지학은 주민들의 막도장을 가지고 다니지 않았다"는 〈증인C〉의 두 가지 진술에 대하여 모두 위증죄의 유죄를 인정하였고, 서울중앙지방법원 2008고단3739호 사건과 관련하여서는, "2008년 6월 말경에 안천식 변호사에게 작성해 준 진술서에 도장 관련 내용이 있는 것을 알았다"는 부분에 대하여만 위증죄의 유죄를 인정하여, 결국 〈증인C〉에 대하여 징역 6개월에 집행유예 2년 사회봉사명령 120시간을 선고하였다.

결국, 객관적으로 돌이킬 수 없을 정도로 명확한 증거가 있는 부분만 유죄 판결이 났고, 최저의 형량이 선고된 것이다. 초범이고 반성하고 있으며, 위증한 부분은 사건에 있어서 중요한 사실이라고 볼 수 없음을 참작하였다고 하였다. 검찰은 항소하였으나, 항소는 기각되었다.

비판

검찰의 공소범위에 대한 비판(공소사실에서 누락된 〈증인C〉의 자백)

나는 당시 인천지방검찰청이 〈증인C〉의 위증에 대하여 일부라도 기소해 준 것 자체가 고마울 따름이었다. 〈증인A〉 위증 사건의 경우에는 검찰이 세 차례씩이나 불기소 처분하는 모습을 보았기 때문이다. 따라서 고소사실 중 검찰의 일부 불기소 처분에 대하여 검찰 항고를 할 엄두도 내지 못하고 있었다. 기소된 것만이라도 공소유지를 잘 해 주기를 바랄 뿐이었다.

그런데 본격적으로 공판기일이 시작되고, 수사 서류를 열람해보면서 한 가지 중요한 사실을 발견했다. 즉, 〈증인C〉는 경찰·검찰

조사과정에서 자신의 증언 중, "이지학이 기노걸의 막도장을 날인한 것으로 기억한다는 내용의 2008년 4월 4일자 진술서가 허위라는 사실을 알면서도, 심리적 압박과 회유로 오로지 돈을 받을 목적으로 작성해 주었다는 증언은 제가 사실과 달리 증언한 것입니다"라고 하면서, 이 부분에 대한 서울고등법원 2009재나372호 변론기일에서의 증언(첫 번째 고소사실)이 위증임을 무려 여섯 차례나 자백하고 있었던 것이었다. 즉, 검찰은 〈증인C〉의 증언 중 가장 핵심적인 부분이 위증임을 자백하고 있음에도, 이 부분을 기소범위에서 제외하고 있었던 것이었다.

"안천식 변호사를 최종적으로 방문한 것은 2008년 6월경으로 〈증인B〉를 만나기 전이다"라는 부분 역시 〈증인C〉는 거짓증언임을 자백하고 있었으나, 기소범위에 포함되지 않았다. 나는 위와 같은 사실을 검찰 항고기간(30일)이 지나고 제1심 판결이 선고될 즈음에서야 비로서 알게 되었다. 기가 막혔다.

〈증인C〉는 자신에 대한 위증 고소사실 중 가장 핵심적인 부분을 자백하였음에도 검찰은 이를 공소사실에 포함시키지 않고 있었던 것이다. 나는 검찰이 일부라도 기소해 준 것에 감지덕지하여 넋을 놓고 있었던 것이다. 항소심에서 이 점에 대하여 의견요청을 피력하면서 공소사실 추가를 요청하였지만 이는 불가능한 것이었다.

나는 하는 수 없이 명백하게 범죄사실을 자백한 부분에 대하여 다시 고소장을 접수시켰다. 그러나 이미 동일 변론기일에서 일부 증언이 유죄로 확정되었으므로 법리적으로 다시 기소할 수는 없는 것이었다. 결국 검찰은 이에 대하여 2012년 8월 10일자로 "공소권 없음"의 불기소 처분을 하였다. 절차적으로는 검찰의 일부 불기소 처분에 대하여 수사서류를 꼼꼼하게 챙겨보지 못한 나의 잘못이 크다. 내가 검찰의 불기소이유를 꼼꼼하게 챙기지 못한 것처럼, 검찰도 〈증인C〉가 명명백백하게 자백을 하고 있는 핵심적인 고소사실을 실수로 기소범위에서 제외하였다는 말인가? 그러나 〈증인C〉가 수사 과정에서 자신에 대한 위증 고소사실 중 가장 핵심적인 부분을 무려 6차례나 자백하였음에도, 검찰이 이를 기소범위에서 제외한 점에 대하여는 쉽게 이해가 가지 않는다.

양형에 대한 비판

대법원의 양형기준에 의하면, 위증죄의 기본 형량은 징역 6월~1년6월이다. 여기서 감경하더라도 징역 6월~10월을 선고하도록 되어 있었고, 가중할 경우 징역 10월~2년까지 선고하도록 정하고 있다. 즉, 위증죄의 경우는 아무리 가볍게 처벌하더라도 징역 6월 이상의 형을 선고하도록 양형기준을 정하고 있다.

〈증인C〉는 서울중앙지방법원 2008고단3739호 법정에 출석하여 위증하였고, 서울고등법원 2009재나372호 재심 사건에 출석하여 다시 위증하였다. 불과 1년도 되지 않는 짧은 기간에 진실만을 말하겠다고 선서하였음에도 두 차례씩이나 명백한 거짓증언을 한 경합범이다. 피해회복을 위한 노력도 없었다. 반성하는 표정이라고는 전혀 없었다. 피해자(기을호)도 법에 따른 엄정한 처벌을 원하였다.

그런데 초범이고, 반성하고 있고, 위증한 사실이 중요한 부분이 아니라고 하면서, 최저형인 징역 6개월에 집행유예까지 선고해 주었다. 지나치게 가벼운 처벌로 인하여 앞으로 또 같은 범죄를 저지를 염려는 없는 것일까? 재판부는 피고인이 반성하고 있다고 하였다. 무엇을 보고 반성하고 있다는 것일까? 단 한 번도 기을호에게 사과하지 않았다. 수사에서부터 공판에 이르기까지 시종일관 명백하게 드러난 사실 외에는 범행 사실을 부인하였다. 반대 증거가 나오면 어쩔 수 없이 인정하였다. 재판부는 〈증인C〉가 명백하게 인정하는 부분만 거짓말을 하였다고 보는 것일까? 같은 법원 출신의 이른바 전관 변호인이 반성하고 있다고 하면 반성하는 것일까?

재판부는 위증한 부분이 사건에서 중요한 사실이 아니라고 하였다. 명명백백하게 거짓증언을 하였는데도 별로 중요하지 않다고 한다. 법정이 온갖 거짓말로 오염되어도 된다는 말인가? 중요한 사실인지 아닌지 어떻게 안단 말인가? 왜 민사사건에서 증인의 신빙성을 형사 판결에서 미리 예단하는 것인가? 정말로 중요하지 않은 범죄인 것일까? 그렇다면 민사 법정에서 양측 소송대리인이 공연히 증인신문을 하여 〈증인C〉를 괴롭혔다는 것인가? 쓸데없이 재판장이 직권신문을 하였다는 것인가?

인간적으로 〈증인C〉라는 사람 자체는 참 불쌍한 것이 맞다. 양형은 법관의 재량이니 뭐라 할 수도 없다. 적어도 지난 〈증인A〉에 대한 사건처럼 벌금형을 선고하지도 않았다. 다만 사건 전체를 통하여 대기업 H건설에 우호적으로 흐르는 정서에 기가 막힐 뿐이다. 힘없는 변호사를 선임한 기을호의 처지가 처량할 뿐이다. 공허한 소리를 한 것 같다.

제13장

미로迷路게임

〈증인C〉에 대한 위증고소

재심소장과 증거서류

재심요건 정리

2012년 2월 20일 〈증인C〉에 대한 위증죄 유죄 판결이 확정됨에 따라, 나는 서울고등법원 2012재나235호로 다시 재심 소장을 접수시켰다. H건설은 소송대리인으로 T 법무법인을 선임하였다. 나는 재심청구 취지를 다음과 같이 주장하였다.

우선 서울고등법원 2009재나372호 재심청구가 기각되는 본안 종국판결이 있었다. 위 재심사건 변론기일에서 〈증인C〉는 그동안 일관되게 진술해 오던 "이지학이 W공영 사무실에서 기노걸의 막도장을 이 사건 계약서에 날인한 것으로 기억한다"라는 종전 자신의 진술은 사실이 아니라고 부인하는 증언을 하였다. 재판부는 이러한 〈증인C〉의 증언을 증거로 채택하여 종전 그의 진술을 믿기 어렵다고 하였다. 종전 그의 진술은 "이 사건 계약서는 2000년 1월경에 이지학에 의하여 위조되었다"는 취지이다. 〈증인C〉는 방배경찰서에도 동일하게 진술한 사실이 있다.

그런데 서울고등법원 2009재나372호 재심사건 변론기일에서의 〈증인C〉의 증언은 상당부분 거짓진술임이 드러났고, 위증죄의 유죄로 확정판결까지 내려졌다. 〈증인C〉가 서울고등법원 2009재나372호 사건 변론기일에서 얼마나 많은 거짓진술을 하였는지는 가늠하기조차 어렵다. 즉, 2009재나372호 사건에서의 〈증인C〉의 증언 중 일부는 위증죄의 유죄로 확정되었고, 나머지 부분의 증언도 대부분 허위인 것으로 추정된다. 즉, 당해 법정에서 〈증인C〉의, "2008년 4월 4일자 진술서 중 '이지학이 W공영 사무실에서 기노걸의 막도장을 이 사건 계약서에 날인한 것으로 기억한다'라는 내용은 사실이 아니다"라는 진술도 허위일 개연성이 매우 크다. 이는 이 사건 계약서가 기노걸에 의하여 작성되지 않았을 개연성이 매우 크다는 의미이다.

민사소송법 제451조 제7호는 "증인의 거짓진술이 판결의 기초가 되었을 때"라는 재심사유를 규정하고 있고, 이는 증인의 거짓진술이 판결의 기초가 되어 위증죄의 유죄판결이 확정된 때에는 재심 이전 소송에서 제출된 증거자료는 물론 재심소송에서 조사된 증거자료까지 종합하여 종전 확정판결의 주문이 달라질 개연성이 있는지 여부를 판단하고, 종전 판결이 구체적 정의에 부합하는지 여부를 심리하여야 한다는 의미이다. 따라서, 위증죄의 유죄로 확정된 〈증인C〉의 허위증언과, 새로 제기된 재심소송에서 추가로 제출된 증거자료들까지 종합하여 무엇이 진실인지를 가리는 재판을 하여야 하는 것이다.

추가 제출한 증거에 대한 요약

재심사건은 재심요건의 존부에 대한 판단과 종국판결에 대한 본안 판단으로 구분된다. 민사소송법 제451조 제1항 제7호는 "증인의 거짓진술이 판결의 증거가 되어 유죄로 확정된 때"를 재심사유로 규정하고 있다. 그런데 〈증인C〉는 서울고등법원 2009재나372호 사건 변론기일에서 거짓진술을 하였고, 이러한 거짓진술은 그 판결의 증거로 채택되어 사용되었으며, 그 후에 상당부분이 위증죄의 유죄로 확정되었다. 즉, 민사소송법 제451조 제1항 제7호의 재심요건을 충족하고 있다. 그러면 이러한 재심요건의 존부에 대한 판단을 마치고 종국판결에 대한 본안 심리에 들어가야 한다. 종전 종국판결에서 이 사건 계약서는 기노걸의 의사에 의하여 작성된 것이라고 판단한 판결이 구체적인 정의에 부합하는지 따져보자는 것이다. 나는 이를 위하여 새로운 증거자료를 다수 확보하고 있었다.

첫째, 이 사건 계약서가 작성된 시기에 관한 반대증거들을 살펴보자.

〈증인A〉는 제1심 변론기일에서, "2000년 9~10월경에 기노걸의 자택에서 기노걸이 건네주는 막도장을 이지학이 계약서에 날인하였다"라고 증언하였다. H건설의 〈증인B〉도 "2000년 가을경에 이 사건 계약서를 Y종합건설로부터 건네받아서 일자 란에 1999년 11월 24일로 기재하여 넣었다"라고 증언 하였다. 또한 〈증인C〉도 서울고등법원 2009재나372호 사건 변론기일에서 종전의 자신의 진술을 부인하면서, "2000년 9~10월경에 이지학이 어렵게 기노걸과 이 사건 계약서를 작성하고 나서, H건설 직원들과 김포시내에서 이를 축하하는 회식을 하였다"라는 취지의 증언까지 하였다. 이제까지 재판부는 이러한 〈증인A〉, 〈증인B〉, 〈증인C〉의 증언을 근거로 이 사건 계약서는 2000년 9~10월경에 기노걸의 의사에 의하여 작성된 것이라고 판단하였다. 세 사람 중 두 사람은 위증죄로 처벌받았고, 〈증인A〉는 무고죄로도 처벌받았다. 그런데도 재판부는 위 세 사람의 증언을 신뢰하였고, 이 사건 계약서의 진정성립을 인정한 판단에는 아무런 잘못이 없다고 하였다.

나는 재심청구를 하면서, 2000년 8~10월 H건설과 관련한 신문 기사를 수집하여 증거로 제출하였다. H건설은 한국 대표적인 재벌 H그룹의 계열사인데, 2000년 4월경, 이른바 "왕자의 난"을 겪으면서 극심한 유동성 위기에 직면하게 된다. 부실화된 H건설의 유동성 위기로 H그룹 전체가 위험한 지경에 이르기까지 하였다. 결국

H건설은 H그룹에서 분리되었다. H건설이 보유한 계열사의 지분을 하나도 남김없이 모두 매각하여 유동성 위기를 극복할 현금을 확보하기에 혈안이 된다. 그럼에도 H건설은 2000년 10월 말경에 1차 부도를 맞게 된다. 모든 사업지에서의 사업은 중단되었고, 해외에서 수주 받은 사업을 포기하여야 하였으며, 근로자들의 임금조차도 지불하지 못하는 상태에서, 임직원들은 대부분 사표를 제출하기까지 하였다. 2000년 8~10월경의 H건설의 내부사정과 재정상태는 이렇게 파탄직전의 어려운 상태였음이 각종 신문기사에 고스란히 드러나고 있었다.

나는 다시 금융감독원 전자공시 사이트를 검색해보았다. H건설은 2000년 7월부터 H그룹 계열사의 모든 지분을 매각정리하고 있었다. 2000년 10월경에는 현금을 확보하려고 H강관의 120만 원 상당의 남은 지분까지도 모두 매각하는 공시자료까지 발견되었다. 나는 이러한 공시자료를 모두 정리하여 증거자료로 제출하였다. H건설은 2000년 9~10월경의 재정상태는 이렇게 어려운 상태였었다. 당시 은행권으로부터 단돈 1원도 차입하지 못하여, 보유하고 있던 H그룹의 계열사 지분을 모두 내다 팔았고, H그룹에서도 분리되었다. 그럼에도 결국 1차 부도를 맞게 된다.

〈증인A〉, 〈증인B〉, 〈증인C〉는 이러한 시기에 H건설을 대리한 이지학이 기노걸과 이 사건 계약서를 작성하면서 기노걸에게, "현금 9억 8,300만 원이 곧 들어갈 겁니다"라고 하면서 이 사건 매매계약을 체결하였다고 한다. 이 사건 매매계약을 체결하고 나서, H건설 직원들과 함께 이를 축하하는 회식까지 하였다고 한다. 기노걸에게 잔금을 지급하려고 하였으나 잔금 지불 전 조건이 맞지 않아 지불하지 않았다고 한다. 기노걸과의 부동산 매매계약이 H건설의 운명보다도 더 중요하였다는 말인가? 모두들 부도위기에 벌벌 떨면서 임금조차도 받지 못하고, 임직원들은 사표까지 제출하였던 시기에, 기노걸과 이 사건 매매계약을 성사시킨 것을 기념하기 위하여 축하 회식까지 하였다는 말인가? 이 사건 매매계약이 그렇게도 중요한 계약이었단 말인가?

둘째, 나는 1999년 11월 24일 경 H건설이 D건설과의 계약을 승계하여 향산리 주민 23명과 사이의 새로 작성한 부동산매매계약서를 비롯한 각종 영수증, 무통장 입금증, 인감증명서, 주민동의서 등 부속서류 일체를 확보할 수 있었다. 이는 H건설이 내부 자료로 보관하고 있던 것으로서, 거기에는 기노걸 명의의 이 사건 매매계약서와, 위조된 것으로 확인된 H건설-허창 명의의 부동산매매계약서도 포함되어 있었다.

이러한 모든 서류를 종합하면, 향산지 주민 23명 중 기노걸과 허창을 제외한 21명의 경우는 H건설과의 부동산매매계약서 이외에 H건설로부터 일부 잔금을 지급받은 영수증이나 인감증명서, 주민동의서 등 H건설과의 계약체결 사실을 증명하는 서류가 최소한 1건 이상 구비되어 있었다. 그러나 허창과 기노걸 두 사람의 경우에는 동일한 필체로 된 부동산매매계약서와 영수증(D건설이 지급한 계약금 등)만 존재할 뿐, H건설과의 계약체결 사실을 증명하는 어떠한 서류도 존재하지 않았다. 결국 H건설은 기노걸, 허창 두 사람으로부터는 계약체결 사실을 증명하는 어떠한 증거서류도 구비하지 못하자, 〈증인C〉를 시켜서 이 사건 계약서와 H건설-허창 명의의 계약서를 형식적으로 작성하여 두었던 것으로 추정되는 것이다. 23건의 부동산매매계약서와 각종 부속서류 중에, 〈증인C〉의 필체로 작성된 서류는 기노걸과 허창 두 사람의 부동산매매계약서와 영수증 밖에 없다는 점에서도, 이러한 사실을 충분히 짐작하고도 남을 것이다.

셋째, 나는 〈증인A〉가 다른 사건에 증인 또는 참고인으로 참석하여 종전의 진술을 번복하는 2건의 소송기록도 정리하여 증거로 제출하였다. 나는 그동안 〈증인C〉에 대한 고소준비와 재심소송을 준비하는 필요한 증거들을 구하기 위하여 온 사방을 누볐고, 제출한 증거자료는 참으로 방대했다. 이러한 증거자료를 바탕으로 그동안 이 사건 계약서의 진정성립 여부와 관련하여 법원이 판단한 판결이 구체적인 정의에 부합하는지 가려보자는 것이다.

2012재나235호 재심청구 변론기일에 추가로 제출한 증거 서류를 좀 더 자세히 정리하면 다음과 같다.

2000년 7~10월경 각 신문기사

H그룹은 2000년 4월경 그룹 창업주의 후계자 지정과 관련하여 이른바 "왕자의 난"이라는 혼란을 겪으면서, 급격한 유동성 위기에 직면하였다. 그런데 당시 모든 부실의 근원은 H건설에 있었고, 이로 인하여 H그룹 전체가 지배구조를 개선하여야 하는 위기에 직면하게 된다. 결국 2000년 5월경에는 H그룹의 창업주이자 실질적 오너인 J회장이 H건설 이사직에서 물러나게 되는데, 이는 당시 H건설의 자금난이 얼마나 심각하였는지를 말해주는 것이다. 2000년 6월경부터 H건설은 현금이 바닥난 상태에서 모든 현장에서의 사업은 중단되었고, 김포 사업지도 역시 새로운 매매계약은 단 한 건도 체결하지 않았다. 당시의 H건설 관련 신문기사 내용을 간략히 보면 다음과 같다.

① 2000년 7월 26일자 〈머니투데이〉 기사에 의하면, H건설의 주채권자인 외환은행은 H건설 광화문 사옥 매각 등 자구계획을 지켜본 뒤 신규자금 지원을 추후에 논의하기로 하였다는 내용이다.

② 2000년 8월 4일자 〈동아일보〉 기사에 의하면, 정부는 H건설이 보유하고 있는 H중공업, H자동차, H상선 등 계열사의 주식을 전량 매각해 약 5조 7,000억 원에 달하는 부채를 4조 원 이하로 떨어뜨리라고 채권단 은행을 통하여 요구하였다는 내용이다.

③ 2000년 8월 9일자 〈국민일보〉 기사에 의하면, H건설은 2000년 6월경 아랍에미리트에서 발주한 약 6억 3,000만 달러 공사에 관하여 최저가를 써냈으나, 자금 사정 악화에 대한 소문으로 수주

에서 밀려났으며, 현장 고용인력의 임금만 겨우 지급할 정도로 자금 사정이 악화되었다는 내용이다.

④ 2000년 8월 16일자 〈시사저널〉 기사에 의하면, H건설은 영업 현금흐름이 마이너스이고 차입금도 막대해서 자력으로 소생할 수 있을지 의심스러우며, 실질적인 부채비율이 900%가 넘어섰고, 워크아웃 및 경영자의 퇴진을 요구하고 있다는 내용이다.

⑤ 2000년 9월 8일자 〈동아일보〉 기사에 의하면, 이근영 금융감독위원장은 H그룹이 직면한 유동성 위기의 진원지인 H건설의 지배구조 개선이 미흡하다고 지적하고 있다는 기사이다.

⑥ 2000년 10월 31일자 〈경향닷컴〉 기사에 의하면, H건설은 2000년 10월 31일 오전에 1차 부도를 낸 뒤 백방으로 돈을 꿔달라고 호소하고 있다는 내용이 있다.

이와 같이 2000년 9~10월경에 H건설은 유동성 위기 및 자금난을 직면하면서 부도 직전에 있었던 때로서, 모든 사업장의 사업이 중단된 상황이었고, 임원들은 일괄 사표까지 제출한 상태였다. 그런데 이러한 시기에 〈증인A〉, 〈증인B〉는 기노걸에게 매매잔금 9억 8,300만 원을 현금으로 곧 지급하겠다고 하면서 매매계약을 체결하였다는 것이다. 과연 가능한 일인가?

금융감독원 공시자료

2000년 6월부터 같은 해 10월 사이 H건설에 대한 공시 자료(금융감독원 전자공시 시스템)를 살펴보면 더더욱 당시 H건설의 유동성위기 상황을 실감할 수 있다. 위 기간 중 H건설은 은행권으로부터 단 1원도 차입하지 못하면서 심각한 유동성 위기를 겪고 있었고, 이를 모면하기 위하여 H그룹 각 계열사(H상선, H증권, K자동차, H강관, H종합상사, H엘리베이터, H에너지, H석유화학, H아산, H중공업 등) 및 그룹오너에게 기업 어음(CP)을 매각하는 방법으로 단기 운영자금을 조달하고 있었다. 더 나아가 H건설은 소지하고 있던 그룹 계열회사의 모든 지분을 처분하는 방법으로 재무구조 개선을 위한 자구책을 실시하는데, 2000년 8월 21일경에는 5억 원 상당의 H강관 지분을, 2000년 8월 29일경 1,500만 원 상당의 H강관 지분을, 2000년 10월 12일경에는 약 12억 원 상당의 H강관 지분을, 같은 달 13일경에는 약 2억 원의 H강관 지분을, 같은 달 17일경에는 120만 원 상당의 H강관 지분을, 같은 달 19일경에는 2,000만 원 상당의 지분까지 모두 매각하였다는 사실이 공시자료에서 고스란히 나타나 있었다. 당시 H건설의 자금 사정이 얼마나 심각하였는지를 짐작할 수 있는 것이다.

이렇듯 당시 H건설은 모든 계열회사의 지분까지 남김없이 매각하면서 현금 확보에 주력하던 시기였는데, 〈증인A〉와 〈증인B〉는 이러한 시기에 기노걸에게 매매잔금 9억 8,300만 원을 현금으로 주겠다고 하면서 매매계약을 체결하였다는 것이다. H건설은 자신의 명운보다도 기노걸의 잔금 지급이 더 중요시 여길 만큼 윤리적인 경영을 하는 기업이었다는 말인가?

한마디로 〈증인A〉, 〈증인B〉의 진술은 그 자체로 엉터리였다. 계속되는 거짓진술일 뿐이었으며, 거짓을 숨기기 위하여 또다시 거짓진술을 만들어 내면서 법원과 상대방을 속이고 있을 뿐이었다. 나는 이와 관련한 신문기사와 금융감독원 공시자료를 모두 정리해 추가 증거로 제출하면서, 이를 토대로 법원의 종전 판결이 실체진실에 부합한 것인지에 대한 새로운 사실을 확정하고 판단해 줄 것을 요청하였다.

D건설로부터 승계한 23건의 부동산매매계약서 등 관련 자료

나는 각 방향으로 증거자료를 수집한 결과, H건설이 1999년 11월 24일 경에 Y종합건설 등을 통하여, 1997년경에 D건설이 향산리 주민 23명과 체결한 부동산 매매계약을 승계하여, H건설이 향산리 주민들과 새로이 체결한 부동산매매계약서와 관련 부속서류들을 모두 입수할 수 있었다. 위 증거자료는 2001년경까지 H건설에서 보관하던 내부 자료로서, 향산리 주민들이 H건설로부터 받은 잔금 영수증, 지주들의 인감증명서, 토지사용 승낙서 등 각종 서류들이 고스란히 들어 있었는데, 기노걸 명의의 이 사건 계약서와 위조된 것으로 확인된 허창 명의의 부동산매매계약서도 포함되어 있었다.

위 증거자료에 의하면, 2000년경 D건설에서 H건설로 승계된 23건의 부동산매매계약서 중 기노걸 명의의 이 사건 계약서와 허창 명의의 위조된 부동산매매계약서만이 〈증인C〉의 필체로 기재되어 있었고, 동일한 형태의 한글 막도장이 날인되어 있었으며, 1997년경에 예금계약이 해지되어 폐쇄된 통장의 계좌번호가 기재되어 있었고, 나머지 21명의 계약서와 관련 서류에는 〈증인C〉의 필적이 전혀 없었다.

또한 허창, 기노걸 명의의 두 건의 부동산매매계약서와 관련하여서는 H건설이 두 사람에게 잔금을 지급하였다는 영수증이 전혀 발견되지 않았으며, 두 사람의 부동산 매매계약에 동의하였을 수도 있음을 짐작케 하는 인감증명서나 주민동의서 등 일체의 서류도 전혀 발견되지 않았다. 나머지 21건의 부동산매매계약서와 관련하여서는 H건설로부터 잔금을 지급받거나 매매계약 체결에 동의하였음을 짐작케 하는 영수증(제일 마지막으로 작성된 영수증은 2000년 4월경이었다), 무통장 입금증, 인감증명서, 토지사용 승낙서, 합의서 등 최소한 1건 이상의 관련 증거서류가 첨부되어 있었다(위 부속 서류 중에는 향산리 주민 허직이 H건설에게 2000년 9월 말일까지 토지매매 잔금 약 15억 원을 지급하지 않으면 계약을 해지하겠다고 하는 통고서도 발견되었는데, H건설은 당시 정당하게 체결된 매매계약에 대한 잔금마저도 지급하지 못하는 형편이었던 것으로 보였다).

무엇보다도 허창 명의의 부동산매매계약서가 위조되었다는 사실에서, 이와 동일한 필체, 동일한 형태의 막도장이 날인되고, 1997년경에 예금계약이 해지된 계좌번호까지 기재된 기노걸 명의의 이 사건 계약서의 위조사실을 충분히 추정할 수 있는 것이다. 결국 H

건설은 이 사건 계약서가 기노걸의 의사에 의하여 작성되었음을 증명할 수 있는 어떠한 증거도 없다는 것을 알고서, 법원과 상대방을 속이려는 의도에서 〈증인A〉와 〈증인B〉를 사주하여 거짓증언을 하게 하였고, 그 뒤 〈증인C〉까지 매수하여 거짓증언을 사주하였던 것으로 볼 수밖에 없을 것이다.

〈증인A〉의 다른 소송 과정 진술 기록

나는 향산리 주민들을 찾아다니는 가운데, 〈증인A〉가 다른 소송 절차에서도 그 진술을 번복한 사실이 있었음을 알게 되었고, 이에 대한 소송 기록을 입수하여 추가 증거자료로 제출하였다.

첫째, 〈증인A〉는 서울고등법원 2010나36577호(이항보-H건설) 사건과정에서, "진술인은 1999년경 이항보 소유의 토지를 매입하면서, 그 중 땅 50-19번지 도로부지 193m2에 대하여는 추후에 평당 190만 원을 지급하기로 하고 함께 소유권 이전을 하였으나, IMF로 H건설이 법정관리가 되면서 지급이 보류되어, 현재까지 지급되지 않고 있다"는 내용의 진술서를 2005년 11월경에 작성해 주었고, 그 후 이러한 내용의 경찰 참고인 조서까지 작성하였다. 그런데 그 후 〈증인A〉는 인천지방법원 부천지원 2005가합5682호 매매대금(이항보- H건설) 사건에 H건설측 증인으로 출석해서는, "위 50-19번지 도로부지 193㎡를 평당 190만 원에 구입하기로 하였다는 부분은 사실과 다르다"고 증언하면서, 기존의 진술을 번복하였고, 이로 인하여 이항보는 위 소송에서 패소하였다.

둘째, 〈증인A〉는 서울고등법원 2009나77442호 주주총회 결의 부존재확인사건(김영환-Y종합건설)과 관련하여, 2004년 12월 14일 경 서울중앙지방검찰청에서, "2008년 6월 5일자로 작성된 김영환-정진경-〈증인A〉 사이의 합의각서의 효력은, 그 후 2008년 12월경에 작성된 김영환-정진경-〈증인A〉 명의의 합의약정서에 의하여 그 효력을 배제하였다. 진술인(〈증인A〉)이 2008년 12월경에 이러한 김영환-정진경-〈증인A〉 명의의 합의약정서를 작성한 것은 사실이다"라고 진술하였다. 이러한 〈증인A〉의 진술조서 등에 의하여, 당시 Y종합건설 대표이사였던 심기섭은 횡령죄의 유죄로 징역 8개월의 실형을 선고받아 복역을 하기도 하였다.

그런데 그 후 〈증인A〉는 인천지방법원 부천지원 2007가합8142호 사건(제1심)에 제출한 진술서에서는, "진술인은 2008년 12월경 작성된 김영환-정진경-〈증인A〉 명의의 합의약정서를 작성한 사실도 없고, 입회한 사실도 없다. 김영환의 고소 사건(피고인 심기섭)과 관련하여 검찰에서의 진술은 당시 심기섭이 나쁜 사람이라고 생각해서 김영환을 도와주었던 것이다"라고 하였고, 항소심(서울고등법원 2009나77442호) 변론기일에 증인을 출석하여 동일하게 증언을 하였다.

〈증인A〉는 각종 소송 사건과 관련하여 수사기관과 검찰 및 법원을 오가면서 자기의 이해관계에 따라 수시로 진술을 번복하는 자였던 것이다. 특히 2009나77442호 주총결의부존재 확인 사건에서는 그 진술번복 경위에 대하여, 단지 "당시 심기섭이 나쁜 사람이라고 생각해서 김영환을 도와주었던 것이다"라고 하였다. 당시 항소심 담당재판부는 〈증인A〉의 위와 같은 법정 증언에 대하여 객관적인 사실이 뒷받침되지 아니하는 모든 진술과 증언에 대하여 증거가치를 배제하였다.

허창 명의의 계약서가 위조되었음을 인정하는 판결서

나는 법원 전산자료를 조회하는 과정에서, 우연히 허창과 H건설 사이의 양수금 사건(서울중앙지방법원 2008가단154065호)에 관해 알게 되었고, 대법원 판결교부 신청을 통하여 그 판결서를 입수하였다. 그런데 그 판결이유에는 "2000년경 H건설은 허창으로부터 부동산 매매계약의 승계에 관하여 동의를 받지 못하였다"는 점을 다툼 없는 사실로 정리하고 있었다(그런데도 H건설 소송대리인은 2009재나372호 사건 준비서면에서 허창 명의의 부동산매매계약서가 위조되었다는 점에 대하여 아무런 증명이 없다고 하면서 부인하였다). 위 판결을 선고한 담당재판장은 2009재나372호 판결의 주심판사 이었던 L판사였다.

직권변론 재개를 요청하는 참고 자료 제출

나는 〈증인C〉가 수사기관에서의 거짓진술임을 자백하였음에도 불구하고 검찰이 공소사실에서 누락한 부분에 대하여 추가 고소를 하였고, 검찰은 이에 대하여 2012년 8월 10일경에 '공소권 없음(인천지방법원20011노3923호 유죄로 확정판결을 근거)' 불기소 처분을 하였다.

재심청구 사건은 이미 2012년 7월 20일자로 변론이 종결되어 선고를 앞두고 있었다. 나는 2012년 8월 27일경 검찰의 "공소권 없음 불기소처분 이유서"를 열람·복사하여 재심 재판부에 참고자료로 제출하면서, 이는 민사소송법 제451조 제2항 후단의 증거 부족 외의 이유로 확정재판을 할 수 없는 경우에 해당하는 증거자료이므로, 만약 피고(기을호)가 제출한 주장·증거만으로 재심사유를 인정하기 어렵다면, 변론을 재개해 줄 것을 요청하였다.

변론기일의 진행

나는 2012년 2월 20일자로 재심소장을 제출하면서 〈증인C〉의 위증 사건에서의 각 신문조서와 확정판결서를 증거로 제출하였다. 이어서 같은 해 4월 17일자 준비서면을 제출하면서 H건설의 2000년 7~10월경의 재정상황에 관한 각종 신문기사를 스크랩하여 증거로 제출하는 한편, 같은 일시경의 금융감독원 공시자료도 정리하여 증거로 제출하였다. 또한 같은 해 6월 1일자 준비서면을 제출하면서 그동안 수집해온 향산리 주민 23명과 H건설의 부동산매매계약서와 각종 첨부서류들을 빠짐없이 정리하여 증거로 제출하였다.

다른 한편, 2012년 6월 1일자 준비서면과 함께 서울중앙지방법원 2008가단154065호 판결(H건설-허창 양수금 사건)에 대한 인증등본 송부촉탁을 신청하였다. 즉, H건설은 서울고등법원 2009재나372호 사건 변론기일에서 H건설-허창 명의의 2000년 1월 7일자 부동산매매계약서가 위조되었다는 점에 대하여 입증되지 않았다고 주장하였는데, 위 서울중앙지법 2008가단154065 판결에서는 H건설이 이미 위조 사실을 인정하고 있었던 것으로 생각되었기 때문이다.[3]

그런데 며칠 뒤 재심 재판부는 위와 같은 문서송부촉탁 신청을 채택하지 않겠다는 '불채택'정보를 대법원 인터넷 사건검색 내역에 기재하였다. 나는 사태가 심상치 않음을 직감하였다. 증거신청을 전혀 받아주지 않겠다는 의미로 해석되었기 때문이었다. 2012년 6월 7일 나는 재차 인증등본송부촉탁 신청을 하였고, 그 외 5명의 증인(증인A, 증인B, 증인C, 허창, 정일석)에 대한 증인신청서도 접수하였다[4]. 아울러 향후 변론기일의 재판내용은 내용을 모두 녹음해 줄 것도 신청하였다.

---

3 H건설은 서울고등법원 2009재나372호 사건 2009년 9월 16일자 변론기일에서 '허창 명의의 부동산매매계약서는 허창의 의사에 의하여 작성되지 않았음을 인정한다'라고 하였고, 이는 변론조서에도 기재되었다. 그런데도 H건설은 그 뒤 허창 명의의 부동산 매매계약서가 위조되었다는 점에 대하여 입증된 것이 없다고 하였다. 이에 나는 허창 등에 대한 증인신청과 함께, 허창-H건설의 양수금 사건 기록에 대한 문서송부촉탁을 신청하였던 것이다.

4 〈증인A〉, 〈증인B〉에 대하여는 증언 이후 새로 나타난 증거들과의 모순점에 대한 증인신문의 필요성을, 〈증인C〉에 대하여는 거짓진술로 판명된 부분에 대한 추가신문의 필요성을, 허창에 대하여는 그 명의의 계약서가 위조인지 여부 및 그 과정에서의 구체적인 사실관계에 대한 증인신문의 필요성을, 정일석에 대하여는 그 명의의 계약서의 위조 여부 및 계약서에 기재된 필적이 〈증인A〉의 필적이라는 점에 대한 증인신문의 필요성을 적시하여 증인신청을 하였던 것이다.

2012년 6월 14일 나는 다시 준비서면을 제출하면서 그동안 수집해 온 다른 민·형사사건에서 〈증인A〉가 진술번복을 한 소송기록을 정리하여 증거로 제출하였다.

2012년 6월 20일 서울고등법원 2012재나235호 사건의 첫 변론기일이 열렸다. 재판부는 사건의 쟁점을 정리하면서 내가 신청한 5명의 증인신청을 모두 기각하였다. 재심 사건이니 만큼 증인신청의 필요성을 인정할 수 없다는 이유였다. 나는 당황했다. 나는 곧바로, 그렇다면 정일석 등 4인의 위조된 부동산매매계약서에 기재된 필적이 〈증인A〉의 필적인지 여부에 대한 필적감정신청을 구두로 요청하였다. 제1심에서 증언한 〈증인A〉가 이미 2000년 2월경에 향산리 주민들의 다른 부동산매매계약서 위조에 깊숙이 관계되었던 자라는 사실을 입증하기 위한 것이었다. 이미 〈증인A〉의 필적과 정일석 외 3명의 계약서가 모두 증거로 제출되어 있으므로 한 기일만 속행하면 충분하였다. 재판부는 정일석 외 3명의 부동산매매계약서를 살펴본 뒤 다시 필적감정 신청을 기각한다고 하였다. 그리고 종전에 불채택 하였던 문서송부촉탁 신청만을 허용하였다. 2012년 7월 20일 변론기일을 끝으로 변론이 종결되었고, 같은 해 9월 7일로 선고기일이 지정되었다.

2012년 8월 10일 인천지방검찰청은, 〈증인C〉가 위증사건 수사과정에서 거짓증언이라고 자백하였음에도 공소사실에서 제외된 부분에 대해 '공소권 없음'불기소 처분을 하였고, 같은 달 20일경 나에게 송달되었다. 2012년 8월 28일 나는 〈증인C〉에 대한 '공소권 없음' 불기소이유서를 복사하여 재판부에 참고자료로 제출하면서, 이는 민사소송법 제451조 제1항 제7호, 및 제2항 후단에 의하여 독립한 재심사유의 증거자료가 되는 것이므로, 종전 재심절차에서 주장한 내용만으로 재심사유가 인정되지 않는다면 변론을 재개해 줄 것을 요청하였다.

판결의 선고(2012. 9. 7.)

〈증인C〉 거짓진술 부분의 정리

여기서 〈증인C〉의 거짓진술 부분을, (1) 서울중앙지방법원 2008고단3739호 사건에서의 거짓진술로 유죄판결을 받은 부분, (2) 서울고등법원 2009재나372호 사건에서의 거짓진술로 유죄판결을 받은 부분, (3) 유죄판결을 받지는 않았지만 서울고등법원 2009재나372호 사건에서의 진술 중 수사기관에서 거짓진술이라고 자백한 부분으로 정리하여 살펴보자(이는 서울고등법원 2012재나235호 판결서에 기재된 내용을 중심으로 한 것이다).

(1) 서울중앙지방법원 2008고단3739호 사건에서의 위증한 부분

사실 〈증인C, 피고인〉은 안천식 변호사에게 준 진술서에 이지학이 도장을 날인한 것을 보았다는 내용이 기재되어 있다는 사실을

진술서 작성 당시 알고 있었음에도 불구하고, "안천식 변호사에게 준 진술서에 이지학이 도장 날인하는 것을 보았다는 내용이 기재되어 있는 것을 언제 알았나요"라는 변호인의 질문에, "2008년 6월 말경에 〈증인B〉와 전화 통화를 하고 알게 되었습니다"라고 대답하는 등 기억에 반하는 허위의 진술을 하여 위증하였다(이하 '〈A거짓진술〉'이라고 함).

(2) 서울고등법원 2009재나372호 사건에서의 위증한 부분

① 사실 피고인(증인C)은 안천식 변호사를 마지막으로 방문한 것은 2008년 9월경으로 당시 안천식 변호사에게 돈을 빌려달라고 요구하였음에도 불구하고, "그 당시에 증인이 본 소송대리인을 찾아온 것은 개인적인 어려움으로 인하여 돈을 얼마간 차용해 줄 것을 요청하였지요"라는 피고(기을호) 대리인의 질문에, "아닙니다. 피고가 증인에게 제의한 것에 대해서 얼마나 받을 수 있는지 확인하려는 차원에서 기대심으로 가 보았던 것입니다. 증인이 돈을 차용해 달라는 이야기는 하지 않았습니다"라고 대답하는 등 위증하였다(이하 '〈B거짓진술〉'이라고 함).

② 사실 피고인(증인C)은 이지학이 주민동의서 작성을 위하여 향산리 주민들의 막도장을 가지고 있었던 사실에 대하여 알고 있음에도 불구하고, "증인이 형사법정에서 증인으로 출석하였을 때 '당시 이지학이 주민동의서 작성을 위하여 향산리 주민들의 막도장을 가지고 있었던 것은 맞나요'라는 질문에 증인이 '예'라고 답변을 하

였는데, 이 부분 진술이 잘못된 것인가요"라는 피고 대리인의 질문에, "그것은 잘못된 기억입니다"라고 대답하는 등 위증하였다(이하 '〈C거짓진술〉'이라고 함).

(3) 수사기관에서 위증 자백에도 기소되지 아니한 부분(판결서 16면)

① 사실 〈증인C〉는 2008년 4월 4일자 진술서를 작성하면서 도장관련 진술은 사실로 알고 있었음에도 불구하고, '2008년 4월 4일자 진술서의 기노걸 인장 부분에 관한 진술은 처음부터 허위인 점을 알고 있었지만, 기을호의 회유와 안천식 변호사의 협박에 의하여 오로지 돈을 받을 목적으로 허위 내용의 진술서를 작성해 준 것이다'라고 위증하였다(이하 '〈D거짓진술〉'이라고 함).

② 사실 〈증인C〉가 안천식 변호사를 최종적으로 방문한 것은 〈증인B〉를 만난 이후인 2008년 9월경이었음에도, '안천식 변호사를 최종적으로 방문한 것은 2008년 6월경으로서 〈증인B〉를 만나기 전이다'라고 위증하였다(이하 '〈E거짓진술〉'이라고 함).

판결이유

2012년 9월 7일 재심판결이 선고되었는데 또다시 재심청구는 기각되었다. 판결이유는 다음과 같다.

① 민사소송법 제451조 제1항 제7호 소정의 재심사유인 "증인의 거짓진술이 판결의 증거가 된 때"라 함은 증인이 직접 재심의 대상이 된 소송 사건을 심리하는 법정에서 허위로 진술하고 그 허위진술이 판결주문의 이유가 된 사실인정의 자료가 된 경우를 가리키는 것이고(대법원 1997. 3. 28. 선고 97다3729 판결 등 참조), 증인의 거짓진술이 판결주문에 영향을 미치는 사실인정의 자료로 제공되어 만약 그 거짓진술이 없었더라면 판결주문이 달라질 수 있는 개연성이 인정되는 경우를 말하는 것이므로, 그 거짓진술이 사실인정에 제공된 바 없다거나 나머지 증거들에 의하여 쟁점 사실이 인정되어 판결주문에 아무런 영향을 미치지 않는 경우에는 비록 그 거짓진술이 위증으로 유죄의 확정판결을 받았다 하더라도 재심사유에 해당하지 않는다(위 판결서 제13면).

② 본 서울중앙지방법원 2008고단3739호 〈증인A〉에 대한 위증 형사사건에서 〈증인C〉의 증언 중 허위의 진술로 인정된 "① 안천식 변호사에게 준 2008년 4월 4일자 진술서에 이지학이 도장을 날인한 것을 보았다는 내용이 기재되어 있다는 사실을 2008년 6월 말경 〈증인B〉와 전화 통화를 하고 알게 되었다〈A거짓진술〉"고 진술한 부분은 제2재심대상 사건(서울고등법원 2009재나 372호 사건) 법정에서의 허위의 진술이 아니어서 재심사유에 해당하지 않는다(판결서 제15면).

③ 또한 제2재심대상 판결(서울고법 2009재나372호)에서 〈증인A〉의 위증 부분이 서울고법 2007나5221호 판결의 사실인정과 판결

주문에 아무런 영향을 미친 바 없다고 판단하기에 이른 경위와, 위에서 본 서울중앙지방법원 2008고단3739호 〈증인A〉에 대한 위증 형사사건 및 제2재심대상 판결 재판과정에서의 〈증인C〉의 각 증언 중 유죄가 인정된 허위진술 부분의 내용에 비추어보면, 제2재심대상 판결 재판과정에서 〈증인C〉의 증언 중 허위의 진술로 인정된 "① 안천식 변호사를 마지막으로 방문한 2008년 9월경 안천식 변호사에게 돈을 차용해달라는 이야기를 하지 않았다〈B거짓진술〉"고 진술한 부분과", "②서울중앙지방법원 2008고단3739호 〈증인A〉에 대한 위증 형사사건에서 '이지학이 주민동의서 작성을 위하여 향산리 주민들의 막도장을 가지고 있었던 것은 맞다'고 진술한 것은 잘못된 기억이다〈C거짓진술〉"라는 진술 부분은 모두 이 사건 계약서의 진정성립에 관한 간접적인 사항이어서 그 증명력이 약하므로, 유죄가 인정된 〈증인C〉의 허위진술 부분을 제외한 나머지 증언 및 변론 전체의 취지에 의하더라도 제1심 증인인 〈증인A〉의 위증 부분이 제1재심대상 판결(서울고등 2007나5221호)의 사실인정과 판결주문에 아무런 영향을 미친 바 없다고 판단하고, 가정적 · 부가적으로 이 사건 계약서가 위조되었다는 피고의 주장에 부합하는 2011년 4월 4일자 〈증인C〉의 진술서, 2009년 4월 18일자 〈증인C〉의 진술조서의 각 기재를 믿기 어렵고 달리 이를 인정할 만한 증거가 없다고 판단하기에 충분한 것이므로, 결국 〈증인C〉의 위증 부분은 제2재심대상 판결의 사실인정과 판결주문에 아무런 영향을 미친바 없다(판결서 제16면).

④ 〈증인C〉의 제2재심대상 판결 재판 과정에서의 위 〈D-E 각 거 짓진술〉증언에 대하여 2011년 4월 11일 자신의 위증 피의사건 검찰신문 당시 허위임을 자백하였다고 하더라도, 이 부분에 대 하여 위증의 유죄확정 판결이 있었다는 점에 대한 주장, 증명이 없는 이상 민사소송법 제451조 제1항 제7호가 정한 재심사유 가 있다고 할 수 없다(판결서 제16면).

⑤ 결국, 제2재심대상 판결에 민사소송법 제451조 제1항 제7호가 정한 재심사유가 있음을 전제로 한 피고의 주위적 청구는 이유 없다(판결서 제17면).

서울고등법원 2012재나235호 판결서

판결내용 정리

판결내용을 요약하면, 서울고등법원 2009재나372호 사건(제2재 심대상사건) 변론기일에서의 〈증인C〉의 거짓증언 중 유죄로 인정 된 〈B,C거짓진술〉은 객관적인 재심요건에는 해당하나 이 사건 계 약서의 진정성립여부(요증사실)에 대한 간접적인 사항으로서 증명 력이 약하여 민사소송법 제451조 제1항 제7호의 재심사유가 되지 아니하므로, 본안에 관한 심리절차를 진행할 필요도 없이 재심청 구를 기각한다는 취지이다.

즉, 〈증인C〉의 변론기일에서의 거짓증언을, ① 서울중앙지방법 원 2008고단3739호 공판기일에서의 〈A거짓진술〉부분, ② 제2재 심대상 판결(서울고법 2009재나372호) 변론기일에서의 거짓증언 중 유죄로 확정된 〈B-C 각 거짓진술〉 부분, ③ 제2재심대상 판결 변론기일에서의 거짓증언이었음을 수사기관에서 자백한 〈D- E거짓진술〉부분으로 각기 쪼개서, 각각의 거짓증언에 대하여 독자적인 재심사유가 있는지에 대한 심리만을 하였다는 것이다.

그 결과 〈증인C〉의 〈A거짓진술〉부분은 재심사유로서의 객관적인 요건인 서울고등법원 2009재나372호 사건 변론기일에서의 거짓진술이 아니라는 이유로, 〈D-E거짓진술〉부분은 2009재나372호 사건 변론기일에서의 진술이지만 유죄로 확정판결이 되지 않았다는 이유로 재심사유가 될 수 없다는 것이었고, 〈B-C거짓진술〉부분은 서울고법 2009재나372호 사건 변론기일에서의 거짓진술로서 유죄의 확정판결이 되었다고 하더라도 이 사건 계약서의 진정성립에 관한 간접적인 사항이어서 그 증명력이 약하다는 이유로 그 자체 재심사유가 존재하지 않는다고 판단한 것이었다.

특히 위 〈B-C거짓진술〉에 대한 재심사유 여부를 판단함에 있어서, 객관적으로 허위진술임이 명백한 위 〈A-D-E 각 거짓진술〉은 물론, 〈증인A〉가 제1심 재판과정에서 한, "이 사건 계약서는 2000년 9~10월경 기노걸이 건네주는 도장을 이지학이 날인한 것이다"라는 증언이 거짓임을 증명하기 위하여, 기을호가 추가로 제출하여 증거조사까지 마친 증거자료들을 전혀 참작할 필요도 없이, 오로지 〈B-C 각 거짓진술〉만을 판단자료로 삼아 그 자체의 증명력만으로 재심사유를 가릴 수 있다는 것이었다.

판결의 비판

헌법상의 재판청구권의 본질적인 내용의 침해

헌법 제27조 1항은, "모든 국민은 헌법과 법률이 정한 법관에 의하여 법률에 의한 재판을 받을 권리를 가진다"고 선언하고 있고, 민사소송법 제451조 제1항 제7호, 동조 제2항은, '증인의 거짓진술이 판결의 증거가 되어 유죄의 확정판결이 된 때'에는 재심의 소를 제기할 수 있다고 규정하고 있다. 즉, 모든 국민은 민사소송법 제451조 제7호에서 정한 재심사유를 갖추어 재심의 소를 제기할 수 있고, 이는 법률이 헌법 제27조의 취지에 따라 보장된 헌법상 재판청구권에 기한 것이다.

이때 재심청구를 접수받은 법원은 재판을 하여야 한다. 재판이란 분쟁에 대한 구체적인 사실을 확정하고 그에 따른 법률의 해석, 적용을 통하여 판단을 하는 일련의 과정이다. 법원은 이와 같은 재판을 거부할 수는 없다. 헌법재판소도 동일한 취지로 판시하고 있다. 즉 헌법재판소도, "국민이 법률이 정하는 요건을 갖추어 재판을 청구하였을 때, 법관에 의한 사실 확정과 법률의 해석 적용의 기회에 접근하기 어렵도록 제약이나 장벽을 쌓는 것은 헌법상 보장된 재판을 받을 권리의 본질적인 내용을 침해하는 것이다(헌법재판소 92헌가11, 2008헌바101 전원재판부 등 참조)"라고 선언하고 있다.

이 사건에서 기을호는 민사소송법이 정하는, "〈증인C〉의 거짓진술이 판결의 증거가 되어 유죄의 확정판결이 된 때'라는 재심사유를 갖추어 재심의 소를 제기하였다. 그렇다면 법원으로서는 이러한 재심사유를 갖추었는지 확인한 다음, 재심을 청구하면서 제출한 다른 증거자료들까지 종합하여 종전 판결이 구체적인 정의에 부합하는지 여부를 심리하여 판단하여야 하는 것이다. 즉, 구체적인 사실확정과 그에 따른 법률의 해석적용을 통하여 판단을 하고 최종적으로 판결을 선고하는 재판을 하여야 하는 것이다.

다시 말하지만, 〈증인C〉는 서울고등법원 2009재나372호 사건 변론기일에서, "안천식 변호사를 마지막으로 방문한 2008년 9월경 안천식 변호사에게 돈을 차용해달라는 이야기를 하지 않았다"는 내용의 〈B거짓진술〉을 하였다. 또한 "서울중앙지방법원 2008고단3739호 〈증인A〉에 대한 위증 형사사건에서 '이지학이 주민동의서 작성을 위하여 향산리 주민들의 막도장을 가지고 있었던 것은 맞다'고 진술한 것은 잘못된 기억이다"라는 내용의 〈C거짓진술〉도 하였고, 이러한 각 거짓진술은 위증죄의 유죄로 확정되었다. 그리고 이와 같은 거짓증언들은 모두 이 사건 계약서의 작성 과정과 관련하여 "2000년 1월경 이지학이 W공영 사무실에서 기노걸의 막도장을 날인하였다"는 〈증인C〉의 진술서 내용을 부인하는 과정에서 나온 것들이었다.

법원은 위와 같은 법정진술을 믿고서 〈증인C〉가 이 사건 계약서의 작성 과정에 관한 종전의 일관된 진술이 기재된 진술서와 방배경찰서에서 작성한 진술조서의 증명력을 모두 배척하였다. 그런데 알고 보니 오히려 위 법정에서의 〈증인C〉의 증언은 대부분 거짓이거나 모순되는 것임이 밝혀져서 위증죄의 유죄판결이 확정되었다. 이로써 적어도 민사소송법 제451조 제1항 제7호가 정하는 형식적인 재심사유로서의 요건은 갖춘 것이다. 법원으로서는 당연히 위와 같은 형식적인 재심사유 요건을 확인한 뒤, 기을호가 새로운 재심소송 변론기일에서 추가로 제출하여 증거조사를 마친 증거자료까지 종합하여 구체적인 사실을 확정하고, 그에 따른 법률의 해석적용을 통하여 무엇이 정의인지를 판단하는 재판을 하여야 하는 것이다.

그런데 2012재나235호 재판부는 구체적 정의가 무엇인지에 대하여 판단 자체를 하지 않겠다고 한다. 구체적인 사실확정을 할 필요도 없이 재판 자체를 거부하고 있는 것이다. 이유는 유죄로 확정된 〈증인C〉의 거짓진술이 이 사건 계약서의 진정성립에 관한 간접적인 사항이어서 그 증명력이 약하여 민사소송법 제451조 제1항 제7호의 재심사유가 되지 않기 때문이라고 한다.

민사소송법 제451조 제1항의 법률규정 어디에도, 유죄로 확정된 증인의 거짓진술이 요증사실에 대한 직접적인 증거이어야 하거나, 증명력이 강해야 한다는 요건을 규정해 놓고 있지 않고 있다. 다른 증거들과의 연관성을 무시한 채 개개의 증언들을 하나씩 쪼개고 분해하여 요증사실에 대한 신빙성과 증명력을 판단할 수도 없는 것이다. 더구나 증명력이 강한지 약한지는 법관 개인의 자의적인 판단에 속하고, 법률은 애초부터 자의적 판단의 여지가 있는 증명력 요건을 재심사유로 규정해 놓고 있지도 않았던 것이다.

그런데도 담당 재판부는 법률에 규정되지도 아니한, "유죄로 확정된 거짓증거가 요증사실에 관한 직접사항으로서 증명력이 강할 것"이라는 새로운 재심요건을 임의로 창조하여, 사건의 쟁점이 되는 구체적사실의 확정과 그에 따른 법률의 해석적용 자체를 회피하면서 재판을 거부하고 있는 것이다. 즉, 국민의 법관에게 재판받을 권리에 새로운 장벽을 쌓음으로써, 법관에 의한 사실확정을 받을 기회 자체를 허용하지 않겠다는 것이다.

요컨대 국민의 기본권은 최대한 보장되어야 하고, 재판청구권은 기본권 보장을 위한 기본권이므로 더욱 넓게 보장되어야 한다. 법원의 판결이 헌법소원의 대상에서 제외되고 있는 현실에서 법원 스스로가 법률규정에도 없는 이유를 들면서 재판을 거부하는 것은 어떠한 경우에도 허용되어서는 아니 될 것이다. 이는 헌법 제27조 제1항의 재판청구권의 본질적인 내용을 침해하는 것이기 때문이다.

재심사유에 대한 종전 대법원 판례에도 반한다.

민사소송법 제451조 제1항 제7호의 '증인의 허위진술이 판결의 증거가 된 때'와 관련한 종전의 일관된 대법원의 판결은 다음과 같다.

첫째, 민사소송법 제451조 제1항 제7호 "증인의 거짓진술이 판결의 증거가 된 때"라 함은, 증인의 거짓진술이 사실인정의 자료로 제공되어 판결주문에 영향을 미치는 사실인정의 자료가 된 경우를 의미하고, 판결주문에 영향을 미친다는 것은 만약 그 허위진술이 없었더라면 판결주문이 달라질 개연성이 있는 경우를 말하고 변경의 확실성을 요구하는 것은 아니며, 사실인정의 자료로 제공되었다 함은 그 허위 진술이 직접적인 증거가 된 때뿐만 아니라 대비증거로 사용되어 간접적으로 영향을 준 경우도 포함되는 것이다(대법원 92다33695 판결 등 참조).

둘째, 위증으로 판명된 거짓진술을 제외한 나머지 증거들 만에 의하여도 판결주문에 아무런 영향도 미치지 아니하는 경우에는 재심사유에 는 해당되지 않는다고 할 것이나, 이 경우 허위의 증언을 제외하더라도 그 확정판결의 결과에 영향이 없는지 여부를 판단하려면 재심 전 확정판결에서 인용된 증거들과 함께 재심소송에서 조사된 각 증거들까지도 종합하여 그 판단의 자료로 삼아야 한다(대법원 97다42922 판결 등).[5]

---

[5]　판결주문이 달라질 일응의 개연성 여부를 별도로 심리하여 재심사유를 가려야 한다는 대법원 판례의 태도 역시, 재심을 청구하는 당사자의 재판청구권을 제한하는 것으로서, 헌법 제27조에 위반할 여지가 있는 것으로 보인다. 즉, 재판청구권은 기본권보

종전 대법원 판례에 반하는 구체적인 법리에 대한 논증

결론적으로 서울고등법원 2012재나235호 판결은, 〈증인C〉의 거짓진술과 재심소송에서 조사된 각 증거들까지 종합하기는커녕, 오히려 〈증인C〉의 거짓진술 자체를 낱낱이 쪼개고 분해하여 개개 거짓진술만을 대상으로 증명력을 판단하는 등, 민사소송법 제451조 제1항 제7호의 재심사유와 관련한 종전의 일관된 대법원의 판결에도 반하는 극단적이고 독단적인 판단을 하고 있을 뿐이다.

즉, 〈증인C〉는 서울중앙지방법원 2008고단3739호 형사사건에서, "안천식 변호사에게 준 2008년 4월 4일자 진술서에 이지학이 도장을 날인한 것을 보았다는 내용이 기재되어 있다는 사실을 2008년 6월 말경 〈증인B〉와 전화 통화를 하고 알게 되었다"라는 〈A거짓진술〉을 하였고, 이는 유죄로 확정되었다.

또한 〈증인C〉는 서울고등법원 2009재나372호 사건에서, "안천식 변호사를 마지막으로 방문한 2008년 9월경 안천식 변호사에게 돈을 차용해달라는 이야기를 하지 않았다"라는 〈B거짓진술〉과, "서울중앙지방법원 2008고단3739호 위증 형사사건에서 '이지학이 주민동의서 작성을 위하여 향산리 주민들의 막도장을 가지고 있었던 것은 맞다'고 진술한 것은 잘못된 기억이다"라는 〈C거짓진술〉을

장을 위한 기본권으로서 가급적 최대한 보장하여야 함에도 법관의 자의적 판단에 의하여 법률의 규정에 없는 또 다른 재심요건을 심리하게 하는 것은 옳은 방법이 아닌 것으로 보이기 때문이다.

하였고 각 진술에 대하여는 위증죄의 유죄가 확정되었다.

그 외 〈증인C〉는 위 서울고등법원 2009재나372호 사건에서, "2008년 4월 4일자 진술서의 기노걸 인장 부분에 관한 진술은 처음부터 허위인 점을 알고 있었지만, 기을호의 회유와 안천식 변호사의 협박에 의하여 오로지 돈을 받을 목적으로 허위 내용의 진술서를 작성해 준 것이다"라는 〈D거짓진술〉을 하였고, "안천식 변호사를 최종적으로 방문한 것은 2008년 6월경으로 〈증인B〉를 만나기 전이다"라는 〈E거짓진술〉도 하였으나, 위 각 거짓진술은 검찰의 공소사실에서 누락되어 위증죄의 유죄로 확정되지는 않았지만, 〈증인C〉는 이점에 대하여 경찰·검찰 수사 과정에서는 물론, 자신의 위증사건 공판 과정에서도 거짓임을 자백하였다는 점은 기록상 명백하다.

다른 한편, 기을호는 서울고등법원 2012재나235호 재심소송 변론과정에서, 이 사건 계약서는 2000년 9~10월경에 기노걸의 의사에 의하여 작성하는 현장을 목격하였다는 취지의 〈증인A〉의 제1심에서의 증언은 사실일 수 없다는 점을 입증할 수 있는 수많은 증거들(2000년 8~10월경의 신문기사, 금융감독원 공시자료, 향산리 주민 23명의 계약서와 부속서류, 〈증인A〉가 다른 재판에서 번복진술 기록 등)을 제출하였고 이에 대한 증거조사까지 마쳤다.

그런데 서울고등법원 2012재나235호 판결은, 〈증인C〉의 거짓진술 중 서울고등법원 2009재나372호 사건에서의 〈B거짓진술〉과

〈C거짓진술〉만을 분리하여, 이러한 거짓진술은 이 사건 계약서의 진정성립과 간접적인 사항이어서 증명력이 약하다는 이유로 민사소송법 제451조 제1항 제7호의 재심사유가 되지 않는다고 판단하고 있을 뿐이었다.

종래 대법원은 일관하여 ①유죄로 확정된 거짓진술, ②종래 증거조사 된 증거자료, ③재심청구 이후에 추가로 증거조사 된 자료까지 종합하여 판단의 자료로 삼아 판결의 주문이 달라질 개연성이 있는지 여부를 판단하여야 하였음에도, 담당 재판부는 종래 증거자료(위 ②부분)로 제출된 정일석 등 4인 명의의 위조된 부동산매매계약서가 〈증인A〉의 필체로 기재되었다는 점은 물론, 〈증인C〉의 다른 〈A-D-E 거짓진술〉과 재심청구 이후에 제출하여 증거조사를 마친 증거자료들(위 ③부분)은 전혀 참작하지 않고, 오로지 서울고등법원 2009재나372호 변론기일에서의 〈증인C〉의 진술 중 유죄로 확정된 〈B-C 각 거짓진술〉(위 ① 부분)만을 대상으로 그 증명력이 약하다는 이유로 재심사유가 될 수 없다고 판단하였던 것이었다.

결론적으로, 서울고등법원 2012재나235 판결은 재심사유를 판단하는 과정에서, 유죄로 확정된 거짓진술 외의 다른 증거자료, 즉 ②종래 증거조사 된 증거자료와 ③재심소송에서 추가로 제출하여 증거조사를 마친 증거자료를 종합하여 판단하기는커녕, 오히려 이를 판단대상에서 적극적으로 배제하여 법률이 규정한 재심사유 자체를 축소·은폐하였다는 오해를 피하기 어렵게 된 것이다. 만약,

위 판결처럼 유죄로 확정된 거짓진술 자체만의 증명력을 평가하여 재심사유 여부를 판단한다면, 재판 과정에서 사건 관련 정황에 대하여 적극적으로 거짓진술을 한 나쁜 당사자만을 지나치게 보호하고, 정당한 권리자의 기본권을 훼손하는 결과를 초래하여, 결국 재판의 적정과 신뢰를 담보하지 못하게 되고 국민의 사법 불신은 점점 심화되게 될 것이다.

이는 구체적 정의를 회복하여 재판의 적정과 신뢰를 회복하고자 하는 재심제도의 취지에도 반하고, 재심제도에 관한 법률규정 자체를 유명무실한 장식적 법률로 전락하게 할 것이며, 무엇보다도 법관의 자의적인 판단에 따라 재심사유 여부가 좌우되어 법관의 판단을 법률의 규정보다 우위에 두는 불합리가 발생하게 된다. 결국 재심을 통하여 구체적인 정의를 회복하려는 헌법상의 재판청구권도 유명무실하게 될 것이다. 즉, 헌법에도 반하고 종래 대법원 판례의 취지에도 반한다.

〈증인C〉의 나머지 증언은 어떻게 믿을 수 있다는 것인가?
서울고등법원 2012재나235호 판결은, 유죄가 인정된 〈증인C〉의 허위진술 부분을 제외한 나머지 증언 및 변론 전체의 취지에 의하더라도 제1심에서 증언한 〈증인A〉의 위증 부분이 제1재심대상 판결(서울고등 2007나5221호)의 사실인정과 판결주문에 아무런 영향을 미친 바 없다고 한다. 결국, 서울고등법원 2012재나235호 판결은, 〈증인C〉가 서울고등법원 2009재나372호 변론기일에서의 증

언 중, 유죄로 확정된 〈B거짓진술〉과 〈C거짓진술〉 이외의 〈증인C〉
의 다른 증언들은 모두 믿겠다는 것이다. 〈증인C〉는 위 변론기일
에서 한 진술 중에는 수사기관에서 허위임을 자백한 〈D거짓진술〉
과 〈E거짓진술〉도 있고 그 외에도 모순되는 진술들이 무수히 많은
데도, 같은 변론기일에서의 "2000년 1월경 이 사건 계약서에 이지
학이 기노걸의 막도장을 날인하였다라고 한 진술서 내용은 사실이
아니다"라는 증언만은 믿을 수 있다는 것이다.

법정에서 그 진술서의 작성경위에 대하여 "착오에 의하여 작성
했다. 회유와 협박에 의하여 작성했다, 오로지 돈을 받을 목적으로
작성했다"등 그 자체로 반대되고 모순되는 해명을 하였더라도, "이
지학이 막도장을 날인하였다는 진술은 사실이 아니다"라는 취지의
위 진술서와 반대되는 내용의 증언만은 철석같이 믿을 수 있다는
것이다. 오로지 법관의 자유심증으로써 이를 알 수 있다는 것이다.
법관의 자유심증은 아무런 경계도 없다는 말인가?

왜 부가적, 가정적 판단인가?

서울고등법원 2012재나235호 판결은, "가정적·부가적으로 이
사건 계약서가 위조되었다는 피고의 주장에 부합하는 〈증인C〉의
2011년 4월 4일자 진술서, 2008년 4월 18일자 방배경찰서 작성
〈증인C〉의 진술조서의 각 기재는 믿기 어렵고 달리 이를 인정할
만한 증거가 없다고 판단하기에 충분하다"고 하였다. 즉, 담당 재판

부는 〈증인C〉의 최초 진술서와 진술조서에 무슨 연유인지 가정적·부가적 판단이라는 용어를 사용하였다. 왜 그랬을까?

〈증인C〉의 2011년 4월 4일자 진술서, 2008년 4월 18일자 진술조서의 내용은, "이 사건 계약서는 2000년 1월경 김포 W공영 사무실에서 이지학의 지시에 의하여 작성하였고, 이지학이 가지고 있던 기노걸의 막도장을 날인하였다"는 것이다. 즉, 그동안 제1심 판결이 이 사건 계약서의 진정성립을 인정하는 증거로 채택하였던 〈증인A〉의 "2000년 9~10 경 이지학이 기노걸의 자택에서 기노걸로부터 막도장을 건네받아 이 사건 계약서에 날인하는 것을 보았다"는 증언과 정반대의 진술이다. 부연하면, 이 사건 계약서는 기노걸의 의사에 의하여 작성된 것이 아니라는 것으로, 이 사건 전체를 통틀어 가장 핵심적인 쟁점이 되는 사항에 관한 진술이다.

만일 이러한 핵심 증거를 판결이유에서 주요사항으로 판단하지 않는다면 그 자체로 판결이유에 모순이 있거나 판단유탈의 위법성이 있게 되는 사항인 것이다. 이와 같은 사건의 핵심쟁점에 관한 사항을 주된 판단으로 하지 않고, 가정적·부가적으로 판단하여도 되는 것인가? 이를 판결이유에서 가정적·부가적으로 판단한다고 기재하였다고 해서, 그것이 가정적·부가적 판단대상으로 변모되는 것인가?[6]

---

6   이는 아마도 H건설 소송대리인이 위 사건 변론기일에서, 서울고등법원 2009재나372 사건에서의 〈증인C〉의 진술서, 진술조서를 배척한 판단은 가정적·부가적 판단이므

한편, 〈증인C〉의 2008년 4월 4일자 진술서, 2008년 4월 18일자 진술조서의 주요 취지는 "2000년 9~10월경 기노걸의 자택에서, 이지학이 기노걸이 건네주는 막도장을 이 사건 계약서에 날인하는 것을 지켜보았다"는 〈증인A〉의 증언은 사실이 아니다는 것으로, 나는 재심소송 과정에서 〈증인A〉의 증언이 사실일 수 없다는(바꾸어 말하면 〈증인C〉의 최초 진술이 사실이라는) 수많은 증거들(2000년 8~10월 경 H건설에 대한 신문기사, 금융감독원 공시자료, 향산리 23명의 계약서 등 부속 서류, 〈증인A〉가 진술번복 재판기록 등)을 제출하였고 증거조사까지 마쳤으나, 담당 재판부는 이에 관하여 전혀 심판대상으로 삼지도 아니하였고 판단하지도 아니하였다. 그럼에도 담당 재판부는 판결이유에서 〈증인C〉의 진술서와 진술조서에 대하여는 가정적 · 부가적으로 판단하였다고 설시하고 있다. 참으로 어처구니가 없을 뿐이다.

증인의 증언이 서울고등법원 2007나5221호(제2심, 제1재심대상) 판결 주문에 영향을 미친 바 없어 서울고등법원 2009재나372호(1차 재심, 제2재심대상) 판결주문에 영향을 미친 바 없다는 것은 무슨 말인가?

〈증인C〉는 서울고등법원 2009재나372호 변론기일에서 그 이전에 자신이 한 진술서, 진술조서의 내용을 부인하는 증언을 하면서

로, 설사 〈증인C〉의 위증 확정판결이 있더라도 이는 재심사유가 되지 않는다고 주장하였기 때문인 것으로 보인다. 그러나 〈증인C〉의 진술서, 진술조서는 가정적 · 부가적으로 판단할 사항은 아니며, 이미 종전에 H건설은 대법원2010다32085호 상고이유 답변서에서 이를 주된 판단이라고 주장하여 기을호의 상고를 기각시키기도 하였다.

또 다른 거짓증언을 하였고, 담당 재판부는 〈증인C〉의 당해 법정
에서의 증언을 근거로, 그 이전에 한 〈증인C〉의 진술서, 진술조서
의 증거능력을 배척하였다.

그런데 오히려 〈증인C〉의 당해 법정에서의 증언이 대부분 거짓
임이 밝혀졌고 위증죄의 유죄판결까지 받았다. 따라서 〈증인C〉의
거짓증언으로 배척된 〈증인C〉의 당해 법정 이전에 한 진술서, 진
술조서의 증거능력이 복원될 개연성이 있는 것이고, 그 진술서의
증거능력이 복원된다면 이 사건 계약서는 2000년 초경에 기노걸
이 아닌 이지학에 의하여 작성되었다는 것으로, 최종적으로 이 사
건 계약서의 진정성립을 인정한 제1심(서울중앙지법 2005가합99041호)
과 제2심(서울고등법원 2007나5221호) 판결의 주문에 영향을 미칠 수
있는 것이다.

즉, 〈증인C〉의 위증과 관련한 재심사건을 심리함에는 〈증인C〉
의 거짓증언이 당해 사건(1차 재심사건, 서울고등법원 2009재나372호)의
판결 주문에 영향을 미치는 개연성이 있는지를 심리한 다음, 그 개
연성이 인정된다면 다음으로 사실심의 종결심인 제2심(서울고등법
원 2007나5221호) 판결 주문에 영향을 미쳤는지 여부를 판단하는 순
서로 심리를 하여야 하는 것이다.

그런데 서울고등법원 2012재나235호 판결은, 거꾸로 판단을 하
고 있다. 즉, 〈증인C〉의 서울고등법원 2009재나372호 변론기일에

서의 〈B, C 각 거짓증언〉의 진술부분은 이 사건 계약서의 진정성립에 관한 간접적인 사항이어서 그 증명력이 약하므로, 제1심 증인인 〈증인A〉의 위증 부분이 서울고등법원 2007나5221호 판결(제1재심대상 판결)의 사실인정과 판결주문에 아무런 영향을 미친 바 없다고 판단하고, … 결국 〈증인C〉의 위증부분은 서울고등법원 2009재나372호 판결(제2재심대상 판결)의 사실인정과 판결주문에도 영향을 미친 바 없어 재심사유가 될 수 없다고 하였다.

참으로 이해할 수 없는 해괴한 논리였다. 서울고등법원 2009재나372호 변론기일에서 거짓증언을 하였다면, 마땅히 그 거짓증언이 당해 판결의 사실인정과 판결주문에 영향을 미쳤을 개연성을 먼저 판단하고, 당해 판결주문에 영향을 미쳤을 일응의 개연성이라도 인정된다면 다음으로 그 이전의 서울고등법원 2007나5221호 판결에서 〈증인A〉의 인장관련 진술이 신빙성이 있는 것인지를 여부를 판단하는 순서로 심리를 하여야 하는 것임은 너무도 당연한 논리구조이다. 그런데 담당 재판부는 거꾸로 〈증인C〉의 거짓진술 부분을 곧바로 〈증인A〉의 거짓진술과 비교하여 그 이전에 이미 판결이 난 서울고등법원 2007나5221호 판결의 사실인정과 판결주문에 영향을 미치지 않았기 때문에, 서울고등법원 2009재나372호 판결 주문에도 아무런 영향을 미치지 않는다고 판단하고 있다. 마치 재심청구를 기각시키기 위하여 논리 아닌 논리를 억지로 만들어 내기 위하여 온갖 궁리를 하는 듯한 느낌마저 들 정도이다.

매번의 판결이유는 마치 억지로 길을 찾지 못하도록 복잡하게 함정과 장벽을 여기저기에 만들어 놓고서 미로(迷路) 게임을 진행하는 것만 같았다. 논리가 아닌 억지와 법리를 복잡하게 실타래처럼 엮어놓고서는 능력이 있으면 풀어보라는 것만 같다. 판결이유가 이렇게까지 궁색하여야 하는 것일까?

민사소송법 제451조 제2항과 관련한 법리오인

민사소송법 제451조 제2항은 "제1항 7호의 경우에는 처벌받을 행위에 대하여 유죄의 확정판결이 확정된 때 또는 증거 부족 외의 이유로 유죄의 확정판결을 할 수 없을 때에만 재심의 소를 제기할 수 있다"라고 규정하고 있다. 즉, 증인이 거짓진술을 하였다는 객관적인 위증죄의 구성요건에 대한 증거는 충분하지만 다른 이유로 유죄의 확정판결을 할 수 없을 때에도 민사소송법 제451조 제1항 제7호의 재심사유가 있다는 것이다.

〈증인C〉가 서울고등법원 2009재나372호 재판 과정에서 "2008년 4월 4일자 진술서의 기노걸 인장 부분에 관한 진술은 처음부터 허위인 점을 알고 있었지만, 기을호의 회유와 안천식 변호사의 협박에 의하여 오로지 돈을 받을 목적으로 허위 내용의 진술서를 작성해 준 것이다"라는 〈D거짓진술〉과, "안천식 변호사를 최종적으로 방문한 것은 2008년 6월경으로서 〈증인B〉를 만나기 전이다"라는 〈E거짓진술〉을 한 것은 기록상 명백하다. 또한 〈증인C〉가 경찰

· 검찰 수사 과정에서 위 〈D-E 각 진술〉이 거짓진술이었다고 자백한 사실도 기록상 명백하다. 더 나아가 〈증인C〉는 자신의 위증죄의 공판절차에서 위 〈D-E 각 진술〉이 거짓이었다고 자백한 수사기관 작성의 피의자신문조서의 내용은 모두 사실임을 인정하였다(임의성, 성립의 진정). 즉, 서울고등법원 2009재나372 판결 변론 과정에서 〈증인C〉가 〈D-E 각 거짓진술〉을 하였다는 점은 객관적인 증거에 의하여 모두 증명되었고 이 점에 대하여 다툼이 없다.

그러나 검찰은 〈증인C〉를 위증죄로 기소하면서 〈D-E 각 거짓진술〉에 대한 범죄사실을 공소사실에서 누락하였다. 아마도 실수였을 것이다. 그렇게 믿고 싶다. 그 후 〈증인C〉는 〈B-C 거짓진술〉에 대하여 위증죄의 유죄가 확정되었고, 따라서 포괄일죄의 관계에 있는 위 〈D-E 각 거짓진술〉에 대하여는 추가로 기소할 수도, 확정판결을 받을 수도 없게 되었다. 즉, 위증이라는 증거는 충분하고 다툼이 없지만 별도로 유죄의 확정판결을 받을 수가 없게 된 것이다.

민사소송법 제451조 제2항은 "제1항 7호의 경우에는 …… 증거부족 외의 이유로 유죄의 확정판결을 할 수 없을 때에도 재심의 소를 제기할 수 있다"라고 규정하고 있다. 결국 〈증인C〉의 위 〈D-E 각 거짓진술〉은 다른 이유(다른 범죄에 대하여 이미 기소되어 유죄로 확정됨)로 유죄의 확정판결을 할 수 없게 되었지만, 위증의 증거는 충분하므로 민사소송법 제451조 제2항 후단에 의하여 재심사유가 될 수 있는 것으로 보인다.

나는 변론과정에서, 〈증인C〉가 수사 과정에서 〈D-E 각 거짓진술〉에 대하여 위증임을 자백하였으므로 이를 참작해 줄 것을 주장하였다. 검찰은 2012년 8월 10일자(변론종결 이후)로 〈증인C〉의 〈D-E 각 거짓진술〉에 대하여 "공소권 없음 불기소처분"을 하였고, 나는 그 기록을 열람, 복사하여 재심 담당 재판부에 참고자료로 제출하면서, 이는 민사소송법 제451조 제2항에 의한 '증거 부족 외의 이유로 유죄의 확정판결을 할 수 없을 때'라는 재심요건을 증명할 관건적인 증거자료가 될 수 있으므로 변론을 재개해 줄 것을 요청하였다.

그런데도 서울고등법원 2012재나235호 재판부는, "〈증인C〉의 제2재심대상 판결과정에서의 '2008년 4월 4일자 진술서의 기노걸 인장부분에 관한 진술은 처음부터 허위인 점을 알고 있었지만, 기을호의 회유와 안천식 변호사의 협박에 의하여 오로지 돈을 받을 목적으로 허위내용의 진술서를 작성해 준 것이다'라는 〈D거짓진술〉과, "안천식 변호사를 최종적으로 방문한 것은 2008년 6월경으로서 〈증인B〉를 만나기 전이다"라는 〈E거짓진술〉 부분은, 유죄확정 판결이 있었다는 점에 대한 주장·증명이 없는 이상, 〈증인C〉가 2011년 4월 11일 자신에 대한 위증 피의사건에 관한 검찰 피의자신문 당시 위 각 증언이 허위임을 자백하였다고 하더라도 민사소송법 제451조 제1항 제7호가 정한 재심사유가 있다고 할 수 없다"라고 판단하였다.

유죄의 확정판결이 필요 없는 재심사유에 대하여 유죄의 확정판결이 없다는 이유로 재심사유가 되지 않는다는 것이다. 참고서면으로 신청한 변론재개에 대하여는 아무런 설시조차도 없었다. 그대로 묵살된 것이었다.

나는 적어도 변론재개 없이는 재심청구 자체를 기각하지는 못할 것이라고 생각했다. 그러나 이는 공허한 기대였다. 나는 판결 선고시에 재판장에게 "공소권 없음 불기소 처분"에 대한 변론재개신청은 어떻게 된 것이냐고 물어보려고 하였다. 하지만 재판장은 내 말을 가로채면서, 그 점에 관해서는 판결문에 충분히 기재되어 있다고 하였다. 그러나 판결문에는 아무런 기재도 없었다. 재판장이 내 질문의 취지를 오해하였을 수도 있다. 그렇다면 변론재개 신청은 왜 묵살된 것일까? 재판부가 변론재개를 요청하는 참고서면 자체를 읽어보지도 않고 판결을 선고하였단 말인가!

대법원 2011다33870호 판결은, "변론재개 여부는 원칙적으로 법원의 재량에 속하는 것이나, 당사자가 변론종결 전에 그에게 책임을 지우기 어려운 사정으로 주장, 증거를 제출할 기회를 제대로 갖지 못했고, 그 주장, 증명의 대상이 판결의 결과를 좌우할 수 있는 관건적 요증(要證)사실에 해당하는 경우 등에는 변론을 재개하고 심리를 속행해 충분한 심리를 다해야 할 의무가 있다"라고 판시하고 있다. 대법원 2009다64635 판결은 "당사자가 무지, 부주의 또는 오해로 인하여 증명하지 아니하는 것이 명백한 경우에는 법원은 당사자에게 증명을 촉구하여야 한다"고 판시하고 있다.

왜 이러한 대법원 판결의 오묘한 법리가 내가 담당하는 사건에서는 적용되지 않는 것일까? 오히려 서울고등법원 2012재나235호 재판부는 내가 신청한 5명의 증인신청을 모두 기각하였고, 정일석 외 3명의 계약서에 기재된 글씨가 〈증인A〉의 것이라는 필적감정 신청도 기각하였다.

이 사건 전체의 내용 재확인

계약서의 진정성립의 입증책임

나는 이 사건을 8년째(2012년 12월 기준) 수행하고 있다. 너무도 말이 되지 않는 법원의 판결이 계속되었지만, 아무도 이를 알아주지 않는다. 부당함과 억울함을 호소하는 내 목소리는 단지 허공을 떠도는 작은 먼지에 불과할 뿐이다. 이제 이 사건 전체의 내용을 살펴보자.

이 사건 계약서(기노걸-H건설 명의의 1999년 11월 24일자 부동산매매계약서)는 사문서이고 처분문서이다. 사문서는 이를 제출한 자가 그것이 명의자의 진정한 의사에 의하여 작성된 것임을 증명하여야 한다(민사소송법 제357, 358, 359조). 이 사건 계약서는 H건설이 제출하였다. 그런데 거기에는 기노걸의 필적도 없고 막도장이 날인되어 있었다. 이 사건 계약서 외의 기노걸의 다른 계약서에는 모두 인감 도장이 날인되고, 기노걸 또는 기을호의 자필로 작성되어 있다. 오로지 이 사건 계약서에만 기노걸의 자필도 아니고 막도장이 찍혀 있었다. 2000년 7월 28일경 Y종합건설은 기노걸에게, 기노걸이 계약체결 자체를 거부하여 토지를 강제수용 하겠다는 취지의 통고서를 발송한 사실도 있었다. 이 사건 계약서가 기노걸의 의사에 의하여 작성되었다는 사실은 H건설이 의심의 여지가 없을 정도, 즉 "통상인의 일상생활에 있어서 진실하다고 믿고 의심치 않는 정도의 고도의 개연성"에 이를 정도로 증명하여야 한다. 그러나 H건설이 이를 전혀 증명하지 못하였다.

구체적으로 살펴보자

이 사건 계약서가 기노걸에 의하여 작성되었음을 인정할 증거는 단 한 가지, 〈증인A〉의 증언밖에 없다. 자칭 유일한 목격자라고 하는 〈증인A〉는 H건설을 대신한 이지학이 2000년 9~10 경 기노걸의 자택에서, 기노걸이 건네주는 막도장을 이 사건 계약서에 날인하는 것을 입회하여 지켜보았다는 것이다. 결국 〈증인A〉의 증언이 신빙성 있는 증거인지의 문제로 귀착된다.

(1) 〈증인A〉는 2005년 11월 16일자 최초 진술서에서, "망 기노걸과 이 사건 계약체결은 1999년 11월 24일 진술인과 망 이지학이 망 기노걸의 자택을 방문하여 이루어졌다"라고 하였다. 그런데 Y종

합건설이 기노걸에게 2000년 7월 28일자로 보낸 "귀하가 D건설 (주)로부터 양도승계 받은 부동산 양도권리를 인정하지 않음에 따라 …… 내용증명을 발송합니다"라는 통고서가 반대증거로 제시되었다.

이에 〈증인A〉는 2006년 7월 25일 변론기일에 증인으로 출석하여, "이 사건 계약서가 작성된 시기는 1999년 11월 24일이 아니라 2000년 9~10월경이다"라고 종전의 진술을 번복하였다. 뒤이어 나온 H건설의 〈증인B〉도 종전에는 2000년 3월경에 기노걸과 매매계약을 체결하고 잔금 지급까지 청구하였다고 진술하였으나, 2006년 7월 25일 변론기일에서는 〈증인A〉와 말을 맞추어 "2000년 9~10월경에 이 사건 계약서를 건네받았다"라고 진술을 번복하였다. 〈증인C〉도 최초의 진술서에서, "이 사건 계약서는 2000년 1월경 자신이 이지학의 지시에 의하여 작성하였고, 이지학이 가지고 있던 기노걸의 막도장을 날인하였다"라고 하였으나, H건설의 〈증인B〉를 만난 이후에는, "이지학은 2000년 9~10월경에 기노걸과의 계약을 체결한 뒤 시내에서 축하 회식까지 하였다"라고 종전 진술을 번복한다.

〈증인A〉는 최초 진술서에서의 계약일자에 관한 진술을 번복한 이유로, 1999년 11월 24일은 H건설과 D건설 간의 사업권 양수도 계약을 체결한 날이고, 위 양수도 계약 이후에야 향산리 지주들과의 모든 승계계약 작업이 시작되었기 때문에, 1999년 11월 24일은 계약일자가 될 수 없다고 하였다. 그러나 뒤이어 증인으로 출석한 H건설의 〈증인B〉는 "1999년 11월 24일 이전에 D건설과의 승계계약은 대부분 마무리된 상태에서 D건설과 H건설의 사업권 양수도 계약이 체결되었다"라고 하면서, 〈증인A〉와는 정반대의 진술을 하였다. 즉, 〈증인A〉의 진술번복의 이유가 틀렸다는 것이다.

그런데 이상한 것은, 〈증인A〉의 증인신문 조서에서는 〈증인A〉의 위와 같은 잘못된 진술번복의 이유가 모두 삭제되어 있었고, 〈증인B〉의 증인신문조서에만 그 내용이 기재되어 있었다. 누군가 의도적으로 삭제하였을 것이라고 의심을 하기에 충분하다. 누군가 의도적으로 〈증인A〉의 증인신문조서를 H건설에게 유리하게 조작하였다는 의문이 드는 것이다. 여기서부터 이미 재판은 꼬이기 시작하였던 것으로 보인다.

다른 한편, 이 사건 계약서를 2000년 9~10월경에 기노걸의 집에서 작성하였다는 〈증인A〉, 〈증인B〉의 진술 역시 사실일 수가 없다. 시기적으로 2000년 9~10월경은 H건설이 부도 직전의 재정위기에 있던 시기였다. 당시 H건설의 거의 모든 사업장은 중단된 상태였다. 새로이 부동산 매매계약을 체결하고 잔금을 지급할 시기가 전혀 아니었던 것이다. 당시의 신문 기사나 금융감독원 공시자료에 의하면, 이 시기에 H건설은 대한민국에서 가장 극심하게 유동성 위기를 겪고 있었고, 이로 인하여 H그룹 전체가 위험한 상태였다. H건설은 2000년 10월경까지 단 120만 원 상당의 계열사 지분까지 모두 처분하면서 현금 확보에 주력한 때였고, 은행권으로부터 단 1원도 차입하지 못할 정도로 심각한 위기상태에 있었다. 결국 2000년 10월 말경에 약 40억 원의 현금이 부족하여 1차 부도를 내기까지 하였다.

회사가 부도 직전의 상황에서, 기노걸에게 현금 9억 8,300만 원이 곧 지급될 것이라고 하면서 이 사건 계약을 체결하였다는 〈증인 A〉의 진술은 도저히 사실일 수가 없다. 잔금 9억 8,300만 원을 지급하려 하였으나 잔금 지불 전 이행조건이 완료되지 않아 지불하지 못하였다는 〈증인B〉의 진술 역시 사실일 수가 없다. 이와 같은 상황에서 기노걸과 계약체결을 축하하는 회식까지 하였다는 〈증인 C〉, 〈증인B〉, 〈증인A〉의 진술은 더 이상 말할 필요도 없는 허구일 뿐이다.

(2) 다른 한편, 〈증인A〉는 2000년 7월 25일 변론기일에 증인으로 출석하여, "기노걸은 서랍에서 통장과 막도장을 가지고 나와서 마루에 있는 이지학에게 막도장을 건네주면서 계약서에 날인하라고 하였고, 기노걸이 통장 계좌번호를 불러주는 것을 이지학이 현장에서 직접 계약서에 기재하여 넣었다"라고 진술하였다.

그런데 계약서에 기재된 기노걸의 농협 241084-56-002254 계좌번호는 1997년 9월 24일자로 예금계약을 해지한 계좌임이 밝혀졌다. 즉, 기노걸은 농협 241084-56-002254 보통예금 계좌를 개설하여 약 1~2 개월 정도 사용하다가 곧바로 예금계약을 해지하고, 보다 금리가 높은 저축예금통장을 개설하여 2004년경에 사망하기까지 사용하였던 것이다.

〈증인A〉는 기노걸이 2000년 9~10월경에 이 사건 계약서를 작성하면서 자신의 통장의 계좌번호를 불러주었고, 이지학은 이를 현장에서 직접 계약서에 기재하여 넣었다고 하였는데, 계약서에 기재되어 있는 농협 241084-56-002254 계좌번호는 이미 1997년 9월 24일자로 예금계약이 해지되었을 뿐만 아니라, 통장의 마그네틱 선을 제거하는 과정에서 통장 뒷면 표지의 절반 정도가 훼손된 상태에 있는 것이었다.

기노걸이 2000년 9~10월경에 이미 1997년 9월 24일자로 예금계약이 해지된 통장을 보고 그 계좌번호를 이지학에게 불러 주었다는 것은 통상적으로 도저히 있을 수 없는 일이다. 즉, 이와 관련한 〈증인A〉의 증언이 거짓일 개연성이 매우 높은 것이다. 담당재판부도 이상하게 여겨 〈증인A〉를 다시 증인으로 소환하였다. 〈증인A〉는 재차 소환된 변론기일에서, "기노걸이 불러주는 대로 이지학이 적는 것을 봤다는 것은 틀림이 없다", "증인이 참여한 가운데 망인이 불러주는 통장번호를 기재했기 때문에 이지학이 임의로 기재했다는 것도 사실일 수 없다", "증인은 기자 출신으로서 그것만은 정확하고 잘못 생각한 것이 없다"라고 하면서 무려 10여 차례나 자신의 진술이 틀림없다고 강조하였다.

결국 재판부는 증인 〈증인A〉의 증언을 증거로 채택하여 이 사건 계약서는 기노걸에 의하여 작성되었음을 인정하였다. 재판부는 판결이유에서 "이 사건 계약 당시 75세의 고령으로서 병석에 누워 있던 기노걸이 착오로 폐쇄된 통장의 계좌번호를 불러줄 가능성도 존재한다"라는 지극히 이례적이고 경험칙에 반하는 판결이유를 설시하기까지 하였다. 또한 "만약 H건설이나 이지학이 D건설로부터 받았거나 매매계약 대행 과정에서 이미 알고 있던 기노걸의 계좌번호를 이용하여 이 사건 계약서를 위조하였다면 위와 같이 이미 폐쇄된 계좌가 아니라 2차 중도금이 지급된 계좌번호를 적었을 것이다"라는 그 자체로 모순된 순환논리의 가정적 이유까지 설시하면서 〈증인A〉의 증언을 적극적으로 신뢰하였다.

　　그러나 기노걸은 2000년 11월 29일경에 뇌경색으로 쓰러졌을 뿐 2000년 9~10월경은 병석에 누워 있지도 않았다. 무엇보다도 이 사건 계약서에 기재된 계좌번호는 2000년 9~10월경 이지학이 기노걸의 집에서 기노걸이 불러주는 계좌번호를 적어 넣은 것이 아니라, 2000년 1월경 〈증인C〉가 W공영 사무실에서 직접 자필로 기재하였다는 사실이 밝혀졌다. 〈증인A〉가 2006년 7월 25일자 변론기일, 그리고 2006년 11월 28일자 변론기일에서 그토록 강조하였던 증언 내용들이 대부분 거짓진술로 판명되었다. 즉, 기노걸이 불러주는 대로 이지학이 적는 것을 틀림없이 봤다는 증언도 거짓이었고, 당시 현장에서 남의 계좌번호를 입수할 방법은 전혀 없었다는 진술도 거짓이었으며, 기자 출신이라는 자신의 명예를 걸고

맹세한 진술이 모두 거짓임이 드러났던 것이다.

특히 제1, 2심 판결서 이유에 기재된 "이 사건 계약 당시 75세의 고령으로서 병석에 누워 있던 기노걸이 착오로 폐쇄된 계좌번호를 불러줄 가능성"은 현실과는 전혀 동떨어진 상상 속에서 억지로 만들어낸 허구임이 객관적으로 명백하게 증명되었다. "만약 H건설이나 이지학이 D건설로부터 받았거나 매매계약 대행 과정에서 이미 알고 있던 기노걸의 계좌번호를 이용하여 이 사건 계약서를 위조하였다면 위와 같이 이미 폐쇄된 계좌가 아니라 2차 중도금이 지급된 계좌번호를 적었을 것이다"라는 판결이유 역시 명백한 오판임이 드러나 재판의 적정과 위신이 크게 손상되었다.

결국 〈증인A〉의 증언만을 신뢰한 제1, 2심 판결은 그 판결의 기초에 분명한 오류가 명백하게 드러난 것이었다. 그렇다면 다른 객관적인 증거의 뒷받침 없이 같은 변론기일에서 명백히 거짓증언을 한 〈증인A〉의 또다른 증언만을 근거로 이 사건 계약서의 진정성립을 인정하여서는 아니 되는 것이었다.

(3) 〈증인A〉의 증언을 믿지 못하는 다른 이유도 있었다.

〈증인A〉는 이미 2000년 2월경에 향산리에 거주하는 정일석 등 4인 명의의 부동산매매계약서를 위조하였다는 증거자료도 발견되었다. 〈증인A〉는 2000년 2월경에 정일석 등 4인 명의의 부동산매매계약서를 임의로 작성하여 그들의 막도장을 날인하는 방법으로 계약서를 위조한 사실이 있었다. 나는 이와 관련된 증거들을 빠짐 없이 수집하여 증거자료로 제출하였다. 그 자료들은 H건설의 직인 까지 날인된 내부 자료들이었다. H건설도 이를 인정하여 정일석 등 4인 명의의 부동산에 마쳐진 가처분을 취소해 주었다. 그 위조 된 계약서는 모두 〈증인A〉의 필적으로 작성되어 있었다.

그 외에도 〈증인A〉는 H건설로부터 계약체결의 용역을 맡은 Y종 합건설의 전무이사 겸 대주주였다. 즉, 이 사건 계약서의 진정성립 에 관하여 직접적인 이해관계를 가진 자로서 처음부터 허위의 진 술을 할 개연성을 배제하기 어려운 자였다. 무슨 이유에서인지, 법 원은 이러한 〈증인A〉의 증언을 너무도 쉽게 신뢰하고 증거로 채택 해 주었다. 계속해서 진술이 번복되고, 거짓진술이 드러남에도 불 구하고 아무런 제약 없이 모두 믿어주었다. 계속해서 반대사실을 증명하는 증거자료가 제출됨에도 오히려 무시되었다. 도저히 헌법 과 법률과 양심에 따른 증거 판단이라고 믿기 어려울 정도였다.

(4) 〈증인A〉는 다른 부동산 관련 소송에서도 수차례 증언을 번복 한 사실이 있었다. 그 중 한 사건의 항소심은 내가 직접 소송대리 인으로 재판에 참여하였다. 특히 〈증인A〉는 서울고등법원 2009나 77442호 사건에서 종전진술을 번복하는 이유에 대하여, "본인은 당시 심기섭이 나쁜 사람이라고 생각해서 김영환을 도와주었던 것 입니다"라고 진술하고 있다. 즉, 누군가가 나쁜 사람이라고 판단되 면 언제든지 기억에 반하는 진술을 해 줄 수 있다는 의미였다. 그

야말로 재판 자체를 도박이나 게임 정도로 여기는 듯하였다. 승소하기 위하여서는 얼마든지 거짓진술을 할 수 있다는 태도이다. 이러한 자의 증언만을 근거로 이 사건 계약서의 진정성립을 인정하는 것은 도저히 재판의 적정과 위신을 담보하는 것이라고 보기 어렵다.

(5) 서울중앙지방법원 2008고단3739 판결 담당 재판부가 〈증인A〉의 제1심 변론과정에서의 "기노걸의 인장 관련 증언"에 대하여 무죄를 선고하고 벌금 500만 원을 선고한 것은, 그 자체로 의혹투성이다. 유죄의 입증에 관심이 없는 검찰의 태도와, 부장판사 출신 2명의 변호사를 선임하여 재판을 연기하는 등 적극적으로 재판부에 영향을 미치려고 하는 피고인 측의 태도 자체도 이율배반적이었다. 피고인에게 유죄를 선고하기 위하여 어느 정도의 심증이 필요할지는 재판장의 자유심증에 의한다. 비록 실체진실에는 반하더라도 '의심스러운 때는 무죄'를 선고하는 것이 좋은 판결일 수도 있다. 그럼에도 위 판결은 절대로 좋은 판결이라고 동의하기 어렵다. 대기업이 관련되지 않고, 부장판사 출신 두 명의 변호인이 선임되지 않았어도 이와 같은 판결을 할 수 있을까 하는 의문이 든다.

제1심 법원이 2006년 11월 28일자 변론기일에 〈증인A〉를 왜 다시 소환하였는지, 다시 소환된 〈증인A〉가 한 진술 내용이 어떠하였는지, 제1심 법원 판결이유에 설시된 담당 재판부의 심증이 어떠한지를 살핀다면, '도장 관련 〈증인A〉의 진술'에 대하여 무죄를 선고

할 수 있을지는 매우 의문이다. 양형에 있어서도 두 차례의 변론기일에서 위증하였음에도 단지 벌금 500만 원을 선고한 것을 어떻게 이해해야 하는가? 힘없는 기을호만 서러울 뿐이다.

(6) 서울중앙지방법원 2008고단3739 판결에서 〈증인A〉의 인장 관련 증언에 대하여 증거불충분으로 무죄가 선고되었다는 이유로, 〈증인A〉의 인장 관련 증언이 증명력이 높다고 판단한 2009재나372 판결은 그 자체로 논리의 왜곡이다.

형사재판에서 증거불충분으로 무죄를 선고하였다는 것은, 검찰이 합리적인 의심의 여지가 없을 정도로 공소사실을 입증하지 못하였다는 의미일 뿐이다(대법원 2006. 9. 14. 선고 2006다27055 판결 등). 그런데 서울고등법원 2009재나372 판결은, 〈증인A〉의 인장 관련 증언은 무죄로 선고되었으므로 증명력이 강하다고 판단하고 있다. 즉, 증거불충분으로 위증죄의 유죄로 단정할 수 없다는 의미를, '위증혐의가 전혀 없다'는 의미로 받아들이고 있다. 형사소송에서 유죄의 입증책임은 검사에게 있고, 민사소송에서 문서의 진정성립의 입증책임은 H건설에게 있는 것이다. 법원은 형사소송에서는 검사의 입증책임을 그렇게도 강조하는 판결을 하였음에도, 민사소송에서는 H건설의 입증책임을 조금도 강조하지 않고 있다. 오히려 민사소송에서도 기을호가 이 사건 계약서가 위조되었음을 입증하여야 한다는 태도를 취하고 있다. 이는 논리의 왜곡이다. 논리인 것처럼 보이지만 교묘하게 위장된 억지일 뿐이다.

(7) 허창 명의의 부동산매매계약서는 H건설도 그 위조를 인정하고 있다. 나는 어렵사리 D건설로부터 H건설에 승계 작성된 23명의 명의의 부동산매매계약서와 부속서류를 모두 입수하여 재판부에 증거로 제출하였다. 위조된 허창 명의의 계약서와 동일한 시기, 동일한 필체, 동일 형태의 막도장, 동일하게 1997년경에 폐쇄된 계좌번호가 기재되어 있는 계약서는 기노걸의 이사건 계약서밖에 없었다. 다른 21명의 모든 계약서에는 최소한 2000년 4월 이전에 H건설로부터 잔금을 지급받은 영수증, 인감증명서, 동의서, 무통장입금증 등 최소한 한 건 이상의 부속서류들이 존재하였다. 그러나 허창, 기노걸 명의의 계약서와 관련하여서는 이러한 서류가 전혀 발견되지 않았다. 두 계약서는 모두 위조된 것이라는 의미이다. 위와 같은 서류 역시 2001년경까지 H건설이 보관하던 내부서류를 복사한 것이었다.

(8) 증인으로 출석한 H건설 〈증인B〉의 "2000년 9~10월경에 이 사건 계약서를 Y종합건설로부터 건네받았고, 잔금 983,000,000원을 기노걸에게 지불하려고 하였으나 잔금 지불 전 이행조건인 지상물 철거가 이루어지지 않아 이를 지불하지 않았다"는 증언은 완전히 엉터리이다.

여기서 2000년 4월 이후 H건설과 H그룹의 상황에 대해서 잠시 살펴보자.

H그룹은 창업주 J 회장이 해방 이후 H토건사를 시작으로, 6·25 사변 이후 전후복구와 국토개발 및 동남아, 중동개발 등 해외 진출을 토대로 성장일로를 달렸고, 자동차와 중공업, 선박 등 광범위한 분야로 진출하여 대한민국 최고의 재벌기업을 이루게 된다. 2000년 초경 창업주가 연로함에 따라 그룹 후계자 지명과 관련하여 두 형제가 첨예하게 대립하게 되는데, 이것이 바로 "H그룹 왕자의 난"이라는 사건으로, 이 시대를 살아온 대한민국 국민이라면 누구에게나 뚜렷이 기억되는 '현저한 사실'에 해당하는 일대 사건이다. 당시 창업주의 두 아들은 서로 후계자임을 자처하면서 그룹 핵심 임원자리에 자기 사람을 앉히려고 대립하였고, 심지어는 기자들 앞에 창업주의 친서를 공개하는 일을 온 국민이 언론을 통해 지켜보았다.

결국 재계 1위의 H그룹은 4개의 계열사로 분리하게 되면서, 주식은 연일 폭락하게 되고, 부실의 근원이 된 H건설은 가장 심각한 유동성 위기에 직면하게 되는데, 2000년 5월 31일부터 10월까지 4차례에 걸쳐서 자구계획안을 발표하게 된다. 2000년 10월 중순 이후의 H건설에 관한 신문기사에 의하면, 당시 금융감독위원장은 'H건설이 자구노력을 지키지 않을 경우 원칙대로 처리하겠으며 그룹 내에 있는 한 출자전환도 어렵다'고 공공연하게 압박하고 있었고, H건설 등 그룹 계열사의 주식까지 폭락하여 자구계획안은 차질을 빚고 있었으며, 국내에서 계획 중이던 대부분의 사업은 중단된 상태였고, 임·직원들은 사표를 제출한 뒤 다른 직장을 알아보러 다니기도 하였으며, 경영진도 퇴출 압력을 받고 있었던 시기였다.

남아 있는 앙금 탓인지, 계열분리 된 타 그룹 대주주들마저, "형제간의 화해는 가족 간 사안이고 공과 사는 엄격히 구분해야 한다"라고 하면서 H그룹 계열사의 주식매입과 전환사채의 인수를 거부하면서 자구계획안에 협조를 하지 않았고, H건설은 현금을 마련하기 위하여 다른 계열사로부터 45억 원을 4일간 지원받기도 하였고, H강관 지분 전량을 2억 1천 552만 원에 여러 차례에 걸쳐 매각하였으며, 그룹계열사인 H증권에게 150억 원 상당의 기업어음(CP)을 매각하여 현금을 마련하여 위기를 넘기려고 하였으나, 결국 40억 원이 부족하여 1차 부도를 맞게 된다. 이와 같은 일이 2000년 늦가을, 문을 열어 놓으면 약간 추울 정도의 날씨인 9월 내지 10월을 전후하여 일어난 일이었고, 누구보다도 H건설의 직원인 〈증인 B〉는 이를 잘 알고 있을 것이다.

그런데 H건설 직원인 〈증인B〉는 이 시기에 이 사건 계약서를 〈증인A〉로부터 건네받고, 유일하게 돈을 먼저 달라고 하는 기노걸에게 잔금 9억 8300만 원을 지불하려고 직·간접적으로 확인까지 하였으나, 잔금 지불 전 이행조건인 건물 5채에 대한 철거가 되지 않아 지불하지 않았다는 얼토당토않은 진술을 하고 있다. 이 사건 계약서 제6조에는 건물의 철거는 H건설이 책임지기로 되어 있는데도 말이다.

더 나아가 〈증인A〉는 이 시기에 기노걸에게 "잔금이 곧 들어갈 겁니다"라고 하였고, 다시 며칠 뒤 사무실을 찾아온 기노걸에게 "H 건설에게 서류를 넘겼으니 곧 돈이 나올 겁니다"라고 말해 주었다고 하였다.

그러나 이 사건 계약서의 내용에도 없는 잔금 지불 전 이행조건을 이유로 잔금을 지불하지 못하였다는 〈증인B〉의 진술이나, 위와 같은 극심한 유동성 위기상황에서 H건설이 기노걸에게 잔금 9억 8,300만 원을 곧 지급할 것이라고 하면서 계약을 체결하였다는 〈증인A〉의 진술은 도저히 사실일 수가 없다. 그럼에도 모든 담당재판부는 이러한 증인들의 증언을 아무런 의심 없이 받아들이고 있다. 재판이란 이런 것이었단 말인가?

(9) 마지막으로 〈증인C〉의 진술 번복 경위를 살펴보자.
① 〈증인C〉는 2008년 4월 4일 서초동에 있는 나의 사무실을 방문하여, "이 사건 계약서의 인장은 당시 이지학이 가지고 있던 막도장을 날인한 것으로 기억합니다"라는 내용의 진술서를 작성해 주었다. 이때까지 〈증인C〉는 기을호를 한 번도 만난 사실이 없었다.
② 〈증인C〉는 그 후 2008년 4월 18일 방배경찰서에 참고인으로 출석하여 동일한 내용을 진술조서를 작성하였다. 기을호에게 사죄한다고 까지 하였다.
③ 2008년 6월 12일 검찰은 〈증인A〉를 위증혐의로 기소하였다.
④ 2008년 7월 초경(6월 말경) 〈증인C〉는 H건설의 〈증인B〉와 〈증

인A〉로부터 진술번복을 요구받게 된다. 〈증인B〉는 〈증인C〉에게, "Y종합건설에서 2000년 7월28일경 기노걸에게 '매매계약에 협조해 주지 않아 토지수용권을 발동하겠다'는 통고서까지 보냈는데, 어떻게 2000년 1월경에 이 사건 계약서가 위조될 수 있느냐"고 따지면서, "우리도 가만히 있지 않겠다"라고 압박을 하였다는 것이다.

⑤ 2008년 8월경 〈증인C〉는 기을호를 찾아가서 "〈증인B〉로부터 진술번복을 요구받고 있다"는 사실을 알려주면서 두 차례에 걸쳐 돈을 요구하였으나, 모두 거절당했다.

⑥ 2008년 9월 초경 〈증인C〉는 소송대리인이던 나에게 찾아왔고, 2008년 4월 4일자 진술서 작성 경위에 대하여 "진짜로 정의를 위하여, 거짓말 치는 사람이 오히려 큰소리치는 그런 사회를 어떻게 해 볼까 하는 심정"에서 작성해 주었다고 하였다. 그리고 나에게 돈 200만 원을 요구(차용)하였으나 거절당하였다.

⑦ 2008년 12월 18일경 〈증인C〉는 "2008년 4월 4일자 〈증인C〉의 진술서 내용 중 '이지학이 기노걸의 도장을 날인한 것으로 기억한다'라는 것은 잘못된 진술이다"라는 내용의 진술서를 〈증인B〉에게 작성해 주었고, 〈증인B〉는 이를 〈증인A〉의 형사 공판절차에 증거로 제출한다.

⑧ 2009년 1월 21일 〈증인C〉는 서울중앙지방법원 2008고단3739호 공판기일에 출석하여, "2008년 4월 4일자 진술서의 도장날인 부분은 당시 착각한 것이다. 안천식 변호사가 협박하였고 기

을호가 회유하였다. 이지학이 도장을 찍었다는 말을 하지 않았는데 안천식 변호사가 임의로 진술서에 기재하였다. 안천식 변호사에게 이지학이 도장을 날인한 것 같다고 말한 것을 사실이다. 당시 이지학이 향산리 주민들의 막도장을 이용하여 주민동의서 작성하는 것과 착각하였다. 이지학은 당시 향산리 주민들의 막도장을 가지고 있었다."라고 하면서 그 자체로 반대되고 모순된 진술을 증언하였다.

⑨ 2009년 10월 14일 〈증인C〉는 서울고등법원 재나372호 사건 변론기일에 출석하여, "2008년 4월 4일자 진술서 중 도장 관련 진술내용은 사실이 아니다. 안천식 변호사가 협박하였고, 기을호가 평생 먹을 것을 보장해 주겠다며 회유하였다. 증인은 오로지 돈을 받기 위해 허위진술서를 작성해 준 것이다. H건설의 〈증인B〉를 만나기 전인 2008년 6월경 안천식 변호사를 마지막으로 방문하였고, 당시 기을호가 제의한 것에 대하여 얼마를 받을 수 있을지 확인차원에서 기대심으로 방문하였다"라고 증언하였다. 그러나 안천식 변호사의 협박과 기을호의 회유에 의하여 오로지 돈을 받을 목적으로 진술서를 작성한 것이 아니라는 점에 대하여는 수사기관에서 자백하고 있고, 안천식 변호사를 마지막으로 만난 것도 2008년 7월 초경 H건설 〈증인B〉를 만난 이후인 2008년 9월경인 것으로 확인되었으며, 당시의 녹취록에는 기을호가 제의한 것에 대하여 얼마를 받을 수 있는지에 대한 아무런 대화내용도 없었다는 점도 확인되었으며, 오히려 200만 원의 돈을 요구하는 내용도 확인되었다.

즉 〈증인C〉의 법정증언은 안천식 변호사와 기을호를 모함하기 위한 것이라는 점이 모두 법정에서 확인되고 발각되었던 것이었다.

그런데 서울고등법원 2009재나372호 판결은 〈증인C〉가 당해 법정에서의 증언을 증거로 채택하고, 오히려 종전 〈증인C〉의 2008년 4월 4일자 진술서는 믿을 수 없다고 하면서 배척하면서 이 사건 계약서의 진정성립을 인정하였다. 이는 곧 〈증인C〉가 당해 변론기일에서 아무리 그 자체로 모순되는 진술을 하였더라도, '이사건 계약서는 이지학에 의하여 위조되었다는 종전 진술은 사실이 아니다'라는 증언은 믿을 수 있다는 것이고, 그 이전에 한 〈증인C〉의 진술은 믿을 수 없다는 것이었다. 더 나아가서 서울고등법원 2012재나235호 판결은, 〈증인C〉의 법정증언이 아무리 위증으로 가득하고 추가로 어떠한 증거가 제출되더라도 재심사유를 인정할 수 없다고 한다. 도대체 어쩌란 말인가? 힘없는 자들은 절대로 대기업에게 대항하지 말라는 말인가? 힘없는 자들에게는 정당한 재판을 받을 권리 자체를 인정할 수 없다는 말인가? 이것이 법(法)이고, 정의(正義)이며, 공정(公正)한 재판(裁判)이란 말인가? 어떻게 이러한 판결(判決)을 마음으로 받아들이고 승복하라는 말인가?

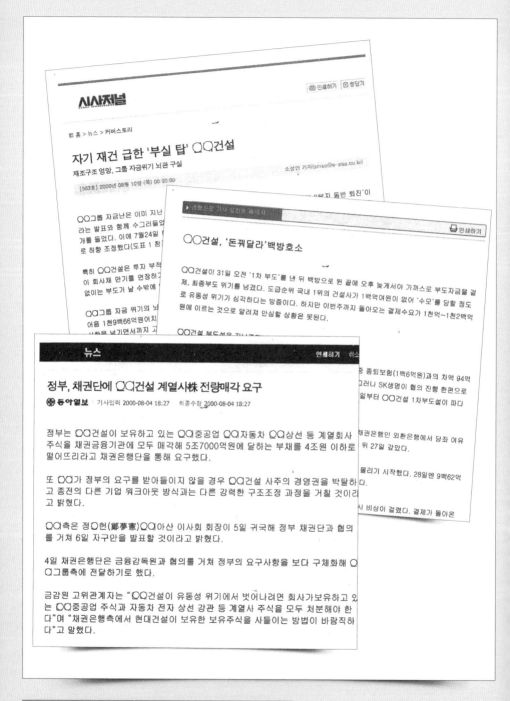

증거자료 14-1 : 2000년 9~10 경 전후의 H건설에 관한 신문기사-1

H건설은 2000년 8월경부터 극심한 유동성위기에 직면하였고, 채권단 은행으로부터 신규 대출지원을 전혀 받지 못하면서 결국 10월 말경에 1차 부도까지 겪게 된다는 일련의 신문기사이다.

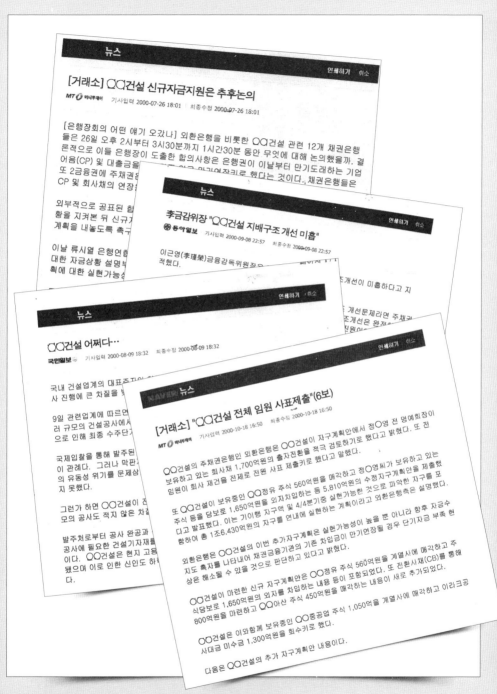

[거래소] ○○건설 신규자금지원은 추후논의

MT 머니투데이 기사입력 2000-07-26 18:01 최종수정 2000-07-26 18:01

[은행장회의 어떤 얘기 오갔나] 외환은행을 비롯한 ○○건설 관련 12개 채권은행
들은 26일 오후 2시부터 3시30분까지 1시간30분 동안 무엇에 대해 논의했을까. 결
론적으로 이들 은행장이 도출한 합의사항은 은행권이 이날부터 만기도래하는 기업
어음(CP) 및 대출금을   미뤄연장키로 했다는 것이다., 채권은행들은
또 2금융권에 주채권은   해
CP 및 회사채의 연장을

외부적으로 공표된 합
황을 지켜본 뒤 신규   ## 李금감위장 "○○건설 지배구조 개선 미흡"
계획을 내놓도록 촉구
                                   동아일보 기사입력 2000-09-08 22:57 최종수정 2000-09-08 22:57
이날 류시열 은행연합
대한 자금상황 설명박   이근영(李瑾榮)금융감독위원장
획에 대한 실현가능   적했다.   개선이 미흡하다고 지

○○건설 어쩌다…

국민일보 기사입력 2000-08-09 18:32 최종수정 2000-08-09 18:32

국내 건설업계의 대표주자의
사 진행에 큰 차질을 빚
                                           ## [거래소] "○○건설 전체 임원 사표제출"(6보)
9일 관련업계에 따르면
러 규모의 건설공사에서   MT 머니투데이 기사입력 2000-10-18 16:50 최종수정 2000-10-18 16:50
으로 인해 최종 수주단
                       ○○건설의 주채권은행인 외환은행은 ○○건설이 자구계획안에서 정○영 전 명예회장이
국제입찰을 통해 발주된   보유하고 있는 회사채 1,700억원의 출자전환키로 했다고 말했다. 또 전
이 관례다. 그러나 막판
의 유동성 위기를 문제삼   또 ○○건설이 보유중인 ○○정유 주식 560억원을 매각하고 정○영씨가 보유하고 있는
지 못했다.   주식 등을 담보로 1,650억원을 외자차입하는 등 5,810억원의 수정자구계획안을 제출했
                       임원이 회사 재건을 전제로 전원 사표 제출키로 했다는 기이행 자구액 및 4/4분기중 실현가능한 것으로 파악한 자구를 포
그런가 하면 ○○건설이 전   다고 발표했다. 이는 기이행 자구액 및 4/4분기중 실현가능한 것으로 파악한 자구를 포
모의 공사도 적지 않은 차   함하여 총 1조6,430억원의 자구를 추가 실현하는 계획이라고 외환은행측은 설명했다.

발주처로부터 공사 완공과   외환은행은 ○○건설의 이번 추가자구계획은 실현가능성이 높을 뿐 아니라 향후 자금수
공사에 필요한 건설기자재를   지도 흑자를 나타내어 채권금융기관의 기존 차입금이 만기연장될 경우 단기자금 부족 현
이다. ○○건설은 현지 고용   상은 해소될 수 있을 것으로 판단하고 있다고 밝혔다.
됐으며 이로 인한 신인도 하
다.   ○○건설이 마련한 신규 자구계획안은 ○○정유 주식 560억원을 계열사에 매각하고 주
                       식담보로 1,650억원의 외자를 차입하는 내용이 포함되었다. 또 전환사채(CB)를 통해
                       800억원을 마련하고 ○○아산 주식 450억원을 매각하는 내용이 새로 추가되었다.

                       ○○건설은 이와함께 보유중인 ○○중공업 주식 1,050억을 계열사에 매각하고 이라크공
                       사대금 미수금 1,300억원을 회수키로 했다.

                       다음은 ○○건설의 추가 자구계획안 내용이다.

증거자료 14-1 : 2000년 9~10 경 전후의 H건설에 관한 신문기사-2

H건설은 이미 2000년 7월경부터 극심한 유동성위기를 맞아 그룹 계열회사 주식 매각하고, 계열회사의 기업어음 발행 및 J
명예회장이 보유한 회사채의 출자전환까지 하고 회사 임원들은 사표까지 제출하였으나, 결국 40억 원이 부족하여 1차 부도
를 맞이하였다는 당시의 신문기사이다.

제14장

18번째 소송

상고이유서 제출

나는 지금까지 H건설을 상대로 열일곱 번의 민사소송을 진행하였고, 열일곱 번 모두 패소하였다. 본안소송이 열두 번이었고 가처분 등 보전소송이 다섯 번이었다. 모두 이 사건 계약서의 진정성립에 관한 것들이었다. 그리고 나는 열여덟 번째 소송으로 다시 대법원에 상고이유서를 제출하였다. 그 내용은 이제까지 살펴본 것과 같다.

위헌법률심판 제청

민사소송법 제451조 제1항 제7호에 대하여 위헌법률심판 제청도 하였다. 민사소송법 제451조 제1항 제7호, 제2항의 "증인의 거짓진술이 재판의 증거가 되고, 유죄가 확정된 때"라는 규정을, "증인의 거짓진술이 판결의 기초가 되어 유죄판결이 확정되고, 유죄로 확정된 증인의 거짓진술이 요증사실에 대한 직접적 증거로서 증명력이 높은 것일 것"이라고 해석하는 한, 이는 헌법 제27조 제1항, 헌법 제37조 제2항 및 법치국가의 원리에 반한다는 것이다. 이는 법관의 자의적 판단에 따라 재심사유에 해당하는지 여부가 결정되게 하는 것으로서, 법관의 판단을 법률보다 우위에 두어 국민 재판청구권의 본질적인 내용을 침해하는 것으로 보인다.

이와 관련한 대법원 판례도 재심소송을 통한 국민의 재판청구권을 제약하고 있는 것으로 보인다(대법원 97다42922 판결).

즉, 대법원의 입장은, ①민사소송법 제451조 제1항 제7호 소정의 재심사유인 '증인의 허위진술이 판결의 증거가 된 때'라는 객관적인 재심요건을 갖추었다면, ②재심 전 증거들과 함께 재심소송에서 조사된 각 증거들까지도 종합하여, 증인의 거짓진술이 없었더라면 판결주문이 달라 질 수도 있었을 일응의 개연성이 있는지 여부를 심리하여야 하고, ③이와 같은 판단에 의하여 판결주문이 달라질 수도 있는 일응의 개연성이라도 인정되는 경우에는 다시 재심소송 이후에 조사된 증거자료까지 종합하여 종국판결을 하여야 한다는 것이고, 판결주문이 달라질 일응의 개연성이 인정되지 않는다면 재심사유가 인정되지 않는 다는 입장이다(3단계 심리). 두 차례의 재심사유의 존부에 대한 심리단계를 거쳐서 종국판결의 본안심리에 들어간다는 것이다.

이러한 대법원의 입장 역시 법률의 규정에도 없는 "판결주문이 달라질 일응의 개연성"여부를 그 추가적인 재심사유로 심리하도록 하고 있다. 불필요하게 법관의 자의적인 판단이 개입될 소지를 남겨, 재심을 청구하는 당사자에게 새로운 장벽을 쌓게 하여 재판청구권의 본질적 내용을 침해하게 하는 것으로 보인다. 요컨대, 재심소송 이후에 조사한 증거자료까지 종합하여 판결의 주문이 달라질 일응의 개연성 여부를 심리하였다면 이는 종국판결의 본안을 심리하는 것과의 차이점을 인정하기도 어렵다.

즉, 증인의 허위진술이 판결서에 기재되는 등 판결의 기초가 되었다면 당연히 판결주문에 영향을 미치는 일응의 개연성은 충분히 인정되는 것임에도, 다시 재심사유로서의 판결 주문에 영향을 미칠 일응의 개연성을 판단하게 함으로써 재심사유에 대하여 법관의 자의적이고 불필요한 개입의 여지를 둠으로써 국민의 재판을 받을 권리를 제약하고 있는 것으로 보인다. 국민의 기본권은 최대한 보장되어야 하고, 특히 재판청구권은 기본권 보장을 위한 기본권으로 더더욱 넓게 보장되어야 한다. 어떠한 경우에도 법원 스스로가 법률 규정에도 없는 사유를 들어, 국민이 재판청구권 행사를 위하여 법원에 접근하는 것을 방해하거나 장벽을 쌓아서는 아니 되는 것이다.

법정 외 변론

이 사건에 대한 변론을 시작한지 어언 8년의 세월이 흘렀다(2012년 기준). 그동안 기을호는 기면증이라는 희귀 질병에 걸렸다. 스스로 목숨을 끊은 사람도 있었다. 내가 겪은 고통은 변호사의 숙명이라고 생각하겠다.

홀륭한 대법관이 새로 임명되었다. 소외된 작은 목소리에도 귀를 기울이겠다고 한다. 열여덟 번째 소송에서는 기을호의 억울함이 해소되고 실체진실에 맞는 정의로운 판결이 내려질 것이다. 온갖 거짓증언과 거짓서류와 상상력으로 법원과 상대방을 농락한 H건설의 잘못된 행태들이 이번에는 백일하에 드러날 것이다.

열일곱 번의 재판을 하는 동안 매번 그렇게 기대했다. 매번 이번 재판부는 공정하고 성실한 자세로 사건을 불편부당(不偏不黨)하게 판단하는 홀륭한 재판부일 것이라고 기대했다. 기노걸의 계좌번호가 1997년 9월 24일자로 예금계약을 해지하고 폐쇄한 계좌라는 사실을 알게 되었을 때도 그랬고, 허창 명의의 위조된 부동산매매계약서를 찾아냈을 때도 그랬다. 〈증인C〉를 찾아내고 정일석 등 4인 명의의 위조된 부동산매매계약서가 〈증인A〉의 글씨로 작성된 것임을 알아냈을 때도 그랬고, D건설로부터 승계 받은 향산리 주민 23명의 부동산매매계약서 등 서류를 찾아내고 2000년 9~10월경에 H건설이 파산 직전의 유동성 위기를 겪은 시기임을 밝히는 증거들을 찾아내었을 때도 그랬다. 정말 그렇게 믿었고 기대했다.

서울고등법원 2012재나235호 재심재판을 진행하던 중에는 어느 시민단체 임원이 찾아와 법정 밖에서 피케팅 시위로 지원하겠다고 하였다. 나는 거절했다. 진행 중에 있는 재판을 그와 같은 방법으로 간섭하는 것은 옳지 않다고 충고까지 하였다. 판결 선고 2~3주일 전쯤에는 어느 종합편성 채널 탐사 보도팀에서 이 사건을 방송에 보내자는 제안도 하였다. 나는 거절했다. 마지막으로 법원이 실체진실을 밝혀 구체적 정의가 무엇인지 판단해 주는 것을 보고 싶었기 때문이다.

열여덟 번째 소송마저 기각당하면 이제 사건은 영원히 묻히게 될 것이다. 기을호는 억울하게 재산을 빼앗기고 병은 더 깊어질 것이다. 그 누구도 관심을 가져주지 않는다. 하소연해봐야 병만 더 깊어질 뿐이다. 변호사는 법정에서 변론을 하는 사람이다. 사건의 실체에 관한 증거를 법정에 제출하고 법정에서의 변론을 통해 공방을 하는 것이다. '법은 논리 이전에 경험'이라고 하였다. 나는 이번에는 법정 외에서도 변론을 하기로 결심했다. 그리고 이 글을 쓰기 시작했다.

('2012년 12월에 쓴, '18번째 소송'을 일부 수정하여 정리함.)

2부
고백 그리고 고발

제15장

법정의 문은 닫히고…

상고심 (대법원 2012다86437호)

판결의 선고

2014년 7월 10일 대법원 2012다86437호 상고심 판결이 선고되었고, 또다시 상고는 기각되었습니다. 기을호는 운전을 할 수 없을 만큼 건강이 악화되어 판결을 선고하는 장소에는 나오지 못하였습니다. 상고심 판결이유를 살펴보면 다음과 같습니다.

상고이유 제1, 2점에 대하여

민사소송법 제451조 제1항 제7호 소정의 재심사유인 '증인의 거짓진술이 판결의 증거가 된 때'라 함은, 그 거짓진술이 판결주문에 영향을 미치는 사실인정의 자료로 제공된 경우를 말하는 것으로서 만약 그 거짓진술이 없었더라면 판결의 주문이 달라질 수도 있을 것이라는 개연성이 있는 경우가 이에 해당한다고 할 것이므로, 그 거짓진술을 제외한 나머지 증거들 만에 의하여도 판결주문에 아무런 영향을 미치지 아니하는 경우에는 비록 거짓진술이 위증으로 유죄의 확정판결을 받았다 하더라도 재심사유에 해당되지 아니한다고 할 것이다(대법원 2004다34783 판결 등 참조).

원심은 그 판시와 같은 이유로 서울고등법원 2009재나372호 판결 재판과정에서 증언한 〈증인C〉의 증언 중 위증의 유죄확정판결이 선고된 부분이 서울고등법원 2009재나372호 판결의 사실인정과 판결주문에 아무런 영향을 미친 바 없다고 판단하여 위 〈증인C〉의 증언 중 위증의 유죄판결이 확정된 부분을 이유로 한 피고(기을호)의 재심청구를 받아들이지 아니하였다.

앞서 본 법리와 기록에 비추어 보면, 원심의 위와 같은 판단은 정당한 것으로 수긍이 가고, 거기에 상고이유의 주장과 같이 재심사유 인정에 있어 법률에 없는 추가요건을 제시함으로써 재판청구권의 본질적 부분을 침해하였다거나 민사소송법 제451조 제1항 제7호 소정의 '증인의 거짓진술이 판결의 증거가 된 때'에 관한 법리를 오해한 위법이 없다.

상고이유 제3점에 대하여

가. 당사자가 변론종결 후 주장, 증명을 제출하기 위하여 변론재개 신청을 한 경우 당사자의 변론재개신청을 받아들일지 여부는 원칙

적으로 법원의 재량에 속한다. 그러나 변론재개신청을 한 당사자가 변론종결 전에 그에게 책임을 지우기 어려운 사정으로 주장, 증명을 제출할 기회를 제대로 갖지 못하였고, 그 주장, 증명의 대상이 판결의 결과를 좌우할 수 있는 관건적 요증사실에 해당하는 경우 등과 같이 당사자에게 변론을 재개하여 그 주장, 증명을 제출할 기회를 주지 않은 채 패소의 판결을 하는 것이 민사소송법이 추구하는 절차적 정의에 반하는 경우에는 법원은 변론을 재개하고 심리를 속행할 의무가 있다(대법원2010다20532 판결 참조).

나. 기록에 의하면, 위 〈증인C〉의 증언 중 '2008년 4월 4일자 진술서의 기노걸 인장 부분에 관한 진술은 처음부터 허위인 점을 알고 있었지만 기을호의 회유와 안천식 변호사의 협박에 의하여 오로지 돈을 받을 목적으로 허위내용의 진술서를 작성해 준 것이다(D거짓진술)'는 부분 및 '안천식 변호사를 최종적으로 방문한 것은 2008년 6월경으로서 〈증인B〉을 만나기 전이다(E거짓진술)'라는 부분의 위증혐의에 관한 불기소결정이 원심 변론종결 후인 2012년 8월 10일 있었던 사실, 그 불기소이유는 '위 각 증언과 이미 위증의 유죄판결이 확정된 증언이 동일한 기일에 〈증인C〉에 의하여 이루어진 증언으로서 포괄일죄를 구성하여 위 유죄판결의 기판력이 위 각 증언에도 미치므로, 공소권이 없다'는 취지인 사실, 이에 피고는 '위 〈증인C〉의 증언 중 위증의 유죄판결이 확정된 부분을 이유로 한 재심사유가 인정되지 아니한다고 판단될 경우에는 변론을 재개하여 위 불기소결정이 민사소송법 제451조 제2항 소정의 증거

부족 외의 이유로 유죄의 확정판결을 할 수 없는 때에 해당한다는 점에 관한 주장, 입증의 기회를 달라'는 내용이 기재된 참고서면을 원심법원에 제출할 사실은 인정된다.

그러나 제2재심대상판결(서울고등법원 2009재나372호)은, '〈증인A〉의 위증의 유죄 확정판결을 받은 사실'을 인정하는 근거 중의 하나로서 위 〈증인C〉의 증언을 들고 있을 뿐 달리 위 〈증인C〉의 증언을 사실인정의 자료로 삼은 바 없고, 그 주된 판단, 즉 〈증인A〉의 위증 부분이 제1재심대상판결(서울고등법원 2007나5221호)의 사실인정 및 판결주문에 영향을 미쳤는지 여부에 관한 판단에 있어서도 위 〈증인C〉의 증언을 자료로 삼은 바도 없다.

다만 제2재심대상판결(서울고등법원 2009재나372호)은 그 재판과정에서 추가로 제출된 증거들을 배척하는 근거 중 하나로서 위 〈증인C〉의 증언을 들고 있으나, 위와 같이 배척된 증거들은 모두 위 〈증인C〉의 증언 전에 작성된 〈증인C〉의 진술서 또는 〈증인C〉에 대한 수사기관의 진술조서인데 각각 서로 반대 내지 모순되는 내용들이 기재되어있어 그 자체로 신빙성을 부여하기 어려운 증거들이다. 따라서 〈증인C〉의 위증 혐의에 관한 위 불기소결정은 원심의 판결을 좌우할 수 있는 관건적 요증사실에 해당한다고 보기 어렵고, 이는 위 불기소결정이 민사소송법 제451조 제2항의 요건을 충족시키는 것이라 하더라도 마찬가지이며, 달리 원심이 변론을 재개하여 피고에게 주장, 증명의 기회를 주지 않은 것이 절차적 정의에 반한다고 볼만한 사정도 보이지 않는다.

결국 원심판결에 민사소송법 제451조 제2항의 요건에 관한 법리 오해나 변론재개 의무위반 및 심리미진의 위법이 있다는 취지의 이 부분상고이유 주장도 받아들일 수 없다.

대법원 2012다86437호 판결

상고이유 제1, 2점 판단에 대한 비판

참 이상한 일입니다.

같은 시대를 살아가고, 같은 언어를 사용하고 있으며, 같은 법률을 공부하였음에도, 법원의 판결서는 마치 전혀 다른 언어를 사용하는 것만 같습니다. 전혀 대화나 소통자체가 단절되고 있다는 느낌입니다. 아마도 그들이 주로 사용하는 소통방법은 상대방 주장에 대한 의도적인 무시와 답변의 생략인 듯합니다. 기을호가 상고이유서를 통하여 주장한 내용에 대하여 대법원은 어김없이 의도적인 무시와 답변의 생략이라는 방법을 동원하여, 소통 자체를 거부하고 있었습니다. 한번 살펴보겠습니다.

소통자체를 거부하고 있는 그들만의 대법원

기을호가 대법원 2012다86437호 상고이유서를 통하여 주장한 상고이유 제1점, 제2점의 내용은 다음과 같습니다.

즉, 민사소송법 제451조 제1항 제7호에는 '증인의 거짓진술이 재판의 증거가 된 때'를 재심사유로 규정하고 있는데, 기을호는 '① 〈증인C〉는 서울고등법원 2009재나372 사건 변론기일에 출석하여 거짓진술을 하였고, ②당해 재판부는 그 거짓진술 증언은 증거로 채택되어 판결서에 기재하면서 다른 증거들(〈증인C〉의 2008년 4월 8일자 진술서, 2008년 4월 18일자 참고인 조서)을 배척하는 증거로 사용하였으며, ③〈증인C〉의 위 거짓진술은 위증죄의 유죄로 확정되었다' 는 등의 민사소송법 제451조 제1항 제7호가 규정하는 재심요건을 모두 갖춘 상태에서 재심청구를 하였습니다.

그렇다면 재심청구를 받은 법원으로서는 기을호의 재심청구가 민사소송법 제451조 제1항 제7호가 규정하는 재심요건을 갖추었는지를 심리한 다음, 이러한 요건을 모두 갖추었다고 확인되면 기을호가 재심소송을 제기하면서 추가로 제출하여 조사한 증거자료들까지 종합하여 이 사건 계약서가 위조되었는지 여부, 구체적으로는 '2000년 9~10월경 기노걸의 자택에서 이 사건 계약서에 기노걸이 건네주는 막도장을 이지학이 날인하는 것을 입회하여 보았다'는 〈증인A〉의 증언이 신빙성 있는 증언인지, 혹시 또다시 거짓 증언일 개연성은 없는지 여부를 심리한 다음, 최종적으로 판결을 선고하는 재판을 진행하여야 하는 것입니다.

마침 기을호는 새로운 재심소송에서, 〈증인C〉가 서울고등법원 2009재나372호 변론기일에서 한 증언 중의 일부가 거짓진술이어서 위증죄의 유죄로 확정된 판결서를 증거로 제시함과 동시에, H건설을 대리한 이지학이 2000년 9~10월경에 기노걸의 자택에서 '6개월 이내에 잔금 983,000,000원을 지급하기로 되어있는' 이 사건 계약서를 기노걸의 진정한 의사에 따라 작성하였다고는 볼 수 없는 수많은 증거들(신문기사, 공시자료 등)를 제출하였고, 제1심에서의 〈증인A〉가 진술한 "2000년 9~10월경에 이지학이 기노걸로부터 건네받은 막도장을 이 사건 계약서에 날인하는 것을 지켜보았다"는 증언이 거짓일 개연성이 높다는 다른 객관적인 증거자료들(향산리 주민 23명의 부동산매매계약서와 부속서류, 〈증인A〉의 번복 진술이 포함된 다른 재판기록 등)까지 제출하여 각기 증거조사를 마친 상황이었습니다. 따라서 담당 재판부로서는 이러한 증거들을 종합하여 "2000년 9~10월경에 이지학이 기노걸로부터 건네받은 막도장을 이 사건 계약서에 날인하는 것을 지켜보았다"는 〈증인A〉의 법정진술이 과연 신빙성 있는 증거인지를 판단하여, 만일 위 진술이 신빙성 있는 증거가 될 수 없다고 한다면 이 사건 계약서가 기노걸의 진정한 의사에 의하여 작성되었다는 아무런 증거도 없게 되는 것이므로, 종전에 한 판결을 취소하고 H건설의 모든 청구를 기각하여야 하는 것이었습니다.

　　그런데 서울고등법원 2012재나235판결은, 기을호가 새로운 재심소송에서 제출하여 조사한 위 증거자료들은 판단자료로 참작조차도 않고, 단지 "위증으로 판명된 〈증인C〉의 허위진술은 이 사건 계약서의 진정성립에 대한 간접적인 사항으로서 증명력이 약하여 서울고등법원 2007나5221호 판결의 사실인정에 영향을 미친 바가 없고, 따라서 서울고등법원 2009재나372판결의 사실인정의 자료로 제공된 바도 없어 민사소송법 제451조 제1항 제7호의 재심사유가 있다고 할 수 없다"라고만 판단하였습니다.

즉, 기을호는 민사소송법 제451조 제1항 제7호의 법률이 정한 재심사유를 모두 갖추어 재심청구를 하였음에도, 서울고등법원 2012재나235판결은 그 재심소송에서 기을호가 제출하여 조사한 증거들은 판단자료로 전혀 참작하지도 않고, 다만 '유죄로 확정된 〈증인C〉의 거짓진술'자체의 성격만을 판단자료로 삼아 그 증명력이 약하다는 지극히 주관적인 이유만으로 곧바로 서울고등법원 2007나5221호 판결(항소심, 제1 재심대상판결)의 사실인정과 판결주문에 아무런 영향을 미친 바 없고, 결국 서울고등법원 2009나372호 판결(제2재심대상판결)의 사실인정과 판결 주문에도 영향을 미친 바 없어 재심사유가 되지 아니한다고 판단하였던 것입니다.

이러한 재판부의 태도는 재심사유에 관한 법률의 규정에도 불구하고, 증인의 거짓진술에 대한 법관의 주관적인 증명력 판단만으로 재심사유의 존재 자체를 부정할 수 있다는 것이고, 그 결과 재심소송에서 새로이 제출하여 조사한 증거자료들을 전혀 참작할 필요조차도 없으며, 더 이상 증거자료들을 바탕으로 한 사실확정과 법률의 해석적용을 요체로 하는 재판을 진행할 필요조차도 없다는 것입니다. 이는 법관의 주관적인 증명력에 대한 판단을 법률의 규정보다 우선시하겠다는 것으로 법치주의의 근본이념에 반할 뿐만 아니라, 법률이 정하는 재심요건을 모두 갖춘 기을호가 재심을 통하여 '법관에 의한 사실확정과 법률의 해석적용을 요체로 하는 재판청구권' 자체를 박탈하는 위헌적인 해석이고 판단이라는 것입니다(상고이유 제1점).

또한 대법원은 그 동안 일관된 판결로써, '재심소송에서 새로 조사한 증거자료까지 종합하여 판단자료로 삼아 위증죄의 유죄로 확정된 증인의 거짓진술이 판결주문에 영향을 미치는 사실인정 자료로 제공되었는지를 살펴보아야한다'라고 하였습니다.

그런데 서울고등법원 2012재나235판결은 '재심소송에서 새로 조사한 증거는 전혀 참작조차도 하지 아니한 채', 단지 위증죄의 유죄로 확정된 증인의 거짓진술만을 판단자료로 삼아 그 증명력이 약하다는 지극히 주관적인 이유를 들면서, 곧바로 법률이 정하는 재심사유가 없다고 판단한 것입니다. 이는 대법원이 수십 년에 걸쳐서 쌓아온 민사소송법 제451조 제1항 제7호의 해석에 관한 법리를 일거에 무너뜨리는 위법한 판단이라는 것이었습니다(상고이유 제2점).

따라서 기을호의 상고이유 제1, 2점의 핵심쟁점은, 재심소송에서 새로 제출하여 조사한 증거자료를 전혀 판단자료로 삼지 아니하고 곧바로 위증죄의 유죄로 확정된 〈증인C〉의 거짓진술만을 판단자료로 삼아, 그 증명력이 약하다는 이유로 민사소송법 제451조 제1항 제7호의 재심사유 없다고 판단한 서울고등법원 2012재나235판결의 위법성과 위헌성 여부에 있는 것이었습니다.

그런데 대법원 2012재나86437호 판결은, 기을호가 상고이유에서 그렇게 강조하였던 "재심소송에서 새로 제출하여 조사한 증거자료를 전혀 판단자료로 삼지 않고 곧바로 재심사유가 없다고 판단한 점과 관련한 서울고등법원 2012재나235호 재심 판결의 위헌성과 위법성 여부"에 대하여는 일체의 언급이 없었습니다. 즉, 기을호가 상고이유서에서 주장한 핵심쟁점에 대하여는 철저하게 무시와 침묵으로 일관하고 있습니다. 동일한 언어를 사용하고 있음에도 이렇게 소통이 되지 않습니다. 마치 의도적으로 소통 자체를 거부당하고 무시당한다는 느낌입니다.

수십 년에 걸쳐 쌓아온 대법원의 판결에도 반하는 판단

민사소송법 제451조 제1항 제7호의 '증인의 허위진술이 판결의 증거로 된 때'에 대한 대법원 97다42922 판결을 소개하면 다음과 같습니다.

① 민사소송법 제422조 제1항 제7호 소정의 재심사유인 '증인의 허위진술이 판결의 증거가 된 때'라 함은, 증인의 허위 진술이

판결 주문에 영향을 미치는 사실인정의 자료가 된 경우를 의미하고, 판결 주문에 영향을 미친다는 것은 만약 그 허위 진술이 없었더라면 판결 주문이 달라질 수도 있었을 것이라는 개연성이 있는 경우를 말하고 변경의 확실성을 요구하는 것은 아니며, 그 경우에 있어서 사실인정의 자료로 제공되었다 함은 그 허위 진술이 직접적인 증거가 된 때 뿐만 아니라 대비증거로 사용되어 간접적으로 영향을 준 경우도 포함되는 것이고(대법원 92다33695 판결 등 참조),

② 그 허위 진술을 제외한 나머지 증거들 만에 의하여도 판결 주문에 아무런 영향도 미치지 아니하는 경우에는 비록 그 허위 진술이 위증으로 유죄의 확정판결을 받았다고 하더라도 재심사유에는 해당되지 않는다고 할 것이고(대법원 선고 90다12861 판결 등 참조),

③ 한편, 확정판결의 결과에 영향이 없는지의 여부를 판단하려면 재심전 증거들과 함께 재심소송에서 조사된 각 증거들까지도 종합하여 그 판단의 자료로 삼아야 할 것이다(대법원 94므604 판결 등 참조).

> 대법원 1997. 12. 26. 선고 97다42922 판결

이를 정리하면, ①번의 경우, 즉 '증인의 허위 진술이 재판의 증거가 되었다면, 그것이 판결주문에 영향을 미칠 일응의 개연성이라도 있다면, 직접증거로 사용되었을 때 뿐만 아니라, 대비증거로 사용되어 간접적으로 영향을 미쳤을 때'에도 재심사유가 인정된다

는 것이고, ②번의 경우, 즉 '그 허위진술을 제외한 나머지 증거들에 의하더라도 판결주문에 아무런 영향을 미치지 아니하는 경우'에는 재심사유에 해당되지 않는다는 것인데, 다만 재심사유가 인정되는 ①번에 해당하는지, 아니면 재심사유에 해당하지 않는 ②번에 해당하는지의 판단기준으로 제시한 것이 ③번조건, 즉 '재심 전 증거들과 함께 재심소송에서 조사된 각 증거들까지 종합하여 그 판단의 자료로 삼아야 한다'는 것이었습니다.

이는 증인의 거짓진술이 판결의 기초가 되었다면(이는 증인의 거짓진술이 증거로 채택되어 최소한 판결서에 기재되었다는 것을 의미합니다), 이는 판결로서의 적정성과 신용성이 크게 훼손되었으므로, '재심 전 증거들과 함께 재심소송에서 조사된 각 증거들까지 종합'하여 직접증거이든 간접증거이든 판결주문에 영향을 미칠 약간의(일응의) 개연성이라도 있다면 재심사유를 넓게 인정해 주어 구체적인 타당성을 심사하게 함으로써, 신용성이 훼손된 판결로부터 국민의 기본권을 최대한 보장하고자 하는 취지인 것으로 보입니다.

반면, 그 허위 진술을 제외한 나머지 증거들에 의하여도 판결 주문에 아무런 영향도 미치지 아니하는 경우에는 재심사유가 되지 않는데, 이는 매우 예외적인 경우라고 할 것입니다. 즉, 판결은 제출된 모든 증거를 종합하여 판단하게 되는데, 증인의 허위진술이 판결의 기초가 되어 판결서에 기재되기까지 하였다면 이는 어떠한 방식으로든지 판결 주문에 일응의 영향을 미쳤을 것으로 추정되기 때문입니다. 동일한 취지의 대법원 판례는 다수입니다.

대법원 1980. 9. 9. 선고 80다915판결

대법원 1983.12.27 선고 82다146 판결

대법원 1991.11.08 선고 90다12861 판결

대법원 1993.09.28 선고 92다33930 판결

대법원 1995. 4. 14. 선고 94므604 판결

대법원 1997.12.26 선고 97다42922 판결

대법원 2004. 4. 28. 선고 2003다51699 판결

대법원 2004. 10. 28. 선고 2004다34784 판결

즉, 민사소송법 제451조 제1항 제7호의 재심사유의 판단 기준에 대한 대법원의 일관된 판례는, "재심 전 증거들과 함께 재심소송에 조사된 증거들까지 종합하여 판단자료로 삼아서 판결주문에 영향을 미칠 일응의 개연성이 있는지, 아니면 아무런 영향을 미치지 않았는지를 판단"하여 재심사유를 가리라는 것이었습니다.

그런데 어찌된 일인지, 본건과 관련된 서울고등법원 2009재나 372 판결, 서울고등법원 2012재나235판결, 대법원 2012다86437 판결은 한결같이 "재심소송에 조사된 증거들까지 종합하여 판단자료로 삼아야 한다"는 판단에 대하여는 철저히 침묵과 무시 또는 생략으로 일관하고 있고, 특히 서울고등법원 2012재나235판결은 재심소송에서 조사된 증거들을 판단자료로 삼지 않고 있음을 분명히

하면서 "부수적, 가정적"이라는 표현까지 사용하였습니다. 즉, 본건과 관련하여 위 각 판결은 민사소송법 제451조 제1항 제7호의 재심사유에 관한 법리에 관하여 다음과 같은 동일한 내용으로 설시를 하였던 것입니다.

"민사소송법 제451조 제1항 제7호 소정의 재심사유인 '증인의 거짓진술이 판결의 증거가 된 때'라 함은, 증인의 거짓진술이 판결 주문에 영향을 미치는 사실인정의 자료로 제공되어 만약 그 거짓진술이 없었더라면 판결 주문이 달라질 수 있는 개연성이 인정되는 경우를 말하는 것이므로, 그 거짓진술이 사실인정에 제공된 바 없다거나 나머지 증거들에 의하여 쟁점사실이 인정되어 판결 주문에 아무런 영향을 미치지 않는 경우에는 비록 그 거짓진술이 위증으로 유죄의 확정판결을 받았다 하더라도 재심사유에 해당하지 않는다 할 것이다."

즉, 위 각 판결은 민사소송법 제451조 제1항 제7호의 재심사유를 해석함에 있어, 재심사유에 해당하지 아니하는 ②번의 법리만을 설시하고 있을 뿐, 재심사유에 해당하는 ①번의 법리(간접적, 일응의 개연성)에 대하여는 아예 설시를 생략하고 있고, 재심사유에 해당하지 않는 ②번인지 재심사유에 해당하는 ①번인지를 판단하는 방법에 해당하는 ③번의 법리마저도 감쪽같이 생략하고 있습니다.

저는 위 3개의 재판과정에서 한결같이, "재심소송에서 조사된 증거들까지 종합하여 판단자료로 삼아서(③번), 판결주문에 영향을 미치는 일응의 개연성이 있어서 재심사유에 해당하는 것인지(①번), 아니면 판결주문에 아무런 영향을 미치지 못하여 재심사유에 해당하지 않는 것인지(②번)" 여부에 대하여 판단해 줄 것을 주장하면서, 〈증인A〉의 '2000년 9~10월경 이지학은 기노걸이 건네주는 도장을 이 사건 계약서에 날인하는 것을 지켜보았다'는 증언이 거짓진술일 개연성이 농후한 수많은 증거들을 제출하였던 것입니다.

그럼에도 위 판결들은 마치 작전이라도 짠 듯이 일치하여 민사소송법 제451조 제1항 제7호의 법리를 설시하면서, '재심소송에 조사된 증거들까지 종합하여 판단자료로 삼아야 한다(③번)'는 판단기준과 방법에 관한 법리를 감쪽같이 생략하였고, 실제 재판에서도 오로지 〈증인C〉의 허위증언이 이 사건 계약서의 진정성립에 직접적인 사항인지, 간접적인 사항인지만을 구별한 다음, 곧바로 간접적인 사항이어서 증명력이 약하다는 이유만으로 재심사유가 되지 않는다고 판단하였던 것입니다.

특히 대법원 2012재나86437호 판결은 위와 같은 법리를 설시하면서 괄호로 대법원 2004다34784 판결을 인용하고 있는데(각 고등법원 판결은 대법원 판결을 인용하지도 않았습니다), 인용된 위 대법원 판결마저도 '재심 전 확정판결에서 인용된 증거들과 함께 재심소송에서 조사된 각 증거들까지도 종합하여 그 판단의 자료로 삼아야 할 것이다'라고 그 판단기준과 방법에 관하여 설시하고 있음에도, 정작 당해 판결이유에서는 이 부분을 감쪽같이 생략하였던 것입니다.

도대체 이 사건에서만 민사소송법 제451조 제1항 제7호에 관하여 그동안 대법원이 수십 년 동안 축적해온 법리와 다른 기준과 법리를 적용하여, '재심소송에 조사된 증거들까지 종합하여 판단자료 삼지 않는 이유가 무엇인지', 대법원 2012다86437호 판결이 기존의 일관된 대법원 판결과는 다른 기준을 적용한 서울고등법원 2012재나235판결의 잘못된 점을 지적해 내지 못하는 이유가 무엇인지 도저히 알 수가 없습니다. 이렇게 동일한 법률에 대하여 각 재판부마다 각기 다른 기준으로 해석하고 적용한다면, 일반 국민들의 법률생활의 안정성은 어떻게 보장할 것이며, 헌법이 선언하고 있는 '법 앞의 평등'과 '법치주의 원리'는 무엇을 의미하는지 의문이 아닐 수 없습니다.

정말로 증명력이 약한 것일까요?

그렇다면 서울고등법원 2009재나372호 사건 변론기일에서 진술한 〈증인C〉의 거짓증언은 정말로 이 사건 계약서의 진정성립에 간접적인 관계에 있어 증명력이 약한 것일까요? 한번 살펴보겠습니다. 〈증인C〉가 서울고등법원 2009재나372호 사건에서의 증언한 수많은 거짓진술 중 위증죄로 기소되어 확정된 것은 다음과 같습니다.

Ⓑ 거짓진술 "안천식 변호사를 마지막으로 방문한 2008년 9월경에
기을호가 제의한 것에 대하여 얼마나 받을 수 있을지를 확인하
는 차원에서 갔었고, 안천식 변호사에게 돈을 차용해 달라는 이
야기는 하지 않았다"

Ⓒ 거짓진술 "2000년 당시 이지학이 주민동의서 작성을 위하여 향
산리 주민들의 막도장을 가지고 있었다고 진술한 것은 잘못된
기억이다"

또한 서울고등법원 2009재나372호 판결은 〈증인C〉의 법정증언
근거로 종전의 〈증인C〉의 진술을 배척하였는데, 배척된 증거의 내
용은 다음과 같습니다.

• 2008년 4월 4일자 〈증인C〉의 진술서 : 2000년 1월경 이지학의
지시에 의하여 ○○공영 사무실에서 이 사건 계약서를 작성하였
으며, 인장은 당시 이지학이 가지고 있던 막도장을 날인할 것으
로 기억한다.

• 2008년 4월 18일자 〈증인C〉의 참고인조서(방배경찰서 작성) : 이
사건 계약서는 이지학 사장이 진술인을 사장실로 불러 계약서를
보여주며 주소와 계좌번호 등을 적으라고 하여 적은 것이고, 계
약서의 도장은 분명 이지학이 사무실에서 찍은 것이다. 이지학
은 기노걸의 막도장을 가지고 있었다.

즉, 서울고등법원 2009재나372호 판결은, 당해 재판에서의 〈증인C〉의 증언을 이유로, "이지학은 2000년 1월경 가지고 있던 기노걸의 막도장을 이 사건 계약서에 날인하였다. 이지학은 당시 기노걸의 막도장을 가지고 있었다"라는 〈증인C〉의 2008년 4월 4일자 진술서 및 2008년 4월 18일자 진술조서의 각 진술은 믿을 수 없다고 배척하였습니다. 그런데 나중에 알고 보니 오히려 당해 재판에서의 〈증인C〉의 "2000년 당시 이지학이 주민동의서 작성을 위하여 향산리 주민들의 막도장을 가지고 있었다고 진술한 것은 잘못된 기억이다"라는 〈C거짓진술〉이 거짓이었습니다. 즉, 〈증인C〉은 2000년경 이지학이 향산리 주민들의 막도장을 가지고 있었다는 점을 잘 알고 있었음에도 불구하고, 의도적으로 이에 대하여 거짓 증언을 한 것이었습니다.

〈증인C〉가 이와 같은 의도적인 거짓증언을 할 이유는 무엇 때문일까요? 얼른 생각해보아도 '당시 이지학이 가지고 있었던 향산리 주민들의 막도장에는 기노걸의 것도 포함되어 있었기 때문'일 개연성이 매우 높습니다. 결국 〈증인C〉의 2008년 4월 18일자 진술조서에서의 '이지학은 기노걸의 막도장을 가지고 있었다'라는 진술이 사실일 개연성이 매우 높다는 것이며, 서울고등법원 2009재나372호 법정에서 〈증인C〉가 극구 부인하는 종전의 진술서, 진술조서의 내용이 모두 사실일 개연성이 매우 높다는 것을 금방 의심할수 있습니다.

부연하면, 〈증인C〉가 서울고등법원 2009재나372호 재판과정에서, "2000년 당시 이지학이 주민동의서 작성을 위하여 향산리 주민들의 막도장을 가지고 있었다고 진술한 것은 잘못된 기억이다"라는 〈C거짓진술〉이 거짓이었다는 것은, 〈증인C〉의 2008년 4월 4일자 진술서, 2008년 4월 18일자 진술조서의 내용이 진실일 개연성이 매우 높다는 것이며, 이는 곧 이 사건 계약서의 진정성립을 의심할 수 있는 매우 강력한 증거가 될 수 있는 것입니다.

특히 〈증인C〉는 이 사건 계약서를 실제로 작성한 자인데, 이러한 사실을 알고 찾아온 H건설의 〈증인B〉와 접촉하고 약 6개월이나 지난 후(2008년 12월)부터 돌연 이 사건 계약서의 진정성립을 부인하였던 자신의 종전 진술내용(2008년 4월 4일자 진술서, 2008년 4월 18일자 진술조서)을 번복하기 시작하였고, 그 이후에는 더욱 노골적으로 H건설에 충성을 다하는 모습들을 드러내고 있다는 것을 쉽게 알 수 있으며, 이러한 일련의 과정에서 이 사건 계약서의 진정성립과 밀접한 연관성이 있는 "이지학이 향산리 주민들의 막도장을 가지고 있었던 사실"에 대하여 의도적인 거짓진술을 하였다는 것은, 결국 〈증인C〉가 당해 재판과정에서 극구 부인하려는 이 사건 계약서의 진정성립을 의심할 수 있는 충분한 증명력을 뒷받침하는 것으로 보아야 할 것입니다.

"안천식 변호사를 마지막으로 방문한 2008년 9월경 안천식 변호사에게 돈을 차용해 달라는 이야기를 하지 않았다"는 〈B거짓진술〉

역시 2008년 4월 4일자 진술서의 내용을 부인하는 과정에서 나온 진술로서, 이 사건 계약서의 진정성립과는 깊은 연관성이 있는 것이었습니다.

더구나 〈증인C〉는 서울중앙지방법원 2008고단3739호 재판과정에서, "안천식 변호사에게 준 2008년 4월 4일자 진술서에 이지학이 도장을 날인한 것을 보았다는 내용이 기재되어 있다는 사실은 2008년 6월 말경에 〈증인B〉와 전화통화를 하고서야 비로소 알게 되었다"는 진술도 거짓임을 자백하고 있고〈A거짓진술〉, 서울고등법원 재나372호 재판에서의, "2008년 4월 4일자 진술서의 기노걸 인장 부분에 관한 진술은 처음부터 허위인 점을 알고 있었지만, 기의호의 회유와 안천식 변호사의 협박에 의하여 오로지 돈을 받을 목적으로 허위 내용의 진술서를 작성해 준 것이다"라는 〈D거짓진술〉까지 허위였다는 점을 수사과정에서 자백하고 있습니다.

종합하면, 〈증인C〉의 서울고등법원 2009재나372호 재판과정에서의 진술 중 위증죄의 유죄로 확정된 〈B거짓진술〉과 〈C거짓진술〉이 거짓이었다는 사실 자체만으로도 이미 이 사건 계약서의 진정성립 여부와 매우 긴밀한 연관관계를 추론할 수 있는 것인데, 여기에다가 같은 재판과정에서의 "2008년 4월 4일자 진술서의 기노걸 인장 부분에 관한 진술은 처음부터 허위인 점을 알고 있었지만, 기의호의 회유와 안천식 변호사의 협박에 의하여 오로지 돈을 받을 목적으로 허위 내용의 진술서를 작성해 준 것이다"라는 〈D거짓진술〉마저도 거짓임을 자백하고 있습니다. 또한 여기에다가 서울중앙지방법원 2008고단3739호 재판과정에서의 〈A거짓진술〉까지 참작하고, 다시 서울고등법원 2012재나235호 재판과정에서 추가로 제출한 증거자료들까지 종합한다면, 증인 〈증인A〉의 "2000년 9~10월경에 이지학이 기노걸이 건네주는 막도장을 계약서에 날인하는 것을 지켜보았다"는 진술은 절대로 사실일 수 없다는 점을 분명하게 알 수 있을 것입니다.

그럼에도 서울고등법원 2012재나235판결은, 위와 같은 〈증인C〉의 여러 거짓진술과 재심과정에서 추가로 조사한 증거자료들의 내용에 대하여는 철저히 침묵한 채, 오로지 서울고등법원 2009재나 372호 판결 과정에서의 〈증인C〉의 허위진술 중, 위증죄의 유죄로 확정된 〈B거짓진술〉과 〈C거짓진술〉의 증명력만을 판단자료로 삼아 '이 사건 계약서의 진정성립에 대한 간접증거로서 증명력이 약하다'라고 하면서 곧바로 법률이 정하는 재심사유가 될 수 없다고 판단하였고, 대법원 2012다86437호 판결도 이에 동조하고 있습니다. 이는 마치 헌법과 법률이 정하는 재심사유는 법률의 규정에도 불구하고, 오로지 법관의 증명력의 판단에 읍소하지 아니하면 절대로 재심사유를 인정해 줄 수 없다는 취지와도 같습니다.

이러한 판단은 수십 년에 걸쳐서 선배 대법관들이 국민의 기본권보호를 위하여 고민하고 축적해 왔던 법리를 일거에 무너뜨리거나 무시하는 것이었고, 법률의 우위라는 법치주의 이념에도 반하는 것입니다. 헌법이 법관에게 위임한 사법권이 이처럼 법률의 규정 자체를 무력화시킬 수 있을 정도의 포괄적이고 광범위한 것이라고는 도저히 생각할 수 없습니다.

상고이유 제3점에 대한 비판(변론재개 의무를 위반의 점)

〈증인C〉의 증언이 사실인정의 자료로 사용되었는지 여부

대법원 2012다86437호 판결은 그 이유에서, "제2재심대상판결(서울고등법원 2009재나372호)은, 〈증인A〉의 위증의 유죄확정판결을 받은 사실'을 인정하는 근거 중의 하나로서 위 〈증인C〉의 증언을 들고 있을 뿐 달리 위 〈증인C〉의 증언을 사실인정의 자료로 삼은 바 없다"라고 판시하고 있습니다.

그러나 서울고등법원 2009재나372판결은 '〈증인A〉의 위증의 유죄확정판결을 받은 사실을 인정하는 근거 중의 하나로서 〈증인C〉의 증언을 들고 있을 뿐만 아니라, 〈증인C〉의 증언을 다른 믿을 만한 증거들을 배척하는 사실인정의 자료로 사용하였다는 점은 그 판결이유를 보면 분명하게 알 수 있습니다.

⑭ 판단
(1) 위증의 유죄확정판결과 재심사유

갑 제39호증, …… 을 제56호증(진술서, 진술조서)의 각 기재 및 재심 후 당심 증인 〈증인C〉의 증언에 변론전체의 취지를 종합하면, Y종합건설에 근무하던 제1심 증인 〈증인A〉의 이 사건 재심대상판결 재판과정에서 일부 증언이 위증이라 하여 서울중앙지방법원 2008고단3739호 사건에서 2009. 5. 22. 유죄판결이 선고되어 2009. 5. 30. 확정된 사실을 인정할 수 있다.

- 중략 -

(2) 〈증인A〉의 위증이 재심대상판결의 주문에 영향을 준 것인지 여부

㉯ 앞서 본 재심대상판결의 내용에서 갑 제3호증의 3(이 사건 계약서)의 진정성립을 인정하기에 이른 경위와 위에서 본 제1심 증인 〈증인A〉의 증언 중 유죄가 인정된 허위진술 부분 및 무죄로 된 나머지 진술의 내용에 비추어 보면, 〈증인A〉의 증언 중 허위의 진술로 인정된 부분은 갑제3호증의 3의 진정성립에 관한 간접적인 사항으로서 토지매매계약서에 기재된 계좌번호가 당시 이미 폐쇄된 계좌번호임이 밝혀져 그 증명력이 약한 반면, 오히려 무죄로 된 진술내용은 갑제3호증의 3(이 사건 계약서)의 진정성립에 관한 직접적인 사항으로서 증명력이 높은 것이어서 유죄가 인정된 〈증인A〉의 허위진술 부분을 제외한 나머지 증언 및 변론전체의 취지에 의하더라도 갑제3호증의 3의 진정성립을 인정하기에 충분한 것이므로, 결국 〈증인A〉의 위증부분은 이 사건 재심대상판결에 있어서 그 사실인정과 판결주문에 아

무런 영향을 미친 바 없다 할 것이다.

한편, 갑제3호증의 3이 위조되었다는 피고의 주장에 부합하는
2008년 4월 4일자 〈증인C〉의 진술서, 2008년 4월 18일자 〈증인
C〉의 진술조서의 각 기재는 재심 후 당심 증인 〈증인C〉의 증언 및
서울지방법원 2008고단3739호에서의 〈증인C〉의 증인신문조서의
기재에 비추어 믿기 어렵고, 재심 후 당심에서 제출된 증거까지 살
펴보아도 달리 이를 인정할 만한 증거가 없다.

서울고등법원 2009재나372호 판결서

즉, 서울고등법원 2009재나372호 판결은, "당심 증인 〈증인C〉의
증언 등에 비추어 〈증인C〉의 2008년 4월 4일자 진술서, 2008년 4
월 18일자 진술조서는 믿기 어렵고"라고 분명하게 판결서에 기재
하고 있습니다. 그런데 〈증인C〉의 증언 등으로 배척된 〈증인C〉의
2008년 4월 4일자 진술서, 2008년 4월 18일자 진술조서의 각 내
용은, '이 사건 계약서는 2000년 1월경 이지학이 기노걸의 막도장
을 날인하는 방법으로 작성하였다'는 이 사건 전체를 통틀어 가장
핵심적인 쟁점사항인, 이 사건 계약서의 진정성립 여부에 관한 것
이었습니다.

결국, 서울고등법원 2009재나372판결은 이 사건 계약서의 진정
성립을 부인할 수 있는 직접적이고 관건적인 중요한 쟁점을 내포
하고 있는 증거들(진술서, 진술조서)을 배척하는 자료로서 〈증인C〉의

증언을 사용한 것이었고, 이는 곧 〈증인C〉의 증언은 사실인정에 대한 간접적인 자료로 사용되었다는 의미입니다.

그리고 종전 대법원 판결은 한결같이, 증인의 허위진술이 판결 주문에 영향을 미치는 사실인정의 자료로 제공되었다고 함은, 그 허위진술이 직접적인 증거가 된 때 뿐만 아니라 대비증거로 사용되어 간접적으로 영향을 준 경우도 포함된다고 판시하고 있습니다(대법원 94프604판결). 그런데도 대법원 2012재나86437호 판결은, '제2재심대상판결(서울고등법원 2009재나372호)은, …… 달리 위 〈증인C〉의 증언을 사실인정의 자료로 삼은 바 없다'라고 하고 있습니다.[7] 대비증거 또는 간접증거로 사용되어 이 사건 계약서의 진정성립을 부인하는 〈증인C〉의 2008년 4월 4일자 진술서, 2008년 4월 18일자 진술조서의 각 증거를 배척하는 자료로 사용되었다는 점에 대하여는 아무런 설명이 없습니다. 역시 그들만의 소통방법인 과감한 생략과 이유 있는 항변에 대한 침묵과 무시였습니다.

관건적 요증사실에 해당하는지 여부

또한 대법원 2012다86437호 판결은, '다만 제2재심대상판결(서

---

7   이는 서울고등법원 2012재나235호 판결이 〈증인C〉의 2009재나372호 판결에서의 증언이 사실인정의 자료로 제공되었고 판결서에 기재되었다는 점을 인정하면서, 다만 〈증인C〉의 허위진술이 이 사건 계약서의 진정성립에 대한 간접사항으로서 그 증명력이 약하여 재심사유가 될 수 없다고 한 것과도 모순되는 판단입니다.

울고등법원 2009재나372호)은 그 재판과정에서 추가로 제출된 증거들을 배척하는 근거 중 하나로서 위 〈증인C〉의 증언을 들고 있으나, 위와 같이 배척된 증거들은 모두 〈증인C〉의 법정 증언 이전에 작성된 〈증인C〉의 진술서 또는 〈증인C〉에 대한 수사기관의 진술조서인데 각각 서로 반대 내지 모순되는 내용들이 기재되어 있어 그 자체로 신빙성을 부여하기 어려운 증거들이다'라고 설시하고 있습니다.

그러나 이는 사실이 아닙니다. 〈증인C〉의 2008년 4월 4일자 진술서 또는 2008년 4월 18일자 진술조서의 각 증거는 조금도 모순되거나 반대되는 내용이 아닙니다. 오히려 위 각 증거자료는 이 사건 계약서의 진정성립에 대한 가장 핵심적인 진술로서, 모두 일치하여 '이 사건 계약서는 2000년 1월경 이지학이 가지고 있던 기노걸의 막도장을 날인한 것이다, 이지학은 기노걸의 막도장을 가지고 있었다'는 취지로 일관된 것이었으며, 다른 관련 증거들과도 상당부분 부합하는 것이었습니다. 특히 〈증인C〉는 이 사건 계약서에 기재되어 있는 기노걸의 주소, 성명, 주민등록번호, 계좌번호 등은 직접 작성한 자인데, 이러한 〈증인C〉가 서초동에 있는 변호사 사무실을 처음 방문한 자리에서, 그리고 수사기관에서 일관하여 이 사건 계약서의 도장은 기노걸의 의사에 의하여 날인된 것이 아님을 밝히는 진술을 하였다면, 이러한 진술은 더 없이 객관적이고 신빙성이 있는 진술에 해당하고 다른 증거들도 마찬가지입니다.

오히려 반대되고 모순되는 진술은, 〈증인C〉가 2008년 7월경 H건설의 〈증인B〉를 만난 후 약 6개월이 지난 뒤에 서울중앙지방법원 2008고단3739호 법정과 서울고등법원 2008재나372호 법정에서의 증언 및 그 이후의 수사기관에서의 진술들이었습니다. 여기서 〈증인C〉는 종전 진술을 번복하면서 "이지학은 기노걸의 막도장을 날인하지 않았다"라고 하였으며, "안천식 변호사를 마지막으로 방문한 것은 H건설의 〈증인B〉를 만나기 전인 2008년 6월경이고, 당시 안천식 변호사에게 돈을 차용해 달라는 이야기를 하지 않았다(B거짓진술)"라고 거짓진술을 하였으며, "2000년 당시 이지학이 주민동의서 작성을 위하여 향산리 주민들의 막도장을 가지고 있었다고 진술한 것은 잘못된 기억이다(C거짓진술)"라는 거짓진술도 하였고, "2008년 4월 4일자 진술서의 기노걸 인장 부분에 관한 진술은 처음부터 허위인 점을 알고 있었지만, 기을호의 회유와 안천식 변호사의 협박에 의하여 오로지 돈을 받을 목적으로 허위 내용의 진술서를 작성해 준 것이다(D거짓진술)"라는 거짓진술까지 하였던 것입니다.

특히 〈증인C〉의 '〈D거짓진술〉'의 내용은 "2008년 4월 4일자 진술서의 기노걸 인장 부분에 관한 진술은 처음부터 허위인 점을 알고 있었지만, 기을호의 회유와 안천식 변호사의 협박에 의하여 오로지 돈을 받을 목적으로 허위 내용의 진술서를 작성해 준 것이다"는 것으로, 의도적이고 악의적으로 안천식 변호사와 기을호를 모함하면서 스스로 작성한 자신의 2008년 4월 4일자 진술서의 내용

을 부인하는 것이었는데, 수사기록에 의하면 〈증인C〉는 무려 6차
례씩이나 이 부분이 거짓진술임을 자백하고 있습니다.

즉, 〈D거짓진술〉은 '이 사건 계약서는 2000년 1월경 이지학이
가지고 있던 기노걸의 막도장을 날인한 것이다'라는 2008년 4월 4
일자 진술서의 신빙성에 관한 것일 뿐 아니라, 민사소송법 제451
조 제2항의 요건까지 갖추었으므로, 서울고등법원 2009재나372호
판결 주문과 직결된 관건적 요증사실로 볼 충분한 여지가 있는 것
이었습니다.

이렇듯 〈증인C〉의 진술은 서울고등법원 2009재나372호 재판
과정에서의 진술과, 그 이전의 진술이 뚜렷하게 대비되고 있습니
다. 만약, 〈증인C〉의 서울고등법원 2009재나372호 재판과정에서
의 증언이 신빙성 있다면, 그 이전의 〈증인C〉의 진술은 마땅히 배
척되어야 할 것입니다. 그런데 아무리 살펴보아도 서울고등법원
2009재나372호 재판과정에서의 〈증인C〉의 증언과 그 이후의 진
술은 그 자체로 모순되고 반대되는 내용으로서 신빙성 있는 진술
로 보기 어렵습니다. 이와 같이 그 자체로 모순되고 반대되는 〈증
인C〉의 증언을 이유로, 그 이전에 일관되었던 〈증인C〉의 진술을
배척할 수는 없을 것으로 보입니다.

만일, 이를 허용한다면 돈 많은 대기업과 힘 있는 자들은, 이전
절차에서 실체진실을 사실대로 진술한 증인들을 온갖 수단을 동원

하여 매수한 다음, 법정에서 이를 번복시키면서 서로 반대되거나 모순되는 진술을 하도록 함으로써, 그 이전의 실체진실에 부합하는 모든 진술들을 무력화 시킬 수 있다는 결론에 이릅니다. 이것은 누가 보아도 올바른 증거 판단방법이 아닙니다.

대법원도, "사람이 경험한 사실에 대한 기억은 시일이 경과함에 따라 흐려질 수 있을지언정 처음보다 명료해진다는 것은 이례에 속하는 것이고, 경찰에서 처음 진술할 시 내용을 잘 모른다고 진술한 사람이 후에 검찰 및 법정에서 그 진술을 번복함에는 그에 관한 충분한 설명이 있어야 하고 그 진술을 번복하는 납득할 만한 설명이 없다면 그 진술을 믿기 어려운 것이다"라고 판시하고 있습니다 (대법원 92도2884 판결).

〈증인C〉가 서울고등법원 2009재나372호 재판과정에서 자신의 2008년 4월 4일자 진술서의 내용을 번복하는 내용을 살펴보면, 처음 진술을 번복함에 있어서 납득할 만한 설명이 전혀 없습니다. 오히려 그 자체로 반대되거나 모순되는 증언을 서슴지 않는 등 종전 진술에 대하여 흠집을 내려는 의도가 너무나도 뚜렷이 관찰되고 있습니다.

그런데도 대법원 2012다86437호 판결은 전혀 모순되지 않은 2008년 4월 4일자 진술서, 2008년 4월 18일자 진술조서에 대하여 서로 반대 내지 모순되는 진술로서 그 자체로 신빙성을 부여하기 어려운 증거들이라고 판시하면서, 그 법정의 문을 닫아 버리고 말았습니다.

   법관은 최종적인 판결서로서 당사자 및 국민과 소통하게 되는 것이고, 판결 내용의 공정성과 합리성에 의하여 사법에 대한 굳건한 신뢰를 형성하게 되는 것입니다. 공정성과 합리성이 담보되지 않는 판결은 일방적인 권력에 의한 억압이고 강요에 해당할 뿐일 것입니다.

제16장

고백, 그리고 고발

너무도 미련한 세월이었습니다

저는 지난 10여 년 동안 민·형사소송을 합하여 무려 20여 건을 훨씬 넘는 사건을 수행하였으나, 번번이 실패하고 패소하였습니다. 특히 민사소송에서는 무려 18번 동안 단 한 번도 승소를 하지 못하고 모두 패소하였습니다. 그럼에도 기을호는 바보 같은 저를 변호 사랍시고 철석같이 믿어 주었습니다. 저는 그러한 믿음에 보답하고자 한 사람의 직업적 변호사이자 법률가로서 최선을 다해서 준비하고 소송에 임하였습니다. 부족한 법률지식을 채우기 위하여 밤을 새워 법률서적을 탐독하고, 각종 판례를 탐구하였으며, 국내에 있는 관련된 논문들을 대부분 찾아서 섭렵하기도 하였습니다.

또한 증거수집능력이 부족한 기을호를 대신하여, 향산리의 수많은 주민들을 직접 찾아다니면서 사건의 정황을 추적하였습니다. 2001년 6월경에 사망한 이지학의 유족들을 십여 차례 넘게 찾아가 설득하여 이지학의 생전 필적을 입수하였습니다. 협조에 극력 반대하던 허창을 설득하여 그 명의의 위조계약서에 대한 사실을 확인하고 관련 진술서(사실확인서)를 받아내기도 하였습니다. 이지학에게 속아서 차명계좌를 작성해준 농협직원 배○○를 찾아가 설득하여 2000년경에 이지학이 향산리 주민들의 부동산매매계약서를 여러 건 위조하였다는 사실과 당시의 정황에 대하여 알게 되었고, 이와 관련한 2001년 10월경의 진술서도 확보할 수 있었습니다.

H건설의 전직 협력회사 직원들을 수 십여 차례나 찾아다니면서 설득하고 설득하여 결국 이들의 협조를 얻는 데 성공하기도 하였습니다. 이들로부터 입수한 수많은 자료들을 하나씩 들추어내면서 결국 이 사건 계약서에 기재된 글씨의 주인공은 이지학이 아닌 〈증인C〉라는 사실을 알아내는 너무도 극적인 반전을 맞이하기도 하였습니다. 〈증인C〉를 설득하여 '이 사건 계약서에 기재된 필체는 〈증인C〉의 것이고, 2000년 1월경 이지학 사장이 가지고 있던 기노걸의 막도장을 날인하였다'는 취지의 진술서를 받아내면서, 길고 길었던 법정의 싸움은 끝이 난 것으로 생각하기도 하였습니다.

또한 H건설이 내부 자료로 보관하고 있던 향산리 주민 정일석 등 4인의 위조된 부동산매매계약서와 관련서류들을 확보하면서,

〈증인A〉는 2000년 2월경에도 이지학과 함께 향산리 주민들의 부동산매매계약서 위조에 깊숙이 관계되었음을 확인하였고, 관련 자료들을 재심소송 증거로 제출하기도 하였습니다.

재심청구가 기각됨에 따라 또다시 증거수집에 주력하여, 이 사건 계약서의 위조사실을 확신하게 하는 향산리 주민 23명의 부동산매매계약서와 그 부속서류를 모두 입수하고 정리하여 담당 재판부에 제출하였습니다. 또한 "2000년 9~10월경에 이지학과 함께 이 사건 계약서를 작성한 뒤, 기노걸에게 잔금 983,000,000원이 통장으로 곧 들어갈 겁니다"라고 하였다는 〈증인A〉의 진술은 도저히 사실일 수 없다는 점을 밝히기 위하여, 2000년 7월경부터 10월경까지의 H건설에 관련된 각종 신문 기사를 검색하여 당시 H건설은 부도직전의 재정위기로서 H그룹으로부터 퇴출될 상황이었다는 사실과, 이를 뒷받침하는 당시의 금융감독원 공시자료까지 확보하여 증거로 제출하였습니다.

아무런 조사권한 조차도 없었던 저는, 그래도 변호사라고 저만 바라보는 기을호를 위하여, 오로지 법원의 올바른 판단을 받아내려는 마음에서, 거듭되는 패소에도 불구하고 사력을 다하여 정정당당하게 법리연구에 매진하였고, 증거수집에 온 힘을 쏟아 부었으며, 그렇게 10여 년의 세월을 미련하게 훌쩍 흘려보냈던 것입니다. 참으로 미련하고 답답한 세월이 아닐 수 없습니다.

대기업 H건설에게는 불가능이란 없었습니다.

유감스럽게도 H건설의 소송에 임하는 태도는 전혀 정정당당하지 못하였습니다. 이 사건 계약서는 기노걸의 의사에 의하여 작성되지 아니하였다는 점을 누구보다도 잘 알고 있는 H건설 차장 〈증인B〉와 관계자들은, 기노걸이 2004년 8월경에 사망하였다는 점을 빌미로 제1심에서 〈증인A〉에게 거짓증언을 하도록 사주한 것으로 보입니다. 〈증인A〉는 이와 관련하여 2번의 변론기일에서의 거짓증언을 하여 위증죄로 처벌받았고, 무고죄로도 처벌을 받았습니다. 또한 H건설은 '이 사건 계약서는 2001년경에 이지학에 의하여 위조되었다'라고 진술한 〈증인C〉의 진술서가 수사기관과 법원에 증거로 제출되었다는 사실을 변호사를 통하여 부정한 방법으로 알아낸 뒤, 수단과 방법을 가리지 않고 〈증인C〉의 진술을 번복시키고, 서울중앙지방법원 2008고단3739호 법정과 서울고등법원 2009재나372 법정에서 거짓증언을 하게 하였습니다. 이로 인하여 〈증인C〉는 두개의 위증죄의 경합범으로 처벌받았습니다.

H건설은 결정적인 순간 마다 이른바 전관 변호사, 대형로펌(전관 변호사, 대형로펌 선임 자체를 탓할 수는 없을 것입니다)을 동원하여 법원을 속이고 사실을 왜곡하였습니다. 제1심 소송부터 대법원 상고심까지 모두 전관변호사 혹은 대형로펌에게 소송대리를 맡겼습니다. 〈증인A〉의 위증죄에 대하여는 두 명의 부장판사 출신의 변호사를 동원하였고, 〈증인C〉의 위증사건에서도 1년 전에 같은 지방법원

단독판사를 역임한 변호사를 동원하여, 이들의 범죄사실과 형량을 최소한으로 줄여주는 등 오로지 돈과 조직과 힘으로 사실을 왜곡하고 사법정의를 유린 하였습니다.

평범한 변호사인 저로서는 아무리 발버둥 치면서 증거를 수집하고 제출하고 사실과 법리에 관한 주장을 하여도 이들을 막을 수가 없었다는 것이, 제가 경험한 엄연한 사법현실이었습니다. 이들에게는 불가능은 없어 보였습니다. 마치 법관들까지도 마음대로 주무를 수 있다고 철석같이 믿고 있는 것 같았습니다.

법원은 처음부터 실체진실에는 관심도 없었습니다.

아쉽게도 이 사건 계약서의 진위 여부에 대한 법원의 일련의 태도는 너무도 실망스러웠습니다. 처음부터 저울은 이미 한쪽으로 기울어져 있었고, 공정하고 합리적인 판결과는 너무도 거리가 멀었습니다.

서울중앙지방법원 2005가합99041호 재판과정에서, H건설은 이 사건 계약서가 기노걸의 의사에 의하여 작성되었다는 어떠한 객관적인 증거도 제출하지 못하였습니다. 즉, 다른 기노걸의 계약서에는 모두 기노걸의 한문 자필과 인감도장이 날인되어 있는데, 유독 이 사건 계약서에는 기노걸의 자필도 없었고 막도장이 날인되어 있을 뿐이었습니다.

또한 이 사건 계약서에는 그 작성일자가 1999년 11월 24일로 되어 있으나, 오히려 Y종합건설이 2000년 7월 28일경에 기노걸에게 발송한 통고서에는 이 시기까지 기노걸은 계약체결에 협조하지 않고 사익만을 추구한다고 되어 있었습니다. 계약서에는 계약체결 후 6개월 이내에 잔금 983,000,000원을 지급하기로 되어 있으나, H건설은 2004년 8월경 기노걸이 사망할 때까지 잔금은커녕 단 한 번의 연락조차도 없었습니다. 특히 계약서에 기재된 기노걸의 농협계좌번호도 1997년 9월 24일자로 예금계약이 해지되어 폐쇄된 통장의 계좌번호로 확인되는 등 이와 관련한 〈증인A〉의 증언을 도저히 믿을 수가 없는 것이었습니다.

〈증인A〉는 애초 이 사건 계약서가 1999년 11월 24일경 기노걸의 자택에서 작성되었다고 하였으나, 반대증거가 나오자 계약서를 2000년 9~10월경에 작성하였다고 진술을 번복하였으며, 계약서에 기재된 통장의 계좌번호가 1997년 9월 24일자로 이미 예금계약이 해지되어 폐쇄된 것임이 확인되었음에도, 끝까지 "2000년 9~10월경에 기노걸이 불러주는 계좌번호를 이지학이 직접 현장에게 기재하여 넣었고, 기노걸이 건네주는 막도장을 계약서에 날인하는 것을 보았다"라고 고집하였습니다. 그러나 이미 예금계약이 해지되어 통장 뒷면 절반이 훼손된 통장의 계좌번호를 기노걸이 불러 주었다는 진술은, 보통의 상식과 경험칙으로는 도저히 있을 수 없는 일이었습니다.

　　그럼에도 제1심 재판부는 〈증인A〉의 이와 같은 진술은 모두 신빙성 있는 증거로 판단하였습니다. H건설은 소송대리인을 통하여, "예금계좌번호는 통장의 첫째 장을 열어보면 곧바로 알 수 있고, 계좌의 폐쇄여부는 통장 마지막 장을 열어보아야 알 수 있으므로, 당시 75세의 기노걸이 착오로 1997년 9월 24일자로 폐쇄된 통장을 보고 잘못 불러주었을 가능성이 있다"라고 주장하였고, 제1심 재판부는 이를 그대로 받아들였습니다. 그와 같은 상식 이하의 주장을 할 수 있는 비상함(?)에 놀랐고, 이를 그대로 받아들이는 재판부의 태도는 경이로움을 넘어 공포에 가까웠습니다. 그들만의 대화와 소통은 그렇게 이루어지고 있었고, 처음부터 저울은 그렇게 한쪽으로 기울어져 있었던 것이었습니다. H건설은 이러한 판결을 근거로 시가 40억 원이 넘는 토지를 943,000,000원 만을 공탁하고 빼앗아 갔고, 다시 세입자 소유의 5채의 건물까지 철거하면서 손해배상과 소송비용 명목으로 공탁금에서 약 3억 8천만 원을 회수하여 갔습니다. 그것은 재판이라는 허울을 쓴 힘 있는 자들의 일방적인 억압과 폭력과 약탈에 훨씬 가까웠으며, 법과 정의와 평화와는 너무도 거리가 멀었습니다.

　　서울고등법원 2007나5221호 판결 역시 H건설 쪽으로 이미 기울어진 상태였습니다. 이 사건 계약서와 동일한 필체, 동일한 형식, 동일한 형태의 한글 막도장, 동일하게 예금계약이 해지된 계좌번호가 기재된 허창 명의의 위조된 계약서가 증거로 제출되었고, 유족으로부터 전달받은 이지학의 필체까지 증거로 제출하였으나 철저하게 무시되었습니다. 오히려 〈증인A〉의 증언을 뒤집고 계약서가 위조되었다는 점을 기을호가 완벽하게 입증하여야 한다고 하였습니다.

담당 재판부는 처음부터 H건설이 내세운 〈증인A〉의 증언은 발끝에서부터 머리끝까지 철두철미하게 진실하다고 전제하고 있었고, 기을호와 그 소송대리인에게는 형식적인 변론기회를 주었을 뿐 애초부터 그 소리를 들어 줄 생각조차 없었습니다. 아마도 이 사건 계약서를 위조하는 현장 동영상을 촬영해 증거로 제출하였더라고, 〈증인A〉의 증언은 뒤집을 수 없다고 하거나 무시하였을 것입니다. 법정의 저울은 이미 그렇게 현저하게 기울어져 있었던 것이었습니다.

서울중앙지방법원 2008고단3739호 재판은, 피고인인 〈증인A〉와 그를 변호하는 부장판사 출신의 2명의 변호사가 주인공이었고, 법관은 이를 그대로 인정해 주는 거수기였으며, 검사는 그저 구경꾼일 뿐이었습니다. 공소사실에 대한 변호인의 요구와 주장은 100% 이상 판결에 그대로 수용되었습니다. 2차례 변론기일 출석하여 진실만을 말하겠다고 선서하고서도 무려 10여 차례나 거짓증언을 일삼은 〈증인A〉에게 선고된 형량은 고작 벌금 500만 원이었습니다. 피해자에 대한 사과도 없었고, 최종 공판기일 전까지도 명백한 위증범죄 사실을 부인하였어도 그렇습니다.

〈증인A〉의 "이지학은 기노걸이 불러주는 계좌번호를 현장에서 직접 계약서에 기재하여 넣었고, 기노걸이 건네주는 막도장을 계약서에 날인하는 것을 지켜보았다"라는 증언 중, "이지학은 기노걸이 불러주는 계좌번호를 현장에서 직접 계약서에 기재하여 넣는 것을 지켜보았다"라고 10여 차례나 강조한 증언내용이 모두 허위임이 밝혀졌는데도, "이지학은 기노걸이 건네주는 막도장을 계약서에 날인하는 것을 지켜보았다"는 증언은 허위라고 할 수 없다고 하였습니다. 어찌된 일인지, 모든 재판부는 한결같이 〈증인A〉의 증언이 거짓임을 완벽하게 입증하지 않으면 모두 사실로 인정해 주고 있었습니다. 도대체 〈증인A〉와 H건설은 왜 그렇게 철저하게 보호받는 것이고, 기을호는 왜 그렇게 철저하게 배재되어야 하는지 까닭을 알 수 없습니다.

서울고등법원 2009재나372호 재판과정에서는, 2000년경 항산리를 떠들썩하게 했던 정일석 등 4인 5명의의 위조된 계약서의 필체가 〈증인A〉의 것이라는 사실까지 확인하고 이를 증거로 제출하였으나, 담당 재판부는 이에 대한 기을호 측의 변론을 전혀 들으려고 하지도 않았습니다. 오로지 위증죄로 확정된 〈증인A〉의 증언이 이 사건 계약서의 진정성립 여부에 대한 직접증거인지 간접증거인지만 판단하여, 간접증거로서 그 증명력이 약하여 재심사유가 될 수 없다는 지극히 형식적이고 허울뿐인 재판을 하였을 뿐이었습니다.

〈증인C〉는 법정에서 "기을호가 평생 먹을 것을 보장해 주겠다고 회유하여 거짓 내용의 진술서를 작성하였고, 2008년 6월경 기을호가 제의한 것에 대하여 얼마를 받을 수 있는지 확인하기 위하여 마지막으로 안천식 변호사 사무실을 방문하였다"고 하였으나, 이러한 증언이 〈증인C〉와 안천식 변호사의 대화 녹취록에 의하여 모두 거짓임이 드러나는 등, 〈증인C〉와 H건설이 기을호와 안천식 변호사를 모함하려는 의도가 그대로 들통이 나기도 하였습니다.

그럼에도 담당재판부는 그 자체로 반대되고 모순되는 〈증인C〉의 당해 법정에서의 증언을 이유로, 〈증인C〉가 그 이전에 일관되게 진술하였던 '이 사건 계약서는 이지학이 가지고 있던 기노걸의 막도장을 날인하였다'라는 진술을 믿을 수 없다고 하였습니다. H건설이 부정한 방법으로 〈증인C〉진술을 번복시켰을 것으로 의심되는 여러 정황에 대하여는 철저히 침묵하였고, 〈증인C〉가 왜 진술을 번복하게 되었는지에 대하여는 어떠한 고민도 없었습니다. 〈증인A〉는 법원과 재판장 앞에서 진실만을 말하겠다고 선서하고서도, 두 번의 변론기일에서 거짓증언을 하였음이 확인되었어도 〈증인A〉의 다른 증언들이 거짓일 수도 있을 것이라는 개연성을 철저히 부정하였습니다. 〈증인A〉의 다른 증언이 진실이라는 객관적인 증거가 전혀 없어도 그 신빙성에는 추호의 의심도 없었고, 오히려 수많은 반대 취지의 증거들은 철저하게 무시되었습니다. 즉, 담당 재판부는 이미 실체진실에 대하여는 아무런 관심조차도 없었고, 법정의 저울은 그렇게 한쪽으로만 깊게 기울어져 있었던 것이었습니다.

서울고등법원 2012재나235 재판과정에서, 이 사건 계약서를 2000년 9~10월경 작성하는 것을 보았다는 〈증인A〉의 진술은 도 저히 사실일수 없음을 증명할 수 있는 충분한 증거들(2000년 10월 전 후의 H건설에 관한 신문기사, 공시자료 등)을 제출하였습니다. 또한 H건 설이 내부 자료로 보관하고 있던 2000년 경에 작성된 향산리 주민 23명의 부동산매매계약서, 입금전표, 주민동의서 등 각종 부속서 류들을 증거로 제출하면서, 오로지 허창, 기노걸의 계약서에만 〈증 인C〉의 필적이 기재되어 있고, 두 사람만이 H건설로부터 단 한 푼 의 잔금도 지급받지 않았으며, 2000년 6월 이후 H건설은 단 한 차 례도 다른 계약관련 잔금을 지급한 사실이 없다는 점을 주장 및 입 증하였으며, 〈증인A〉가 다른 재판에서도 별다른 이유 없이 진술을 번복하는 소송기록까지 증거로 제출하여 증거조사를 마쳤습니다.

그러나 증거조사는 지극히 형식적인 것이었고, 담당 재판부는 실체진실과 재심의 법리에는 아무런 관심이 없었습니다. 기을호가 신청한 5명의 증인신청은 모두 기각하였으며, 〈증인A〉의 필적감정 신청마저도 받아들이지 않았습니다. 마치 어떻게 하면 재판을 형 식적으로 빨리 끝낼 수 있을 것인지에만 관심이 있는 듯하였습니 다. 오로지 유죄로 확정된 〈증인C〉의 증언만을 판단의 자료로 삼 아 그것은 간접증거이므로 신빙성이 약하다는 그들만이 알 수 있 는 심증과 논리 아닌 논리로서 재심사유가 되지 않는다고 하였습니다. 법관이 재판을 이렇게도 쉽게 끝낼 수도 있는 권한까지 부여받은 줄은 미처 몰랐습니다. 재심사유에 관한 민사소송법의 법률 규정마저도 아랑곳하지 않아도 되는 법관의 재량과 권한에 입을 닫지 못할 지경이었습니다. 법정의 저울의 한쪽 끝은 알 수 없는 힘에 의하여 이미 굳세게 눌려져 있었던 것이었습니다.

대법원 2012재나86437호 재판부만은 믿었습니다. 정의의 상징이자 국민의 기본권 보장의 최후의 보루인 대법원이 심리불속행 기간(4개월)을 지나 20개월 동안이나 심리를 진행해 준 점에 대하여 감격하여 눈물이 날 지경이었고, 단 한 번이라도 상고이유서를 읽어주기만 한다면 이 사건 계약서가 기노걸의 진정한 의사에 의하여 작성되지 않았다는 사실을 쉽게 밝혀 줄 것이라는 점을 추호도 의심하지 않았습니다.

판결서를 받아들고서는 제 눈을 의심하였습니다. 대한민국 사법 정의의 상징인 대법원이 판결이유를 이렇게 기재할 수도 있는지는 정말 몰랐습니다. 수십 년 동안 선배 대법관들이 일관되게 판시하여 왔던 '재심 전 확정판결에서 인용된 증거들과 함께 재심소송에서 조사된 증거자료까지 종합하여, 증인의 거짓진술이 판결 주문에 영향을 미쳤을 일응의 개연성이 있는지, 아니면 이를 제외하고 다른 증거에 의하더라도 판결 주문에 아무런 영향이 없는지 여부를 판단하여야 한다'는 판단의 방법과 기준에 관한 법리만을 감쪽같이 생략한 채, 원심 재판부의 판단에 아무런 잘못이 없다고 하였습니다. 20여 개월 동안의 심리를 하면서도 기을호가 상고이유서에서 주장한 내용이 무엇인지도 살펴보지 않았다는 것인데, 도무지 이해가 가지 않습니다.

마치 H건설에 유리한 말만을 골라서 들을 수 있는 탁월한 능력과 권한을 부여받은 것만 같습니다. 마치 보통 변호사인 저와는 전혀 다른 시간과 공간 속에 살면서 전혀 다른 언어를 사용하고 있는 듯 하였습니다. 아마도 이렇게 혼자서 떠들고 뛰어다니다가 스스로 지쳐 포기하기만을 기다리는 듯합니다. 헌법이 그들에게 그와 같은 권한을 주었다고 생각하는 것 같습니다.

아마도 처음부터 헌법의 저울은 존재하지도 않았던 것인지도 모르겠습니다. 단지 헌법이 그들에게 부여한 무소불위의 권한과 결단만이 법이고 진리이고 정의라고 생각하는 그들이 있을 뿐, 애초부터 헌법이라는 저울은 저들의 마음속에는 존재하지도 아니하는 신기루일 뿐이었는지도 모르겠습니다. 안타깝게도 이것이 제가 경험하였던 사법현실이었습니다.

서울중앙지방법원 2010가합87493호 판결(구상금 1심)에서 H건설(원고)이 주장조차도 하지 아니한 부당이득금 3억 원과 이자를 지급하라고 판결한 것도, 서울고등법원 2011나42067호 판결(구상금 2심)에서 잘못 기재된 판결이유를 빙자하여 '세입자 소유의 별지건물을 철거하라'는 판결주문의 의미내용까지 변경시키면서 기을호에게 손해배상금으로 3억 원과 그 이자를 지급하라고 판결한 것도, 오로지 그들만이 행사할 수 있는 권한과 결단에 의한 것일 뿐, 처음부터 헌법의 저울은 존재하지도 않았던 것이었습니다. 기을호와 그 소송대리인이었던 저는 단지 저들의 구색을 맞춰주는 그림자이고 허수아비에 불과할 뿐이었다는 것을 이제야 알 것 같습니다.

H건설은 10여 년의 긴 세월 동안 그렇게 20여 차례나 넘는 소송을 진행하는 동안, 담당 재판부와 법관을 바꾸어 가면서, 그들만이 할 수 있는 힘과 권한으로써 기을호의 기본권을 유린하고 약탈하였던 것이었고, 저는 기을호의 소송대리인으로서 온 몸으로 저항하면서 이를 막아보려 하였지만 처참하게 무너져 내리고 말았던 것입니다.

사법패권(覇權)으로 변질된 사법독립의 헌법정신

사법독립은 18세기 몽테스키외의 권력분립이론에서 연원합니다. 즉, 몽테스키외는 당시의 시대상황에서 시민의 자유를 가장 효과적으로 보호하고 촉진하는 방법으로, 국가권력을 입법권·행정권·재판권으로 나누되, 특히 재판권이 입법권과 행정권으로부터 분리되어 있지 않을 때에는 시민의 자유는 존재할 수 없다고 하였습니다. 다른 한편, 몽테스키외는 재판관의 판결은 그것이 법률의 정확한 조문으로서 고정적이어야 하며, 만약 그것이 재판관의 개인적 견해라고 한다면 사람들은 자신들의 의무의 본질이 무엇인지를 모르고 사회에서 생활하는 거나 다름없는 것이 될 것이라고 경고하면서, 재판관은 특정한 신분이나 특정한 직업에 결합되지 않도록 하고, 일정시기마다 법률이 정하는 절차에 의하여 한시적인 법정을 구성하고, 시민단체로부터 선출된 사람들이 재판권을 행사하여야 한다고 하면서, 이렇게 할 때 사람들은 재판관직은 무서워하되 재판관은 무서워하지 않게 된다고 하였습니다.

시대는 변하여 국민 주권주의와 평등사상을 기초로 개인의 자유와 권리를 최대한 보장하고 개성을 존중하는 자유민주주의, 자본주의, 다원주의, 사법권 우위의 시대가 도래 하였습니다. 국가권력에 버금가는 자본권력과 다양한 이익단체들이 출현하였고, 개개 국민들은 각자의 자유와 권리를 외치면서 분쟁은 크게 증가하였습니다. 자본주의가 고도화될수록 빈부의 격차는 격화되고, 일반 국민들의 실질적인 자유와 권리는 오히려 억압되고 위축되는 현상이 빈번해졌으며, 자본과 권력 앞에 수많은 일반국민들의 자유와 권리는 무방비 상태로 노출되는 위험에 봉착되었습니다. 국민의 자유와 권리를 보다 철저하고 효과적으로 보장하고 촉진하기 위하여, 국민주권주의를 바탕으로 어느 때보다도 고양된 사법독립의 정신과 법관의 재판상 독립이 요청되었고, 이는 헌법정신으로 승화되었습니다.

즉, 국민들은 헌법으로써 직업법관제도를 채택하는 동시에, 법관 개개인에게 보다 철저한 신분과 재판상의 독립을 보장해 주면서, 주권자인 국민 개개인의 자유와 권리를 최대한 보장하고 촉진할 수 있도록 하였던 것입니다. 이제 국민들의 자유와 권리는 오로지 헌법에 의하여 철저하게 그 신분과 독립이 보장된 법관들의 공정한 판결에 의지하게 되었고, 법원은 그야말로 국민들의 기본권 보장의 최후의 보루가 되었습니다.

헌법에 의하여 그 신분과 직무의 독립을 보장받은 법관은, 국가권력 또는 여타 이익단체는 물론 법원 조직이나 법관 개인의 주관으로부터도 독립하여, 오로지 헌법과 법률과 양심에 따라 공정하고 합리적인 판결로 주권자인 국민들의 기본권을 최대한 보장하여야 할 사명을 부여받았고, 아울러 우리 사회가 질서를 유지하면서 올바른 방향에서 이탈하지 않도록 계도하여야 할 사명까지 부여받은 것이었습니다. 이렇게 사법독립과 법관의 재판독립의 헌법정신은, 쉽게 횡포화 될 수 있는 국가권력과 자본권력으로부터 국민의 기본권을 실질적이고 효과적으로 보호하고 촉진하며, 국가질서와 사회질서를 유지하고 지속시키기 위한 시대정신이 되었던 것이며, 실로 법관들은 국민의 기본권과 법치주의를 지키는 파수꾼의 사명을 국민과 헌법으로부터 부여받은 것이었습니다.

그러나 현실은 너무도 다르게 전개되고 있었습니다. 법관의 재판상의 독립은 명분 뿐이었으며, 오히려 이를 빙자하여 사법부 자체가 서서히 독선적, 형식적, 획일적, 억압적, 비민주적 관료주의로 변모되어 가기 시작하였습니다. 국민들은 점차 법원의 판결에 의

문을 제기하기 시작하였습니다. 전관예우 등 연고주의의 폐해와 재판의 공정성에 대하여 의심하기 시작하였습니다. 권력가나 자본가 등 힘 있는 자에게 들이대는 법의 잣대와 일반 국민에게 들이대는 법의 잣대가 각기 다르다고 느끼기 시작하였습니다. 법관들은 독립하여 재판하기보다는, 스스로의 권력에 도취되어 가는 권위주의적인 모습을 보이기 시작하였습니다. 판결로써 국민들의 자유와 권리를 구체적이고 최종적으로 침해하는 사례가 회자되기 시작하였습니다. 억울하게 재산을 빼앗기고, 신체의 자유를 박탈당하고, 심지어는 목숨을 잃는 사례까지 나타났습니다. 판결은 더 이상 정확한 조문으로서의 고정적인 것이 아니었고, 사법권력은 "무섭지 않은 권력"이 아니라 개인의 자유와 권리를 좌지우지하는 무서운 괴물로 변해가는 일이 빈번해지기 시작하였습니다. 이렇게 법관의 재판독립의 본래의 의미는 왜곡되어 가고 있음에도, 여전히 법원의 최종 판결에 대하여는 달리 다툴 방법이 없습니다. 기본권의 최후의 보루라는 좌표를 망각한 채, 심지어는 판결 무흠결주의를 외치는 자도 있었습니다. 어느 듯 사법독립은 사법 패권(覇權)으로 변해가면서 국민의 자유와 권리의 최후의 보루라는 본래의 모습보다는, 사법부 스스로의 위신과 권력과 권위가 훨씬 강조되며 관료주의는 고착화되어 가고 있었습니다. 그렇게 사법부와 법원은 국민들로부터 멀어지기 시작하였습니다.

심지어는 법관에게 석궁을 들이대는 어느 교수가 영웅시되는, 법치주의 국가에서 도저히 있을 수 없는 기이한 현상까지 나타났습니다. 국민의 기본권 보호를 위하여 보다 철저하게 보장되고 확립되어야 할 법관의 재판상의 독립정신은, 어느덧 그들 스스로의 위신과 권위를 위한 독선적, 형식적, 획일적, 억압적, 비민주적 관료주의화로 왜곡되어 가고 있었던 것이었습니다.

이 사건을 다시 한 번 돌이켜 봅니다

서울중앙지방법원 2005가합99041호 판결은, 기노걸의 자필도 없고 한글 막도장이 날인되었을 뿐인 이 사건 계약서에 대하여, 단지 H건설과 이해관계를 같이하는 〈증인A〉의 증언에 의지하여 그 진정성립을 인정하였습니다. 계약서에 기재된 기노걸의 계좌번호가 1997년 9월 24일자로 예금계약이 해지된 것이었음에도, 담당 재판부는 75세의 기노걸이 2000년 9월경 계약을 체결하면서 예금계약이 해지된 통장을 보고 잘못 불러 주었을 수도 있다고 판단하였습니다. 보통의 사람으로서는 도저히 상상할 수 없는, 오로지 그들만이 할 수 있는 독선적, 억압적, 형식적 패권주의의 전형적인 모습입니다.

서울고등법원 2007나5221호 판결은, 제1심에서 제출된 증거 외에 이 사건 계약서와 동일한 필체, 동일한 한글 막도장이 날인되고, 예금계약이 해지된 계좌번호가 기재된 허창의 위조된 계약서가 증거로 제출되었음에도, 오히려 〈증인A〉의 증언을 뒤집고 이 사건 계약서가 위조되었다고 단정할 수 없다고 하면서, 기을호가 그 위조를 입증하라고 하였습니다. 제1심 판결은 절대 뒤집을 수 없다는 것입니다. 역시 그들만이 할 수 있는 독선적, 억압적, 획일적. 형식적 관료주의의 전형적인 모습을 그대로 보여주고 있습니다.

서울중앙지방법원 2008고단3739호 판결은, 〈증인A〉가 변론기일에서 증언한 두 가지 증언(계좌번호, 인장) 중 보다 구체적이고 상세하게 진술한 계좌번호에 관한 증언이 명백하게 허위임이 밝혀졌음에도, 나머지 인장에 관한 진술에 대하여 완벽하게 허위임을 입증하지 못하는 한 무죄라고 하면서 〈증인A〉에게 벌금 500만 원을 선고하였습니다. 그것은 참으로 그들만이 할 수 있는 '신의 한 수'였고, 그들만의 세상이었습니다. 국민들의 사법 불신은 단지 법에 대한 무지 때문만은 아닐 것입니다.

서울고등법원 2009재나372호 판결은, 〈증인C〉가 당해 법정에서 "기노걸이 평생 먹을 것을 보장해 주겠다고 회유하고 안천식 변호사의 협박에 의하여 오로지 돈을 받기 위하여 허위의 진술서를 작성해 주었고, 기노걸이 약속한 것에 대하여 얼마를 받을 수 있는지 확인 차 2008년 6월경 마지막으로 안천식 변호사 사무실을 찾아갔다"고 하였습니다.

그런데 당시의 녹취록에는 "기노걸이 약속한 것에 대하여 얼마를 받을 수 있는지 여부"에 대한 대화는 전혀 없었고, 방문한 시기도 2008년 9월경으로 밝혀지는 등 〈증인C〉와 H건설이 합세하여 기을호와 안천식 변호사를 모함하려는 의도가 재판과정에서 모두 들통이 났습니다. 그럼에도 담당 재판부는 오히려 이러한 〈증인C〉의 법정 증언을 이유로, 그 이전의 일관되었던 진술들을 배척하면서 재심청구를 기각하였습니다. 그들만의 독선적이고 억압적인 패권주의의 종착점은 어디까지인지 상상조차 할 수 없었습니다.

서울고등법원 2012재나235 판결은 그들만의 위신과 권위에 굴복하라는 압박을 더욱 노골화하였습니다. 증거신청은 대부분 기각되었고, 재심소송에서 제출한 수많은 증거들은 조금도 참작되지 않았습니다. 단지 위증죄의 유죄로 판명된 〈증인C〉의 증언이 직접 증거인지 간접증거인지를 판단한 것이 전부였습니다. 독선적, 억압적, 형식적, 획일적, 비민주적 관료주의의 절정이었습니다. 이런 재판을 왜 하는지 모르겠습니다.

대법원 2012재나86437호 판결 역시 마찬가지였습니다. 사법정의의 심장부인 대법원이 이와 같이 판단한다면, 과연 대한민국에 어떠한 희망이 있을지 의문입니다. 국민들의 기본권 보호를 위하여 선배 대법관들이 땀 흘리고 고심하여 내놓은 법률해석마저 무력화시키는 판결이유에서 국민들은 이제 누구에게 기본권 보호를 의지하여야 할지 의문입니다. 그들의 위신과 권위 앞에서는 국민의 기본권도, 법관의 재판독립의 헌법정신도 그저 허울에 불과한 것일 뿐이었습니다.

서울중앙지방법원 2010가합87493호 판결도, 서울고등법원 2011나42067호 판결도 마찬가지였습니다. 그들의 위신과 권위 앞에는 국민의 기본권은 더 이상 설 자리가 없었습니다. 국민의 기본권을 보다 철저하게 보호하고 보장하기 위하여 선언한 법관의 재판독립의 정신은 그렇게 그들 스스로에 의하여 훼손되고, 무력화되어 가고 있었으며, 필연적으로 국민의 자유와 권리는 설 자리를 잃어가고 있었고, 왜 판결을 이행하여야 하는지도 모른 채 억압과 강요를 당하는 사례가 점차 늘어가기 시작하였던 것입니다.

저는 이 사건을 10여 년째 수행하면서도 아직도 모르겠습니다. 지난 10여 년 동안 제가 수행하였던 것이 진정 법과 양심에 의한 재판이었는지, 아니면 누군가가 미리 짜놓은 덫에 걸려서 그 긴 세월 동안 미련하게 발버둥 거리고 있었던 것인지를, 그리고 왜 설득이 되지 않는 이러한 재판과 판결에 강요를 당하여야 하는지를⋯⋯.

글을 마치며…

지난 10여 년간의 열여덟 번의 법정싸움의 여정은 일단의 막을 내렸습니다. 끝까지 저를 믿어준 기을호 님에게는 너무도 미안하고 죄송한 마음뿐입니다. 어쩌면 현실을 모르는 한 변호사의 신념과 집념이 만들어 낸 참상이었는지도 모르겠습니다.

결과는 너무도 쓰라리고 아프기만 합니다. 특히 기을호의 손해는 이만저만이 아닙니다. 시가 40억 원이 넘는 부동산을 헐값에 빼앗겼고, 10여 년 동안의 송사로 몸과 마음은 만신창이가 되었습니다. 2~3년 전부터는 길을 가다가도 갑자기 푹 고꾸라지면서 발작을 일으키거나 순식간에 잠에 빠져드는 탄력발작 증세가 더욱 심해지고 있으며, 이로 인하여 운전 등 정상적인 일상생활이 불가능하다고 합니다. 일명 기면증이라고 하였습니다. 또한 근자에는 또다시 H건설로부터 2차 재심과 상고심 소송비용의 지급을 요구받고 있다고 합니다.

변호사로서, 법률가로서, 10여 년 동안 한 사람으로부터 열여덟 번 이상이나 패소하면서도 변함없는 신뢰를 받았다는 점은 참으로 영광스러운 일이었습니다. 그래서 자기 일보다 더 열심히 증거를 찾아다녔고, 판례와 논문을 탐독하면서 논리를 개발하고 법리를 연구하는 등 다른 어떤 사건보다 완벽하고 철저하게 대비하였습니다. 그럼에도 철저히 패배하였습니다. 영광은 너무도 참담하였습니다. 저는 사건을 여기서 끝낼 수가 없었습니다. 지금까지의 결과로서의 패배가 전부는 아니라고 믿고 있습니다. 현실은 참으로 무섭고 사법정의는 우리 일상과 너무도 멀리 있다는 것을 알게 된 것이 자산이라면 자산입니다. 저는 그 경험의 일부를 보다 많은 사람들과 공유하고자 다시금 이 글을 쓰게 되었습니다. 어쩌면 이 글이 우리 사회가 좀 더 투명하고 밝은 얼굴로, 서로를 공감하고 느끼면서 닫혀져 있는 문들을 하나씩 열어 나갈 수 있는 단초가 될 수 있을 것이라 생각되었기 때문입니다. 법정의 문이 절망의 문이 되어서는 안 될 것이기 때문이기도 합니다.

사법독립은 법관 개개인이 국민의 기본권을 철저하게 보장할 것이라는 국민의 믿음 속에서만 그 의미가 있는 것이고, 이러한 믿음은 구체적인 판결의 공정성과 합리성에 의하여만 담보되고 유지될 수 있을 것입니다. 결국 사법독립은 법관들이 스스로 주장한다고 지켜지는 것이 아니라, 기본권의 주체인 국민과 함께 할 때에만 온전히 지켜낼 수 있는 것입니다. 묵묵히 재판에 임하는 수많은 법관들의 노고와 고단한 일상에도 불구하고, 사법부가 국민의 믿음과 신뢰를 온전히 받지 못하고 있는 현실을 심각하게 되돌아보며, 그 원인이 어디에 있는지에 대하여 함께 고민하는 계기가 되었으면 좋겠습니다.

이 글이 구체적인 재판과정에 대한 실증적인 연구의 단초가 되어 투명하고 올바른 사법문화를 계도하는 계기가 된다면 더 없는 보람이겠습니다. 법정의 문이 환히 열리고, 가감 없는 합리적인 비판과 토론과 소통을 통하여 사법부가 명실공히 국민들의 믿음과 신뢰와 존경의 중심으로 변화되어 가기를 소망합니다. 지난 10여 년간의 거듭되는 고된 시련에도 결코 굴하지 않고 견딜 수 있었던 것은 그것이 진실이고, 마땅히 나아가야 할 길이요, 정의라고 믿었기 때문이었습니다. 비록 미련하였을지언정 그 믿음이 잘못된 것은 아니었다고 지금도 믿고 있습니다.